馳騁
草原絲路
歐亞之心——
哈薩克‧吉爾吉斯

郭麗敏———著

THE HEART OF
EURASIA
Kazakhstan & Kyrgyzstan

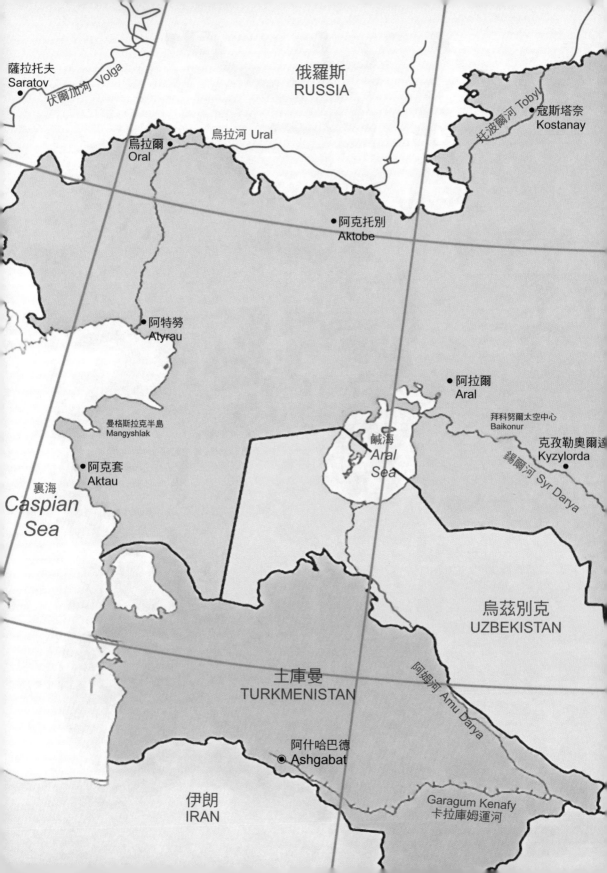

薩拉托夫
Saratov

伏爾加河 Volga

俄羅斯
RUSSIA

托波爾河 Tobyl

寇斯塔奈
Kostanay

烏拉爾
Oral

烏拉河 Ural

阿克托別
Aktobe

阿特勞
Atyrau

阿拉爾
Aral

拜科努爾太空中心
Baikonur

曼格斯拉克半島
Mangyshlak

鹹海
Aral
Sea

克孜勒奧爾達
Kyzylorda

錫爾河 Syr Darya

阿克套
Aktau

裏海
Caspian
Sea

烏茲別克
UZBEKISTAN

土庫曼
TURKMENISTAN

阿姆河 Amu Darya

阿什哈巴德
Ashgabat

伊朗
IRAN

Garagum Kenafy
卡拉庫姆運河

目錄 CONTENTS

作者序　發現「歐亞之心」　006

前　言　**馳騁草原絲路**　009

Part 1
歷史洪流中的歐亞草原

古墓傳奇　安德羅諾沃文化　015

馬背民族的始祖　斯基泰—塞迦人　016

遊牧體制的開創者　匈奴　019

塞迦人之後　烏孫／康居／大宛　021

狼的子孫　突厥汗國　024

黑民盛世　喀喇汗國／喀喇契丹　029

蒙古旋風　金帳汗國／蒙兀兒斯坦　031

民族登場　吉爾吉斯／哈薩克汗國　033

風起雲湧　準噶爾與沙俄　035

草原浩劫　蘇聯時期　036

Part 2
吉人天相之國—吉爾吉斯

古老的突厥先民　041

吉爾吉斯三寶　046

比什凱克　我不是馬奶棒　054

高山流水的亙古之戀　058

中亞的河西走廊　楚河與碎葉城　062

伊塞克湖畔　喬朋那塔　069

山中傳奇　卡拉寇爾與童話谷　078

勇闖怛羅斯　塔拉斯　084

英雄史詩《馬納斯》　090

眾神的後花園　納倫　093

太陽腳下的聖地　奧什　100

關於搶婚與色目人　109

我的吉爾吉斯家人　112

走過悲情　邁出未來　117

Part 3
歐亞草原的金武士—哈薩克
南部｜七河流域

孕育哈薩克的金搖籃　123

蘋果城　阿拉木圖　126

金人文化保存區　伊塞克　133

成吉思汗的金馬鞍　140

傾國傾城　愛在塔拉茲　148

長春真人與賽蘭城　156

歷史的旋轉門　歐特拉　160

蘇菲聖城　突厥斯坦　164

中北部｜薩利阿卡

世界之都　阿斯塔納（努爾蘇丹）　170

我在阿斯塔納的家　188

苦力打造的煤礦城　卡拉干達　190

歐亞草原之心　兀勒套　195

草原英雄魂　阿拉什與尤赤汗　201

東部｜東薩利阿卡

神聖的精神之都　塞梅伊　209

東北大城　鄂斯基棉　215

俄羅斯山村生活　里德　219

西部｜曼格斯拉克

白色的西岸大城　阿克套　225

裏海之濱　千個冬窩子　228

阿代人家　244

鹹海新生兒　248

邊境的歷史情懷　佳肯　250

Part 4

遊牧運動會的遊牧世界

創世紀神話　261

周而復始的轉場　265

天馬之父—康巴阿塔　267

大地母親—烏瑪伊女神　269

人生的儀式大典—婚禮　274

為生存而戰的巴特爾　277

遊牧運動的力與美　280

喀爾沁草原上的窩魯朵　292

來自四面八方的遊牧飲食　299

Part 5

遊牧民的技與藝

遊牧民的靈魂之家—氈房　308

來自大自然的生活工藝　311

金銀珠寶世界的神靈之役　319

看懂遊牧民的抽象畫—圖騰　324

跟著音樂去旅行　329

吉爾吉斯的傳統樂器　332

哈薩克的傳統樂器　336

草原音・遊牧情　342

作者序　　發現「歐亞之心」

　　在完成《中亞之心‧烏茲別克》一書後，讓我對中亞及周邊地區的絲路文化更加有興趣，隨著跨文化之旅「心」系列前進，北方的另一個地理中心深深的吸引著我，不由自主的心嚮往之，旅行的腳步也一步步趨向它，即位在歐亞大陸地理中心位置的「歐亞之心」。我發現在大家耳熟的「絲綢之路」及「香料之路」外，在遼闊的歐亞大陸北方的大草原地帶還有一條連結東、西方貿易與文化傳播的通道，這條通道的歷史甚至更早於「絲綢之路」，它的重要性與影響力也不亞於任何一條絲路商道，這是行經現今哈薩克與吉爾吉斯二國，綿延歐亞大草原上的一條古交流通道，瑞典考古學家安特生稱這條草原遊牧文化的傳播通道為「草原之路」(Steppe Route)。

　　2017 年 6 月在哈薩克首都阿斯塔納（現稱努爾蘇丹）登場的「阿斯塔納世界博覽會」，是「世博會」開辦 160 年來首次在中亞地區舉辦，成功的將世人目光聚焦到 1997 年才躍升哈薩克首都的阿斯塔納，人稱「草原杜拜」的中亞城市。活動期間，安放在阿斯塔納最亮眼的努爾大道上的裝置藝術，上百座的「地球人」捧著繪有各國國旗的地球儀列隊在大道上，一群面向東邊的總統府「白宮」，一群面向著西邊的「汗夏特大帳」，頗有萬國來朝的意味，宛如西元六、七世紀統領哈薩克草原的西突厥汗國盛世

再現。我望向摩天樓層疊而起的阿斯塔納天際線，感受到重新站上世界舞台的中亞國家哈薩克，急欲向世界展現草原民族的再起之勢。

2018 年 9 月在人稱「天山之珠」的吉爾吉斯伊塞克湖北岸城市喬朋那塔登場的「世界遊牧運動會」，號稱遊牧民族的奧林匹亞。在喀爾沁高山草原展開的一片汗王宮帳表演場上旌旗隨風飄揚，騎兵展開對決，揚起滾滾黃沙；擊退敵軍的部落建立起強大的汗國，一片水草豐美、牲畜繁榮、近悅遠來的富庶景象。「報，來自呼似密的使者到」，騎著馬的探子奔馳到汗庭，大聲通報；「報，來自波斯的使者到」，又一位探子來報；一會探子又來通報來自中國、印度、拜占庭的使者到，使節團帶來各國的厚禮和歌舞表演，在奔騰的馬蹄聲和黃沙捲土間，我們彷彿已穿越時空，來到西元六、七世紀控有中亞的「河西走廊」楚河流域的西突厥汗王宮帳，參與一場四方來朝的盛會。

循著音樂和旅行的腳步實際走訪吉爾吉斯和哈薩克二個「一起出生的兄弟之邦」，讓我赫然發現吉爾吉斯（柯爾克孜）是個非常古老的民族，他們隨著時代的巨輪從阿爾泰山以東的葉尼塞河逐步遷徙到現在的天山山脈，一部流傳千百年的英雄史詩《馬納斯》記述了他們的遷徙和生死故事，他們是最早有著淺膚色、淺髮色和藍綠眼睛特徵的突厥先民！而國土排名世界第九大國的哈薩克則是眾多遊牧民族移動和生養的寶地，這裡發現許多史前遊牧民的古墓，出土大量具有特殊動物型體的黃金飾物和青銅器物，顯

示這些北方民族擁有高度的金工技術；他們更是馬背民族的始祖，從西元前八世紀的斯基泰—塞迦人開始，融入西元前二世紀的匈奴、月氏、烏孫、康居人，六世紀的柔然、突厥、突騎施、葛邏祿、烏古斯及可薩人，中世紀的契丹、基馬克、欽察和蒙古人，直到十五世紀哈薩克民族出現，眾多的遊牧部落輪番登場，令人目不暇給、眼花撩亂。

從「中亞之心」到「歐亞之心」，場景從充滿歷史建築的「河中流域」移到充滿大自然高山美景的「楚河流域」和遼闊大草原的「七河流域」，我們從楚河、塔拉斯河旅行到伊犁河，從伊希姆河到額爾濟斯河，從伊塞克湖到鹹海，再到裏海之濱，從阿爾泰山到天山，直到大草原的中心兀勒套，傾聽「歐亞之心」的脈動和傳奇人物故事：傳說黃金聖物的守護者塞迦人，砍下居魯士二世項上人頭的托米麗絲女王，首入中亞的黃種人北匈奴郅支骨都侯，開創西突厥「十箭部」盛世的葉護可汗，橫掃歐亞大陸的成吉思汗，統領欽察草原的朮赤與拔都世系，詩仙李白的出生地，長春真人丘處機經哈薩克和吉爾吉斯前往阿富汗的壯遊行，歷史名城奧什、碎葉、塔拉斯、歐特拉、蘇菲聖地突厥斯坦，還有喀喇汗與愛霞王妃的傾城之戀，都是令人驚豔的草原詩篇。

這裡的高山祕境和草原美景無數，我們走不完、也看不盡，因此我選擇用「心」去旅行。因為文化展演工作，讓我有機會結識吉爾吉斯和哈薩克的傑出文化工作者，經由他們的音樂和藝術創作讓我看見更多美好的文化風景，展開一場跨越國界、地域、民族和宗教的跨文化之旅。為了瞭解他們的草原文化，我再次陷入紛雜難解的中亞歷史漩渦中，被四處遷徙分散又融合的遊牧部落和人物名稱攪得暈頭轉向，從中走出來時，真有如經歷一場大戰的感覺，但這是走進「歐亞之心」的必經路程，只為踏實每一個旅行的腳步。

中亞文化錯綜複雜，語源亦多元紛歧，現有名稱多來自俄語的英譯，為尊重本國文化，書中重要名稱附有英文或吉文／哈文拼法，中文譯名亦以母語發音為依據，以呈現在地的觀點為要。在冗長的編輯過程中歷經幾版的調整和修改，希望能將我對吉、哈二國的所見所知記錄下來，對於資料匱乏又紛雜的中亞，這是一個艱辛的探索過程，卻是一場豐富的跨文化學習旅程，就讓我們循著吉爾吉斯和哈薩克的歷史脈絡、城市行腳、傳說故事、英雄史詩、音樂、藝術和生活文化，走進「歐亞之心」，看見不一樣的中亞草原風光和遊牧文化。🐏

馳騁草原絲路
STEPPE SILK ROAD

　　攤開世界立體地圖，可以看到連結歐、亞二大洲的北方地帶是一片地勢平坦的土地，間有山脈地形隆起，這一帶被稱為「歐亞大陸」(Eurasia)。它的中心地帶主要由草原、綠洲和沙漠地形組成，其中草原的面積最大，從亞洲東邊的貝加爾湖到歐洲的多瑙河，連成一條宛如帶狀的「歐亞大草原」(Eurasia Steppe 或 Great Steppe)，綿延 15,000 多公里，包含東部大興安嶺和阿爾泰山之間的蒙古草原、阿爾泰山和天山之間的準噶爾草原、中部的哈薩克草原、西部高加索山以北的黑海—裏海草原（又稱南俄草原），形成一條東、西向的草原地帶。

　　西元前五世紀希臘歷史家希羅多德 (Herodotus，484~425 BC) 的《歷史》(Historia) 書中記載，詩人阿利司鐵阿斯 (Aristeas)[1] 自黑海北方的頓河出發，沿著斯基泰人的貿易路線往東方前進，越過烏拉山，到達遙遠的阿爾泰山；途中行經希臘人最遠的商業據點，希臘商人與當地人做生意要借助七位翻譯、七種語言才能溝通，反映出當時商貿活動所及之地的遙遠和接觸的多種人民。1929 年在俄羅斯阿爾泰共和國發現西元前五至三世紀的巴澤雷克古墓群 (Pazyryk)，陪葬品中有阿爾泰當地的物品，有來自中國的絹織物和銅鏡，還有具有波斯和希臘風格的掛毯，顯示為阿契美尼王朝的圖飾和古希臘的神祇，證明西元前五世紀時即存在一條從波斯到阿爾泰山的交流道，由黑海北岸的希臘殖民城市往東通過草原，最後到達阿爾泰山的路線，比西元前二世紀開通的「絲綢之路」還要早上二、三百年！發現中國「仰韶文化」和「北京人」的代表人物，瑞典考古學家安特生 (Johan Gunnar Andersson，1874~1960) 為驗證他認為中國古文明源自歐洲的假設過程中，發現自黑海沿岸到蒙

---

1. 阿利司鐵阿斯的敘事長詩《獨目人》(Arimaspea)，講述東方有專門盜取由「格里芬」保護的黃金寶藏的人民，希臘人將當地語言解為「獨眼的人」(Arima-spou)，波斯語解為「愛馬的人」(Ariama-Aspa)，後人研究認為是最早居住在額爾濟斯河上游的斯基泰—薩爾馬提亞人。

古高原的草原地帶，古墓出土文物中都有類似斯基泰動物造型風格的青銅器和黃金飾物，顯示一個以草原地帶為通道的東、西方文化傳播時代的存在，安特生稱之為「草原之路」(Steppe Route)。

巴澤雷克古墓出土的掛毯重製畫：源自波斯瑣羅亞斯德教女神阿娜希塔的希臘女神塔比提手持「生命樹」，接見斯基泰貴族騎士。

《漢書‧西域傳》記載：「（天山）南路西逾蔥嶺（帕米爾高原）則山大月氏、安息；北道西逾蔥嶺則山大宛、康居、奄蔡（東漢時稱為阿蘭）」，也記載一條由烏孫（今哈薩克東南部）至蒙古高原的通道。唐朝「安史之亂」後，經由綠洲城市通商的道路被吐蕃人所阻時，曾借道稱為「回紇道」的北向道路與西域連通，大致的路線是由位於外蒙古的突厥汗庭經蒙古高原西北部，穿越阿爾泰山再進入天山北麓，下到伊犁河，順著伊犁河和楚河流域到達「河中地區」（錫爾河與阿姆河二河之間）。在蒙古帝國一統歐亞大陸的「蒙古和平」(Mongol Pax)時期，東、西方的交通與貿易活動更加活絡，在天山北路、天山南路、西域南路外，還有一條通過哈薩克草原到達金帳汗國首都薩萊（Sary，今俄羅斯伏爾加河下游的 Saratov）的商道，稱為「欽察道」；由薩萊順著伏爾加河南下可到達裏海岸的阿斯特拉罕，或是順著頓河到達亞述海，穿越黑海後可到達君士坦丁堡。

活躍在這條「草原絲路」上的不是商業民族粟特人，而是善騎的斯基泰人、匈奴人和突厥人。斯基泰人與黑海沿岸的希臘殖民城邦貿易往來密切；匈奴人與漢朝進行絹馬互市交易，再將絹帛轉賣到西方，獲取大量財富，突厥人亦如是。草原上流通的商品有馬匹、毛皮、武器、珠寶、青銅用品、毛氈製品，來自東方的絹帛、玉石、銅鏡和漆器，來自西方的玻璃、陶器和金銀工藝等。

現代草原絲路

16 世紀大航海時代造就「海上絲路」的興起，「陸上絲路」逐漸衰退，當世人的目光轉移到新興的航海世界時，歐亞大陸北方的「草原絲路」也進入一個新的局面。意圖通過歐亞草原開展與中亞汗國和中國清朝經濟活動的俄羅斯人積極東進，扮演起歐洲與中國商貿的中間者，草原再次成為東、西方貿易的中轉地。19 世紀沙俄入主西伯利亞和中亞後，為加強當地

的運輸交通，1891 年開始建造「西伯利亞大鐵路」，由東端的海參崴開始向西推進，1916 年一條貫通莫斯科至太平洋岸的鐵路幹線全部完工，全長 9,200 多公里。「西伯利亞大鐵路」的完成也意味著古老的「草原絲路」的復活，歐亞大陸的交通走向現代化的起點。1970 年代，「西伯利亞大鐵路」連通駛往西歐的軌道，第一條連結亞、歐大陸的大陸橋正式誕生。

1990 年，中國「蘭新鐵路」連通到新疆的阿拉山口，與哈薩克的鐵路接軌，貫通一條東起中國（江蘇連雲港），行經哈薩克、俄羅斯、烏克蘭、波蘭、德國，最後到達荷蘭鹿特丹的鐵路，號稱第二條亞歐大陸橋。中國的「一帶一路」全球經濟發展計畫正循著古絲路通往世界，再次突顯歐亞大陸在東西方交通、經貿和文化交流的重要地位。這裡卻是我們非常陌生的一隅，跨文化之旅二部曲就要帶大家去馳騁草原絲路，發現「歐亞之心」。

Part 1
歷史洪流中的
歐亞草原
EURASIA STEPPE
IN HISTORY

綿延歐亞草原的一條亙古交流
道，行進著東、西方遊牧民的交
會與融合，這裡沒有金碧輝煌的
城池王都，只有馬背民族的自由
遼闊，在日月間綻放草原絲路的
歷史光芒。

歐亞草原早期人民（由左至右）：安德羅諾沃文化女性、塞迦金人、康居女性、匈奴首領

　　過去讀中國歷史，印象中活動於中國北方的遊牧民族總不時的與中原王朝發生關係，不是侵擾中土，就是征戰勝負、稱臣納貢或逃散消失，興衰起落之頻繁如過眼雲煙。早期的遊牧民族因為缺少文字，沒有留下完整的歷史紀錄，關於他們的歷史樣貌多是經由與他們接觸的定居民族的文獻記載得知，主要來自希臘、波斯和中國的文史資料，再加上近代俄羅斯的考古發現和研究而成。

　　在哈薩克南部大城阿拉木圖的「國立中央博物館」，挑高的大廳中央立了四座早期生活在當地的民族塑像，分別標示為西元前 17~13 世紀的安德羅諾沃文化女性服飾、西元前 4~3 世紀的塞迦「金人」、西元前二世紀至西元四世紀的康居女性、西元前二世紀至西元一世紀的匈奴首領。在踏上旅途前，先來瞭解哈薩克和吉爾吉斯的前世今生，錯綜複雜的草原歷史。

古墓傳奇　安德羅諾沃文化
(2000~1000 BC)

用於煮食的銅鍑 (500~300 BC)

據考古研究，從阿爾泰山到伏爾加河的廣大土地上早自西元前 5000 年石器時代就有人類的足跡，進入銅器時代 (3000~1000 BC) 開始形成文化。「安德羅諾沃」(Andronovo) 是一群相似的銅器時代文化的統稱，名稱來自俄羅斯西伯利亞中南部的克拉斯諾亞斯克 (Krasnoyarsk)區內的安德羅諾沃村，1914 年俄國考古學者在這裡發現銅器時代的人類墓葬，骨骸呈現屈肢方式埋葬，一旁有花紋裝飾的陶器陪葬物，後來考古學家以「安德羅諾沃文化」泛稱西元前 2000~1000 年間活動於歐亞大陸的早期人類文化。它的分布範圍很廣，西自伏爾加河—烏拉山地區，東至葉尼塞河—阿爾泰山地區，南至天山及帕米爾高原，北界尚無定論，多以南西伯利亞的泰加森林地帶為界；這是一個漫長的擴散過程，可能因氣候變遷、人口增加或內部衝突，而逐漸向東和往南遷徙。

根據原始岩刻石畫研究，安德羅諾沃文化以畜牧為生，為尋找牧地而逐漸形成遊牧型的生活方式，也有農作的跡象。他們使用有裝飾的陶罐，製作銅斧、武器和首飾，用石椁和圓形或方形墓塚埋葬死者，在不同地區發展出相近的分支文化。多數研究認為安德羅諾沃人屬於高加索白色人種，操東伊朗語。

安德羅諾沃文化分布在哈薩克及吉爾吉斯北部地區，同時期在吉爾吉斯南部的費爾干納谷一帶則以「促斯特文化」(Chust) 為代表，這個名稱出自烏茲別克費爾干納谷納馬干省的一個村子，這裡發現以農耕生活為主的原始人類聚落，同樣屬於白色人種，操東伊朗語。🐏

位於哈卡斯共和國的古墓遺址

馬背民族的始祖
斯基泰─塞迦人
（800～200 BC）

西元前8~3世紀出現在歐亞大草原的騎馬民族，是人類歷史上最古老的馬背民族，古波斯文獻稱他們為塞迦人（Sakā），有「自由人」、「高尚的武士」之意；中國史籍記為塞人或塞種；古希臘文史稱在黑海─裏海北方草原活動的騎馬民族為斯基泰人（Scythians），又譯塞西亞人，故有斯基泰─塞迦人（Scythians-Sakhs）的統稱。

研究認為斯基泰人屬於高加索人種，具有淺膚色、淺髮色、藍綠色眼睛、深目、高鼻、蓄鬍鬚特徵。他們由高加索裏海北岸緩慢的往東和往南遷徙擴散，約西元前七世紀出現在伊犁河和楚河流域，西元前六世紀出現在錫爾河，更遠至中國西北部，被稱為月氏人。西元前二世紀被匈奴擊敗的月氏人西遷至天山西麓，因無法在當地立足而繼續南遷，進入巴克特里亞（今烏茲別克及塔吉克南部至阿富汗一帶）及帕米爾高原，擊敗希臘─巴克特里亞王國（大夏），建立強盛的貴霜王國。

據古波斯文獻記載，塞迦人分布在三個區域：阿姆河以北、鹹海以東至索格底亞那一帶的稱為「河那邊的塞人」，天山至巴爾喀什湖一帶的稱為「戴尖帽的塞人」，費爾干納谷至帕米爾一帶的稱為「飲豪麻的塞人」。中國學者周谷城先生將塞迦人分為四個區域：分布在歐亞草原西部的斯基泰人，北邊的薩爾馬提亞及馬薩該達人，東部的烏孫及月氏人，南方的巴克特里亞人。吉爾吉斯歷史將塞迦人分成二大部：從裏海到天山及伊犁河一帶的「戴尖帽的塞人」，從費爾干納谷到帕米爾及北印度一帶的「飲豪麻的塞人」[2]。

斯基泰─塞迦人沒有留下文字記載，只留下令世人驚豔的墓葬出土，希臘歷史家希羅多德的《歷史》記載成為後人探究斯基泰文化的主要來源。他們是一支善戰的騎馬民族，善於冶金，打造武器、馬具和飾品；墓葬出土大量的箭鏃、箭袋、匕首、刀劍、控馬的馬銜和馬鑣用具，還有金、銀、銅等金工飾品和鑄造物。栩栩如生的裝飾圖案有馬、鹿、雪豹、山羊、駱

---

2. 據載豪麻（Haoma）是古波斯瑣羅亞斯德教使用的一種神聖飲品，採用麻黃植物根莖榨汁做成，具有麻醉、亢奮和迷幻的功效。

駝、猛禽和神獸「格里芬」，其中以格鬥中的野獸和猛禽獵食的圖案最為引人，經由想像或是做為獻祭而扭曲的動物形體極為生動有力，被稱為斯基泰—西伯利亞動物風格藝術，這種獨特的動物風格藝術從黑海沿岸到蒙古高原都有出現，說明斯基泰人活動的範圍之廣。為便於騎馬，斯基泰人發明了褲子和靴子，褲裝外加一件外袍或外套，不用鈕扣，只在腰間束一條腰帶，頭戴包護兩耳和臉頰的尖頂帽子；他們喝一種經過發酵的馬奶，將發酵的奶製成乳酪，後來的遊牧民族都延續了這種飲食傳統；騎馬、射箭、摔跤也在此時出現，流傳至今。

黃金聖物的守護者

傳說 最早生活在一片荒蕪、無人居住之地的老國王 Targitaus 有三個兒子，有一天從天上落下四件神物，全都是黃金做成的金犁、金軛、金戰斧和一只金杯。當二位兄長要靠近時，金物就燃起熊熊的火燄而無法接近；當最年輕的弟弟 Colaxais 靠近時火燄熄滅了，讓他取回金物，兄長們因此決定由弟弟統領王國。他們擁有的土地無限廣大，哥哥們各成一族統領一方，Colaxais 和兒子們繼承王國的土地，成為貴族統治者，他們自稱為 Scoloti，就是斯基泰人，黃金聖物的擁有者和守護者。傳說這些黃金聖物保存在一個被羽塵所蔽，肉眼看不到的地方，奉命看管的人可以擁有一日騎乘所及的土地，但不能活過一年。這是希羅多德記述斯基泰人起源的傳說之一。

馬薩該達人

一支受到月氏人侵壓而西遷的塞迦人，活動於錫爾河至裏海東北部，今哈薩克西南部、烏茲別克和土庫曼西部一帶，稱為馬薩該達人（Massagetae），他們的首領是一位女王，叫托米麗絲（Tomyris）。西元前 530 年，居魯士二世帶領二十萬大軍進攻塞迦人土地，托米麗絲女王率軍迎擊，擊潰波斯大軍，並砍下居魯士的人頭；雖然塞迦人後來被大流士一世擊敗（517 BC），但波斯人的勢力始終無法越過錫爾河。之後，塞迦人加入波斯與希臘的長期戰爭，並在著名的「馬拉松之役」（500~499 BC）留下驍勇善戰的威名，波斯人稱他們為「高尚的武士」。塞迦人的勇猛尚武從此深烙在歷史的軌跡，也流入後人的血脈之中。

托米麗絲女王，Vadim Sidorkin 作

薩爾馬提亞人

由草原中部西遷的薩烏洛馬泰人（Sauromatae），後來稱為薩爾馬提亞人（Sarmatians）的遊牧民在西元前五世紀至西元四世紀間主導著西部斯基泰人的發展，強盛時期幅員東起伏爾加河與南烏拉山草原，西至多瑙河，南抵黑海、裏海及高加索山，今南俄草原到烏克蘭及克里米亞一帶。傳說他們是斯基泰人和勇猛善戰的「女人國」阿馬松女戰士（Amazon）的後代，阿馬松女戰士是希臘神話中戰神阿瑞斯（Ares）的後裔，可能是這一帶曾經發現埋有眾多著軍服的女戰士墓塚，經希臘人予以神格化的說法。

斯基泰─薩爾馬提亞人與黑海沿岸的希臘殖民城市有頻繁的接觸和商貿活動，許多東方的物品經阿爾泰山、哈薩克草原、烏拉山後進入南俄草原，斯基泰人再轉手賣給希臘人，如阿爾泰山的黃金、中國的絹帛和銅鏡等；西方的物品也經由斯基泰人之手通過「草原絲路」傳到東方，如蜻蜓眼玻璃，希臘和波斯的神祇也進入斯基泰人的信仰和生活中，悄然出現在阿爾泰山。

西元前二世紀中葉，東部的斯基泰─塞迦人被烏孫人取代，或西遷或是融入當地部落；西部的斯基泰─薩爾馬提亞人在西元四世紀時被哥德人及西遷的匈人征服，從此淡出歷史舞台。

遊牧體制的開創者 匈奴
（200 BC～450 AD）

　　西元前二世紀（或更早）在歐亞大草原東邊的蒙古高原，屬於蒙古人種的匈奴興起，他們自稱為「胡」或「渾」（Hun），「人」的意思，原活動於黃河西北邊，秦始皇統一六國後將匈奴擊退至黃河北岸，並築長城防堵胡人的入侵[3]。

　　匈奴部落的創始者已不可考，最早出現在中國史籍的首領為頭曼單于（Tumen）。頭曼被秦朝大將軍蒙恬逐出黃河後，向北逃到今內蒙古中部，一度臣服於月氏，並將兒子冒頓（Modu）送到月氏當「質子」，維持雙方關係。後來頭曼有意立幼子為單于，並準備攻打月氏，機警的冒頓趁機逃回匈奴；心生怨恨的冒頓在一次行獵時射殺父親，自立為單于（209 BC）。冒頓在剷除異己、整軍備戰後，率部東擊東胡、西敗月氏、南併樓煩，據載匈奴滅月氏後，取月氏王的頭顱來飲酒，以洩冒頓做質子時所受的屈辱。

　　從冒頓單于、老上單于到軍臣單于，祖孫三代東征西討，收服北方的丁寧、堅昆和西北方的烏孫，是匈奴的黃金時期。西漢初期國力未強時也曾向匈奴納貢，以和親方式維持和平達六十年之久。

首入中亞的黃種人 郅支骨都侯

　　軍臣單于過世後，匈奴的國勢逐漸衰退。西元前 58 年傳位至呼韓邪單于，他

鄂爾多斯高原出土的匈奴王金冠

找回一位流落在民間的哥哥呼屠吾斯，封其為王並握有軍力，但呼屠吾斯不知感恩圖報，反而擁兵造反，自稱郅支骨都侯單于。呼韓邪被郅支擊敗後歸附西漢，史稱南匈奴，郅支統領的漠北為北匈奴，設營在堅昆（柯爾克孜人原始居地）。

　　此時位在中亞的康居國常受到烏孫人的侵擾，康居王想聯合北匈奴來對抗烏孫，遂遣使到北匈奴遊說；為與北匈奴同盟，康居王將女兒嫁給郅支，郅支也將女兒嫁給康居王，二人互為翁婿，康居王還為郅支在塔拉斯河附近建了一座郅支城。郅支屢敗烏孫，逐漸不把康居王看在眼中，甚至殺了康居公主，攻打康居王。由於北匈奴勢力威脅到絲路貿易，西漢派軍攻下郅支城，郅支被殺（36 BC），其眾融入當地部落，一部分往西遷徙。這段北匈奴首入中亞的歷史就發生在今哈薩克南部的塔拉斯河與古稱郅支（Chach）的烏茲別克首都塔什干之間。

---

3. 匈奴的族源可能來自商周時稱為鬼方、混夷、獫鬻、獯狁，春秋時稱為戎狄，戰國時稱為胡的北方遊牧民族，秦朝時稱之為匈奴。

穿越歐亞草原的匈人 阿提拉

呼韓邪統領的南匈奴後來又分裂為二部，南下附漢的稱為南匈奴，居漠北的為北匈奴。西元 89 年北匈奴為漢軍竇憲所破，一部分留居鄂爾渾河，一部分西遷到「七河流域」，加入早先西遷的北匈奴部落緩慢的穿越草原，沿著鹹海北岸向西遷徙。混雜著草原西部的阿蘭人（奄蔡）和薩爾馬提亞人，一支被稱為匈人的部落在西元四世紀下半葉出現在伏爾加河和頓河中下游，他們擊敗東哥德人，造成日耳曼民族大遷徙，間接造成西羅馬帝國的衰敗。這支震撼歐洲的匈人以阿提拉（Attila，約 406~453 AD）為首，攻佔匈牙利平原、多瑙河及黑海以北的土地，史稱「阿提拉王朝」，匈人勢如破竹般的掠奪戰爭被歐洲人形容為「上帝之鞭」。阿提拉後來被歐洲聯軍擊退，卻在新婚之夜暴斃，統治地區頓然瓦解，匈人四散融入當地民族，從此從歷史舞台消失，但穿越歐亞大草原的匈人血脈已流入東、西方人民之中。

依然存在的胡人模式

同樣沒有文字的匈奴，因為司馬遷的《史記》而留下記載。冒頓開創了一個空前的遊牧國家，建立的政治體制、文化傳統和信仰習俗深深影響後來的遊牧民族，直到現在的吉爾吉斯和哈薩克。

匈奴的最高統治者「單于」，意思是「像天一樣的廣大」，繼位者必須是冒頓的後代，這種強調血統的繼承法一直為後來的遊牧民族奉行，如蒙古帝國規定繼承汗位的人必須是成吉思汗的子孫，哈薩克汗國的繼位者必須是尤赤世系的後人等。匈奴的王廷之下分左、右二翼，分設左、右賢王，分掌東、西部領土；後來的突厥汗國也延續這種左、右二部的體制。匈奴的社會以氏族（clan）為組成單位，氏族下分有數個帳（yurt），由具有家族關係的家庭所組成的遊牧社群，漢語稱為「部落」；現在吉爾吉斯語 Uy-Bülo（部落的房子），就是「家庭」的意思。

普遍流傳於中、北亞遊牧民族社會，甚至到十九世紀的哈薩克仍保有的「收繼婚」習俗也是承襲自匈奴的傳統，即父死娶後母（非生母），兄死娶寡嫂的婚俗[4]。西漢時肩負和親使命的王昭君、細君公主、解憂公主都曾從俗改嫁；隋朝的義成公主嫁給突厥可汗，可汗過世後依俗連嫁其三個兒子，是實踐「收繼婚」習俗的代表人物。

---

4. 「收繼婚」的形成背景是遊牧社會的生產以家族為單位，為避免氏族人口和財產外流，而有將具有生產和生育能力的女眷留在本氏族內的做法。倘若是生母，年紀老邁的由收繼者負責贍養，年輕的可在夫家家族內改嫁。

塞迦人之後 烏孫／康居／大宛
（200 BC～450 AD）

西元前139年張騫奉命出使「西域」，歷經十餘年的冒險探訪，將「西域」諸國的見聞帶回中原，開啟漢朝與「西域」諸國的政治、軍事和商貿活動，「西域」各國的樣貌也初登中國的歷史文獻，成為吉爾吉斯和哈薩克早期歷史的主要來源之一。繼塞迦人之後登場的烏孫、康居、大宛，也是吉爾吉斯及哈薩克的重要族源。

烏孫 Wusun

依據吉爾吉斯歷史，「烏孫」（Wusun）一名來自古突厥語，有「十個部族」之意，另有一說認為「烏孫」來自一條流經東突厥斯坦的河流 Uzun。烏孫人具有藍眼睛、紅鬍鬚特徵，原本是早期居住在葉尼塞河的柯爾克孜人的一部，西元前三世紀時分裂，南遷到唐努山以南放牧；西元前二世紀為西遷的月氏人所敗，因而西遷到天山西麓，擊退塞迦人後佔有「七河流域」（今吉爾吉斯北部至哈薩克巴爾喀什湖一帶），建都赤谷城（Chigu）。考古研究認為赤谷城可能位在伊塞克湖東岸，一說在南岸「七牛區」附近，後因水位上升而沉入湖底。烏孫人從事畜牧和農耕，在楚河及伊塞克河谷發掘的烏孫聚落遺址，有大範圍的灌溉系統，發現大型的陶製容器、石磨、石鋤和殘留穀物。烏孫人與塞迦人的墓葬文化非常相近，哈薩克南部 Kargaly 出土的黃金王冠和飾物最具代表性。哈薩克歷史記「烏孫」是形成大玉茲部落聯盟的主體。

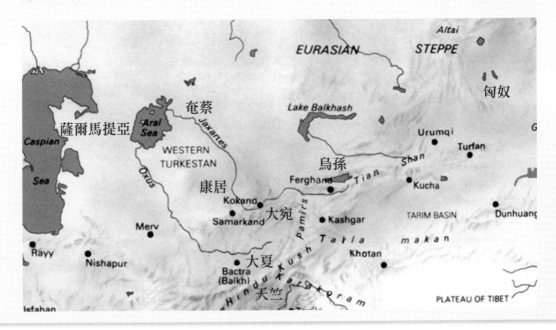

烏孫的統治者稱為「昆莫」，是匈奴冒頓單于賜的封號。張騫出使西域欲聯合大月氏對抗匈奴的策略失敗後，轉而尋求聯合烏孫；西元前 119 年，張騫再次出使到烏孫遊說，願以和親方式與烏孫結盟。隨後漢武帝以年僅十六歲的細君公主嫁給烏孫昆莫獵驕靡，不久年邁的獵驕靡過世，細君公主從烏孫「收繼婚」習俗嫁給獵驕靡之孫軍須靡，難以適應塞外生活的細君沒多久也過世，死後葬於天山；細君曾作《黃鶴歌》，表達思念家鄉的心情，被視為中國邊塞詩之首。漢武帝又以解憂公主嫁給軍須彌，軍須彌過世，又嫁給即位的弟弟翁歸靡，肩負鞏固邦誼的大任。

後來烏孫內部因爭奪王位，彼此爭戰不已至國力逐漸衰退，至西元五世紀受到強鄰柔然的威脅而南遷至帕米爾一帶，融入當地的塞迦人。

《黃鶴歌》

吾家嫁我兮天一方，
遠托異國兮烏孫王；
穹廬為室兮旃為牆，
以肉為食兮酪為漿；
居常思土兮心內傷，
願為黃鶴兮歸故鄉。

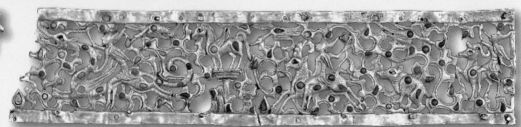

Kargaly 出土的烏孫王冠及鑲寶石的金駱駝

康居 Kangyuy

「康居」(Kangyuy) 在漢語中有「康人居住的地方」之意，中國史料記載「康居」東與烏孫、大宛為鄰，南有大月氏，西北有奄蔡（東漢稱阿蘭，即斯基泰─薩爾馬提亞），主要活動範圍在錫爾河中游及塔什干至塔拉斯河一帶。錫爾河最早有康河 (Kang) 之稱[5]，古波斯《阿維斯陀經》稱該地為 Kangha，居住該地的人為 Kangar，據載 Kang 在古突厥語中有「始祖」的意思。哈薩克大玉茲部落中的「康里」(Kangly) 一名源與此，在吉爾吉斯、烏茲別克也有康里部落。

研究認為康居為操印歐語或吐火羅語人民所建[6]，烏茲別克歷史則記載康居為操突厥語的遊牧民所建，位居中亞北方遊牧民族與南方農業民族交會之處。康居與塞迦人的墓葬文化相似，以哈薩克錫爾河右岸的 Aktobe、Otrar、Kokmardan 聚落遺址為代表，出土以陶器居多。

康居維持獨立到西元五世紀左右，後來融入嚈噠王國[7]。

大宛 Davan

「大宛」(Davan) 位於今分屬烏茲別克、吉爾吉斯和塔吉克三國的費爾干納谷，最早的史料出現在西元前二世紀張騫出使西域之所見。吉爾吉斯歷史記大宛早自西元前一千年即已存在費爾干納谷，「大宛」及「費爾干納」在古突厥語中都有「美麗如畫的地方」之意，是個農業發達的古老城邦，首都貳師 (Ershi) 位在今吉爾吉斯南部的奧什。

漢武帝與烏孫結盟後，為取得絲路貿易的重要通道費爾干納谷，曾遣使向大宛國買馬，但被悍然拒絕。西元前 101 年漢武帝派李廣利率十萬大軍二次出征大宛國，圍攻貳師城四十多天；大宛因親和派貴族背叛，殺害國王毋寡求和，與漢軍締約後交付數十匹汗血寶馬及三千匹馬給漢朝，漢軍退，李廣利因此有「貳師將軍」之稱。

大宛在鄰國康居和烏孫皆反對漢朝勢力擴張下維持獨立，西元五世紀後成為嚈噠王國的一部分。

---

5. 錫爾河 (Syr Darya) 為近代俄羅斯名，古希臘稱之為 Yaxartes，中國記為藥殺水。

6. 古希臘稱月氏為吐火羅 (Tókharoi)，因此月氏人後來定居的巴克特里亞地區也有「吐火羅斯坦」(Tokharistan) 之稱。

7. 西元五世紀由阿爾泰山西遷的嚈噠人 (Hephthalites，西方稱白匈奴) 進入中亞，並向南擴張至阿富汗一帶，嚈噠王國諸國林立，前後出現三十多個城邦國家。

狼的子孫 突厥汗國
（6~11 C）

突厥民族是歐亞大草原的靈魂人物，分布在北亞、中亞、西亞、高加索到黑海的廣大土地，使用語言屬於阿爾泰語系的突厥語族。有關突厥人的史料最早出現在《周書·異域傳》，記述突厥人是匈奴的一支，部落的人遭鄰國所殺，只剩一個年僅十歲的男孩，士兵不忍殺害，就砍斷他的雙腳，丟棄在草澤中。一隻母狼發現男孩，用肉餵食他，待男孩長大後與母狼交配至母狼懷孕。鄰國國王得知後派人殺了男人，母狼逃到高昌北山，在山中洞穴平壤中生下十個男孩，男孩長大後娶妻成家，各成一姓，其中一姓為阿史那，最為賢能而為長。經數代繁衍後離開洞穴，居金山（阿爾泰山）之陽，為茹茹人（柔然）做鐵工。因金山的形狀像打仗時戴的兜鍪（頭盔），俗稱突厥，因而被稱為突厥。吉爾吉斯的歷史記，突厥（Turk）一名來自古突厥語，有「強壯、堅定、不可動搖」之意。

史載突厥人大約在西元四至五世紀間形成，最早活動在葉尼塞河上游鐵勒部落之間[8]，匈奴式微後，突厥人開始南遷至高昌北山（今吐魯番以北的博格達山），這裡水草豐美，利於畜牧。西元五世紀中葉遭柔然人侵略，被迫北遷到阿爾泰山南坡居住，受柔然統治。因當地產鐵，柔然命其鍛鑄兵器甲冑，成為柔然的「鍛奴」，學者稱這段時期為古突厥時期。

突厥汗國
（Turkic Qaghanate，552~630 / 後突厥 682~744）

西元六世紀中葉，突厥人在阿爾泰山南麓強大起來，首領阿史那氏的布民（Bumin）率部擊敗相鄰的鐵勒部，又聯合西魏與柔然對抗，西元552年擊敗柔然[9]，建立突厥汗國（Kokturk Qaghanate，意為藍突厥可汗國），成為蒙古高原的新主人。布民延用柔然統治者伊利可汗（Illig Qaghan，「大可汗」之意）稱號，設牙帳於鄂爾渾河一帶。

繼位的木杆可汗（Mughan）在位的二十年間（553~572 AD）征服高昌（今吐魯番）、吐谷渾（青海）、契丹（東北松遼）、結骨（葉尼塞河）等部落地區；布民可汗的弟弟室點密（Ishtemi）則向西征服了原烏孫「十個部落」之地。突厥採雙可汗共治方式，伊利可汗統領蒙古草原及東北松遼平原，位稱葉護可汗（Yabghu Qaghan，「十箭部可汗」之意）的室點密統領西部的天山草原和哈薩克草原，巔峰時期形成一個東起大興安嶺、西至裏海、南抵阿姆河、北達貝加爾湖的龐大汗國，活躍於東方中國與西方波斯和東羅馬帝國之間。後來，隋朝使離間之計分化突厥汗國，造成汗國以阿爾泰山為界，分裂為東、西突厥（603 AD）；東突厥又分裂成南、

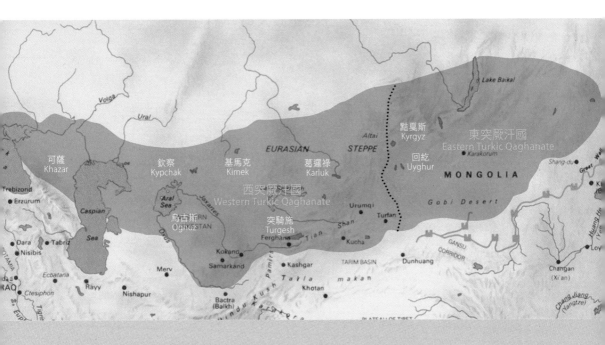

北突厥對抗的局面，最後為唐朝所敗（630 AD），歸順唐朝，西突厥則與唐朝分庭抗禮，爭奪東西方貿易的交通要道。

西突厥汗國

(Western Turkic Qaghanate，552/603~659)

　　西突厥汗國治下分為十部，每部統領賜箭一支，稱「十箭部」或「十姓部」，其中五部位於楚河至阿爾泰山及準噶爾盆地之間，稱為咄陸部（Dulu），另五部位於楚河至錫爾河流域之間，稱為努失畢部（Nushib）。葉護可汗的牙帳設於塔拉斯河谷的「千泉」（Ming-Bulag），今哈薩克南部梅爾克（Merke）附近；統葉護可汗即位後（618 AD），設牙帳於楚河流域的「碎葉」（Suyab），今吉爾吉斯托克馬克（Tokmok）附近，二地都位在左、右二部的中樞位置。

　　當西突厥勢力擴張到錫爾河北岸，與當時統治錫爾河以南「河中地區」的嚈噠王國接壤，西突厥採遠交近攻策略，先與波斯薩桑王朝聯姻，與波斯合力消滅嚈噠，領土往南推進到阿姆河。西突厥與波斯二國約定以阿姆河為界，河以南歸波斯，河以北歸西突厥，但二國對「拔汗那」（費爾干納谷）的歸屬有爭執，因為控有此地就能掌控東西方貿易往來的通道，後來西突厥佔領費爾干納谷，打破與波斯的和平關係。在粟特王提議下，西突厥改以聯合波斯的長期對手東羅馬帝國，左右夾擊波斯，雙方爭戰近二十年。

　　西元 610~630 年間射匱可汗（Sheguy）及統葉護可汗（Tong）在位時為西突厥的極盛時期，之後陷入內部紛爭。西元 659 年唐高宗命蘇定方率軍擊敗西突厥後，設「安西四大鎮」於碎葉，駐守約四十年。西突厥汗國為突騎施所取代。

---

8. 漢朝時稱為丁寧，因當地人駕乘高輪車，又稱高車；唐朝時稱為鐵勒或敕勒，回紇和維吾爾人的先民。

9. 落敗的柔然餘眾西遷至伏爾加河，即西方稱的阿瓦爾人（Avars）。

突騎施
(Turgesh Qaghanate，699~756)

突騎施是西突厥「十箭部」的一部，活動於楚河與伊犁河之間，分為黃頭及黑頭二族，可能指生著淺色或黑色頭髮的二部。西突厥被唐軍擊敗後，突騎施佔領西突厥舊地錫爾河至額爾濟斯河一帶，仍以碎葉為政治中心；蘇祿可汗（Suluk）在位時（715~738 AD）與唐朝、後突厥及土蕃聯姻合縱，實力最強。突騎施力抗阿拉伯人多年，最後仍為大食所敗，阿拉伯人越過錫爾河，戰敗的突騎施內部紛爭不斷，後為葛邏祿取代。

突厥人視狼為祖先，認為狼有感情，通人性，母狼有強烈的母性，狼的勇敢和凶狠也令他們欽佩。
毛氈藝術「母狼」，Alibay Bapanov 作

開枝散葉的十箭部

西突厥汗國瓦解後，草原上的「十箭部」像脫韁的馬兒，四處奔竄移動。哈薩克歷史記 7~11 世紀間出現四個汗國：「七河流域」的葛邏祿、錫爾河中下游與鹹海之間的烏古斯葉護國、哈薩克中部至額爾濟斯河的基馬克汗國、伏爾加河和北高加索地區的可薩汗國。

葛邏祿
(Karluk State，756~940)

葛邏祿也是西突厥「十箭部」的一部，原活動於巴爾喀什湖至阿爾泰山一帶，位於東、西突厥之間，多次參與歷史性的戰役。西元 744 年，葛邏祿與回紇一起助唐擊敗後突厥，唐助回紇建「回鶻汗國」，葛邏祿不服，被回紇擊退後南遷到「七河流域」。西元 751 年，阿拉伯大食軍隊與高仙芝率領的唐軍在塔拉斯河谷激戰，原本與唐軍一方的葛邏祿臨陣倒戈，造成唐朝十萬大軍慘敗，就是著名的「怛羅斯之役」，自此中國勢力退出中亞一千多年。葛邏祿又與「十箭部」的烏

Karluk

Kimet

古斯陷入紛爭，葛邏祿爭得「七河流域」，烏古斯被迫西遷到鹹海；葛邏祿又聯合土蕃人與回紇對立，卻屢為回紇所敗；之後又被阿拉伯人及薩曼尼王朝所敗，餘眾四散，直到喀喇汗國出現。

烏古斯葉護國
(Oghuz Yabghu State，9~11 C)

　　原居住在「七河流域」西部的烏古斯與葛邏祿爭地多年敗北後，沿著錫爾河西遷到鹹海，9~11 世紀間建立葉護國，活動於錫爾河中下游及鹹海與裏海之間地帶，今哈薩克草原西部地區。西元 985 年葉護國分裂，一名叫塞爾柱(Seljuk)的部將率眾出走，向南拓展到小亞細亞，追隨的部眾被稱為塞爾柱人；十一世紀中葉，衰退的烏古斯葉護國被欽察人擊敗，一部分繼續西遷到東歐。烏古斯人的分布極為遼闊，在遷徙過程中與其他部族融合，形成許多後來的突厥民族，如塞爾柱、土庫曼、亞塞拜然、土耳其等。

基馬克汗國與欽察人
(Kimek Qaghanate，9~13 C)

　　同時期在哈薩克北方有基馬克人(Kimek)與欽察人(Kypchak，或譯克普恰克人)組成的部落聯盟，最早活動於阿爾泰山與額爾濟斯河和鄂畢河之

Kypchak

間，西突厥瓦解後，成為回鶻汗國的一部分；回鶻汗國滅亡後，遷徙到哈薩克北部，建立基馬克汗國。十一世紀初，欽察人推翻基馬克汗國，組成非國家的欽察部落聯盟，並將勢力擴張到黑海北岸草原，與當地淺膚色的庫曼人(Cuman)融合，因此從鹹海到裏海伏爾加河、黑海頓河地區有「欽察草原」(Desht-i-Kypchak)和「庫曼尼亞」(Cumania)的稱呼，十三世紀時被蒙古人征服。

可薩汗國
(Khazar Qaghanate，7~11 C)

　　可薩(Khazar，或譯哈札爾)是西突厥西部的一支，七世紀下半葉在伏爾加河與北高加索草原建立汗國，今哈薩克的西哈薩克州至喬治亞和烏克蘭一帶，在中世紀初期扮演重要的商業體，與東羅馬帝國及阿拉伯帝國往來密切，1030 年為東羅馬和基輔羅斯所敗，土地被瓜分；其眾一部分形成後來的哈薩克人和諾蓋人，一部分西遷融入各地民族。Khazar 在突厥語中有「遊蕩」、「自由人」的意思，一說後來的哈薩克人(Kazakh)和哥薩克人(Cossack)的名稱都源自可薩(Khazar)一字。

卷髮胡兒眼睛綠

突厥人崇拜天日，自稱為「藍突厥」(Kok Turk)，是突厥人的貴種和統治者，由阿史那氏及阿史德氏互為婚姻和繼承；稱被征服的部落如柔然、契丹、韃靼等為「黑突厥」或「黑民」(Kara Turk)，黑突厥地位低，必須為統治者服勞役、納賦稅和出兵作戰。這種封建階級的統治方式常使附庸部落心生怨恨，因而在戰爭中時有反叛發生，內部紛爭與分裂頻仍，導致汗國衰亡。

經研究證明，突厥人具有高加索和蒙古人種的身體特徵。突厥人發源的阿爾泰山是西元前屬高加索人種的斯基泰—塞迦人活動的地區，緊鄰蒙古高原的蒙古人種遊牧民，可以説阿爾泰山是高加索與蒙古人種交會融合的地方，形成具有白種人特徵的突厥人民，如淺膚色、淺髮色、深目高鼻、藍綠眼珠等。由唐詩中的描繪也可看到他們的樣貌，如李賀的《龍夜吟》：「卷髮胡兒眼睛綠」；岑參的《胡笳歌送顏真卿使赴何隴》：「君不聞胡笳聲最悲，紫髯綠眼胡人吹」，這些特徵在吉爾吉斯和哈薩克人身上仍可看到。

突厥是目前所知遊牧民族中最早使用文字的人民，約在西元五世紀時出現，這些刻有古突厥文的碑銘多在蒙古杭愛山的鄂爾渾河流域發現，由於文字外形類似古代日耳曼人使用的盧尼文，因此被俄國學者稱為鄂爾渾盧尼文 (Orkhon Runic)，之後在葉尼塞河及塔拉斯河流域也有發現，現稱為古突厥文。突厥人在六世紀時採用粟特字母創造了突厥字母，約七世紀時形成文字，十世紀時已廣泛使用於中亞、新疆、蒙古、葉尼塞河和西伯利亞一帶的碑銘中。🐏

黑民盛世 喀喇汗國 / 喀喇契丹

（10~13 C）

不斷遷徙擴張的突厥人政權對流通於草原上的各種民族、文化和信仰抱持開放的態度，讓各種宗教得以在此蓬勃發展，如薩滿教、祆教、佛教、景教、摩尼教等，形成自由、開放與多元的草原文化，對東西方宗教文化的傳播卓有貢獻。進入中世紀，草原也進入一個不同時代，喀喇汗國的出現為草原民族的伊斯蘭化揭開序幕。

喀喇汗國

（Karakhanid，942~1212）

曾經助唐擊敗後突厥汗國的回紇人在蒙古高原建立的「回鶻汗國」（Uyghur Qaghanate，744~840），後來被柯爾克孜人擊敗，部眾四散，其中一支西遷到中亞，一稱「嶺西回鶻」，他們與當地的葛邏祿部落形成一個強大聯盟，消滅薩曼尼王朝（Samanids），統領「七河流域」、費爾干納谷、東突厥斯坦及「河中地區」，北以巴爾喀什湖與欽察人為界。最初以喀喇窩魯朵（Kara Ordo，原碎葉城）為中心，後以巴拉沙袞（Balasagun，今托克馬克）、烏茲根（Uzgen，奧什）、喀什噶爾（Kashgar）及撒馬爾干（Samarkand）為主要都城，十九世紀的歷史學家稱這段分治時期為「喀喇汗國」或「黑汗國」

（Karakhanid）。突厥語 Kara / Qara 有「黑色、偉大、勇氣」的意思。

喀喇汗國汗王皈依伊斯蘭信仰，定之為國教，統治者開始使用蘇丹（Sultan）頭銜和阿拉伯姓名，文字改採阿拉伯字母，是突厥人民伊斯蘭化的重要時期。十一世紀上半，汗國分裂為二，西部的「河中地區」陷入與塞爾柱人的長期爭戰，東部則有來自契丹和乃蠻的威脅，最後被契丹人佔領。

喀喇契丹

（Kara Khitai，1128~1213）

信奉基督的契丹人耶律大石（Yelu Dashi）在遼朝將滅亡之際出走，從蒙古高原向西擴張，佔領喀喇汗國土地，阿拉伯文獻稱之為「喀喇契丹」（Kara Khitai/Khitan），中國稱「西遼」，建都在巴拉沙袞，後改稱虎思窩魯朵（Khosun Ordo）。西元 1141 年契丹擊敗塞爾柱人，成為中亞霸主，一時威震歐洲，Khitai 一名也成為後來西方對東方中國人的一個稱呼。因長期的爭戰和內部衝突，喀喇契丹國力漸衰，最後被蒙古人征服。

喀喇汗國的文學建樹

　　喀喇汗國是西突厥汗國之後另一個繁榮時期，不僅是中亞突厥民族伊斯蘭化的重要時期，也是突厥文學和哲學發展的黃金時期，以汗國東都喀什為重地。最具代表的是一部《突厥語大詞典》(Diwanu l-Lugat al-Turk)，作者馬赫穆德(Mahmud Kashgari，1038~?)原本是伊塞克湖附近 Barskani 王國的王子，因宮廷內鬥而出走，定居喀什，成為一位學者。他遊走四方收集和考證各地突厥方言，完成收錄 7000 多條突厥詞語的鉅作，他將著作獻給巴格達的哈里發統治者，是第一部用阿拉伯文注釋突厥語的詞典，被視為中世紀突厥文化的百科全書，後人研究早期突厥文化和語言的重要考據來源。

　　另一部重要的著作敍事長詩《福樂智慧》(Qutadghu Bilig)，作者是出身巴拉沙袞名門的詩人玉素甫(Jusup Balasaguni，1018~1070)，他在喀什王室的伊斯蘭學校學習，精通多種科學和語言，成為一位教師和詩人。書中以四個人物：國王「日出」、大臣「月圓」、大臣之子「賢明」、大臣族人隱士「覺醒」為體，經由四人的對話，用文學的方式闡述人生的道理和治國的理想，優美的詩作中也反應出當時的社會、歷史、文化與宗教觀。

玉素甫

馬赫穆德

生命好比清風，一閃即逝。
伸手抓住兩個世界，今生和來世。

～福樂智慧～

蒙古旋風 金帳汗國 / 蒙兀兒斯坦
(13~15 C)

西元 1206 年鐵木真征服蒙古高原各部落，被授予「成吉思汗」(Chinggis Khan) 的尊號；西元 1219~1224 年間，蒙古大軍如旋風般橫掃中亞，開創一個橫跨歐亞大陸的龐大帝國，「蒙古」也由一個部落名稱變成一個民族的名稱。成吉思汗將廣大的土地分封給長子朮赤、次子察合台、三子窩闊台，形成金帳汗國、察合台汗國、窩闊台汗國；之後四子托雷之子旭烈兀西征，取得高加索、伊朗及伊拉克一帶，建伊兒汗國，即蒙古四大汗國。龐大的帝國將歐亞大陸東、西方的交通、貿易、文化和民族交流推向一個空前活躍的時期，後人稱為「蒙古和平」(Mongol Pax) 時期。居少數的蒙古統治者階層日久逐漸突厥化，並接受伊斯蘭信仰。

於薩萊 (Saray，今俄羅斯伏爾加河下游的 Saratov)。轄下多種民族，包含以欽察人為多的突厥部落、康里、葛邏祿、乃蠻、保加爾、摩爾多瓦、俄羅斯、花剌子模等，汗國維持統一局面至十四世紀中葉，後陷入內戰紛爭，國力衰退；十五世紀下半敗給莫斯科公國後失去主控權，分裂成西伯利亞、喀山、阿斯特拉罕、克里米亞、保加爾、花剌子模等多個汗國。

金帳汗國
(Golden Horde，1242~1502)

成吉思汗長子朮赤 (Juchi) 封得額爾濟斯河到欽察草原的廣大土地，稱朮赤兀魯思 (Juchi Ulus)，約莫是今天哈薩克的領土範圍，朮赤早逝，由次子拔都 (Batu) 繼位。拔都接續西征到伏爾加河及多瑙河岸，建欽察汗國 (Kipchak Qaghanate)，史稱金帳汗國 (Golden Horde)，統領廣大的欽察草原到克里米亞及北高加索地區，建牙帳

成吉思汗與四子畫 (1430)

蒙兀兒斯坦

　　成吉思汗二子察合台領有西遼舊地，建察合台汗國（Chagatai Qaghanate），其東北方為窩闊台的封地。察合台與窩闊台二人協議，讓窩闊台的孫子海都（Qaidu，1234~1301）統領「七河流域」到東突厥斯坦的土地，今哈薩克東南部和吉爾吉斯到新疆哈密的範圍，牙帳設於楚河流域（近比什凱克），當地的突厥人稱之為「蒙兀兒斯坦」（Moghulistan，「蒙古人的土地」之意）。海都後來繼承窩闊台汗國汗位，

因不滿忽必烈即大汗之位，起而反抗，至蒙古汗國間內戰頻仍；海都過世後，窩闊台汗國被瓜分，察合台汗國佔領「蒙兀兒斯坦」，即後來的東察合台汗國領土範圍。察合台汗國後來分裂為二，西察合台汗國被帖木兒王朝取代（1369 AD），東察合台汗國被準噶爾汗國所滅（1680 AD）。這段歷史突顯了以天山山脈為疇，東突厥斯坦（新疆）與吉爾吉斯及哈薩克「七河流域」在地理上的緊密連結關係。♈

十三世紀蒙古汗國領地圖

十四世紀蒙兀兒斯坦範圍圖

民族登場
吉爾吉斯／哈薩克汗國
(15~17 C)

柯爾克孜部

西元 1480 年間，「蒙兀兒斯坦」的蒙古裔阿合邁汗王 (Ahmed Khan) 將散居在天山北麓到塔拉斯河谷的柯爾克孜人定為一個新部落，由其子哈勒蘇丹 (Khalil Sultan) 統領，歷史學家稱之為柯爾克孜汗。後來蒙古統治者逐漸衰退，1508 年柯爾克孜裔將領穆哈邁德 (Muhammad Kyrgyz) 成為統治者，人稱 Tagai-biy，被視為吉爾吉斯民族近代歷史上的第一位統治者。

哈薩克汗國
(Kazakh Qaghanate，1465~1847)

拔都建「金帳汗國」後，將錫爾河以東的土地分給哥哥斡兒答 (Orda)，稱為「白帳汗國」；烏拉山以東至額爾濟斯河的土地封給五弟昔班 (Shiban)，稱為「藍帳汗國」；讓十三弟禿花帖木兒 (Tuq-Timur) 統領克里米亞一帶。

十五世紀「金帳汗國」式微，廣大的領土陷入紛爭內戰，昔班的後人阿布海兒汗 (Abu'l-Khayr Khan，1412~1468)，人稱烏茲別克汗，爭得「白帳汗國」之地，其孫即率領烏茲別克遊牧民南下，擊敗帖木兒王朝的昔巴尼汗 (Shaybani Khan)。因為與阿布海兒汗不和，「白帳汗國」的

克列汗與賈尼別克汗塑像

後人克列汗 (Kerey Khan) 和賈尼別克汗 (Zhanibek Khan)[10] 在 1456~65 年間率眾從烏茲別克汗國出走，「蒙兀兒斯坦」的統治者同意讓出走的部落在塔拉斯和楚河一帶放牧，並建立哈薩克汗國。哈薩克汗國為爭奪汗國首都突厥斯坦和錫爾河的絲路商道，與烏茲別克汗國及昔巴尼汗國對峙近二個世紀之久。

---

10. 二人為禿花帖木兒的後代王族，14 世紀末時因斡兒答世系無後人，由克烈汗的曾祖父繼位，統領「白帳汗國」。

　　哈薩克汗國成立後，吸引週邊諸多遊牧部落加入，逐漸形成多種突厥和蒙古部落融合而成的哈薩克民族。草原上逐漸形成三個「玉茲」(Zhuz) 部落聯盟，分別為錫爾河下游到巴爾喀什湖之間的「大玉茲」，錫爾河中游到額爾濟斯河間的「中玉茲」，錫爾河上游、鹹海到裏海和烏拉河之間的「小玉茲」。1771年阿布賚汗（Abylai Khan，1711~1781）被各玉茲首領推為哈薩克汗王，象徵哈薩克汗國的統一。

阿布賚汗畫像

風起雲湧　準噶爾與沙俄
（18~19 C）

十七世紀上半，活動於蒙古西部的衛拉特（舊稱瓦剌）四部中的準噶爾部崛起，建立準噶爾汗國（Dzungar Khanate，1635~1757），強勢控制天山南北地區，迫使土爾扈特部西遷進入哈薩克草原，最後到達伏爾加河沿岸，在中亞被稱為卡爾梅克人（Kalmyk）。他們與準噶爾人一西一東不斷侵擾哈薩克草原，殘暴破壞之力不亞於成吉思汗的蒙古大軍；1723~1727 年間準噶爾人大舉入侵，造成牧民四散逃亡，死於飢寒，被記為哈薩克史上的「大災難年」。

準噶爾人由俄羅斯人處取得槍火彈藥，讓騎馬射箭的遊牧民處於劣勢，無力反擊的部落轉而尋求沙俄的保護，1731 年小玉茲率先加入俄國，隨後中玉茲也宣示效忠俄國，大玉茲被準噶爾人佔領；1757 年清朝滅準噶爾汗國，巴爾喀什湖以東的大玉茲土地歸入清朝。

期間，中玉茲首領阿布賚汗曾與吉爾吉斯人合力對抗準噶爾，奪回突厥斯坦和塔什干，被視為民族英雄；但後來為爭奪牧地與吉爾吉斯人失和，又率眾擊敗吉爾吉斯人。

善於等待的狼

十六世紀金帳汗國瓦解後，沙俄在1552~56 年間消滅位在伏爾加河的喀山（Kazan）及阿斯特拉罕（Astrakhan）二個汗國，勢力推進到烏拉山和裏海，打開通往西伯利亞的大門。俄國在地廣人稀的西伯利亞長驅直入，如入無人之地，但在中亞卻遇到強勁的遊牧民，轉而發展商貿關係，和平相處二百多年。

十八世紀時草原部落間相互對立、爭權奪利，統治者對牧民施以高壓統治和苛稅，加上準噶爾和卡爾梅克人的入侵，內憂外患之中尋求沙俄的保護，俄國堂而皇之在主要河流修建要塞，派遣大批科學探勘隊進入中亞調查地形和人民分布，為入主中亞做好準備。1813 年吉爾吉斯人為對抗浩罕汗國，也接受沙俄的保護，任其在境內建堡駐軍。1820 年代沙俄開始撤換汗王，阿布賚汗的孫子科尼薩利汗（Kenesary Khan，1802~1847）率眾抵抗，欲聯合吉爾吉斯人合力發兵，但被拒絕，他反將矛頭轉向吉爾吉斯，卻在高山激戰中被俘身亡，哈薩克汗國結束。

1861 年沙俄廢除農奴制度，大批俄羅斯和烏克蘭農民湧入草原，牧民的土地被充公，供新移民開墾為農地。俄國以保護國之身行佔領之實，當草原民族驚醒時已無力回天。

草原浩劫　蘇聯時期
（20 C）

　　二十世紀是草原人民經歷一個接一個磨難的時代。1914年一次世界大戰爆發，1916年俄國強徵中亞19~43歲的男人充兵，引發全面性反抗，遭到嚴酷的鎮壓，數十萬人逃離中亞，進入中國境內，被稱為「流亡者」。

　　1917年俄國爆發「二月革命」，推翻沙皇統治，同年「十月革命」後建立蘇維埃政權，中亞也淪入蘇聯的鐵幕統治，成立短暫的「突厥斯坦自治共和國」。早先蘇聯將哈薩克人視為吉爾吉斯人，1920年成立「吉爾吉斯蘇維埃社會主義自治共和國」；1924年劃分中亞五國，吉爾吉斯被劃為「喀喇吉爾吉斯自治州」，隔年更名為「吉爾吉斯自治州」，1926年改

為「吉爾吉斯蘇維埃社會主義自治共和國」，哈薩克另成「哈薩克蘇維埃社會主義自治共和國」，1936年改稱共和國。

　　1930~1940年史達林恐怖統治時期，以擺脫落後生活為旨，強迫牧民放棄遊牧生活，遷入集體農場生活，地方士紳被迫害或流放，造成史上最嚴重的大饑荒，將近二百萬人死於飢餓和疾病，一百多萬人逃難到鄰國地區，寫下1929~1933年間的「哈薩克悲劇」歷史；隨後的民族迫遷，來自蘇聯統治地區的政治犯和開墾者被流放到哈薩克的集中營或工業地勞役，數以萬計的人死於飢餓或凍死。1941~1945年二次大戰期間，上百萬的中亞男人被送往歐陸戰場，許多歐陸工廠撤遷到哈薩克，

成為俄國生活和戰地物資的供給地。1950 年間赫魯雪夫推動「處女地開墾計畫」，又有近百萬來自俄羅斯、烏克蘭及其他地區的人來到此地開採礦產和開墾農地，對草原生態和傳統畜牧文化造成無法彌補的傷害。

1991 年蘇聯解體，吉爾吉斯率先於 8 月 31 日宣布獨立，哈薩克於 12 月 16 日宣布。歷經快三十年的發展後，看馬背民族如何再次蹬上馬背，馳騁歐亞大草原。

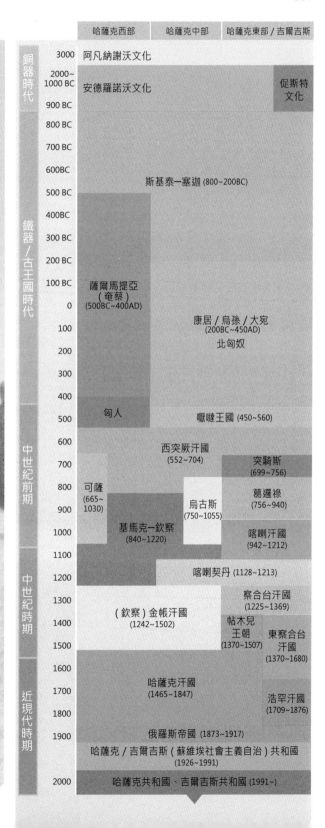

Part 2

吉人天相之國
吉爾吉斯

KYRGYZSTAN

從阿爾泰山的葉尼塞河到天山
的楚河流域，一部流傳千百年
的英雄史詩《馬納斯》記述了
他們的遷徙和生死故事，他們
是古老的突厥先民，只向日月
折腰的遊牧民。

有「中亞瑞士」之稱的吉爾吉斯位在天山山脈與帕米爾之間，坐擁終年不結冰的伊塞克湖，中國史稱的「熱海」，擁有巍峨的高山、仙境般的雪景、白色的湍流和百變的高山湖泊美景。全境有二分之一的土地在海拔 1000~3000 公尺，三分之一的土地在海拔 3000~4000 公尺，是名副其實的高山國家，其東部為天山山脈，南部為帕米爾—阿賴山脈，僅北部和西南部有低地。主要河流納倫河(Naryn)橫貫全境，流到烏茲別克後匯入錫爾河；北部有楚河(Chuy)，是「絲綢之路」的重要通道。在眾多高山湖泊和草原美景外，讓我更驚嘆的是吉爾吉斯竟是如此古老的民族，如千年的寶物箱，開啟古老記憶的光芒。

吉爾吉斯(Kyrgyz / Qirğiz)，或柯爾克孜(發音更接近母語)，字面上有「四十個姑娘」的意思。

傳說 遠古時王宮中有四十個宮女在河中沐浴時受孕，被國王流放，四十個姑娘在深山中生下孩子，繁衍成柯爾克孜人。吉爾吉斯英雄史詩《馬納斯》中也講到有四十個部落歸附，繁衍壯大後成為柯爾克孜人。吉爾吉斯國旗上的氈房與太陽標誌有四十道光芒，四十在突厥民族文化中帶有神祕的神聖意涵。

吉爾吉斯省份圖

吉爾吉斯全國面積 199,951 平方公里，劃分成七個州 (oblasty)、一個市 (shaary)，州之下分區 (raion)。現有人口 639 萬 (2019)，吉爾吉斯人占七成以上，次為烏茲別克人 (14%) 及俄羅斯人 (5%)，還有東干、維吾爾、塔吉克、哈薩克、韃靼、朝鮮、烏克蘭、德意志等 80 多個族群。母語為吉爾吉斯語，俄語為官方語言，目前仍使用斯拉夫字母。

古老的突厥先民

　　柯爾克孜是非常古老的人民，關於他們的文獻記載最早出現在中國的《史記》與《漢書》，歷史可追溯到西元前三世紀，最早居住在葉尼塞河上游一帶，漢朝時稱為鬲昆、堅昆，魏晉南北朝時稱為結骨、契骨、紇骨，唐朝時用回紇人稱法稱為黠戛斯，宋朝時稱紇里迄斯，元朝稱吉利吉思，都是不同時期的音譯名稱，清朝按蒙古衛拉特人的稱法，稱之為布魯特（Burut，狼的意思），可能出於他們視狼為祖先的突厥傳統。

　　柯爾克孜人最早居住的葉尼塞河（Yenisey，突厥語 Enisei，意為「母親之側」），位在西伯利亞南部，今俄羅斯哈卡斯共和國至圖瓦共和國一帶，歷史學家稱之為葉尼塞柯爾克孜人。根據蘇聯和近代的考古研究，這一帶的歷史可以追溯到西元前 2000 年銅器時代的安德羅諾沃文化，柯爾克孜是早期南西伯利亞與中亞人民融合的一支，具有赤髮藍眼和淺膚色的特徵。中國歷史記載，西元前二世紀臣服

位於圖瓦共和國的葉尼塞河

於匈奴,與丁寧部落混居,後受鮮卑、柔然統治;隋唐時受突厥汗國、回鶻汗國統治,當時的統治者「豹子」阿熱氏(Barsbek Ajo)曾遣使赴唐遊説,希望聯合大唐勢力爭取獨立,他自稱為李陵的後人[1],唐中宗亦云其與唐朝李氏家族為同宗。

近年在蒙古高原北方,從布里雅特到圖瓦、阿爾泰山及天山都有發現早期的積石古墓,蒙古人稱之為「柯爾克孜人的墓」(Khirigsuur),俄羅斯研究者以俄語發音寫成「赫列克蘇爾墓」(Khereksur),推測這些「柯爾克孜人的墓」存在於西元前9~7世紀,或西元前8~5世紀之間[2]。如此,柯爾克孜人的出現要比《史記》的記載更為古老。

從葉尼塞河到天山

歷史上柯爾克孜人很少以強權姿態出現,但後突厥(第二東突厥)三朝重臣暾欲谷(Ton Yokuk)碑文中記載八世

「豹子」阿熱氏畫像

暾欲谷碑

---

1. 李陵為漢朝將領,兵敗後投降匈奴,封地於堅昆之側,與柯爾克孜人混居,漢人部眾與當地女子婚配生下黑髮黑眼的柯爾克孜人。現在哈卡斯共和國首府阿巴坎仍保留傳說是李陵故居王城的遺址。

2. 參閱《草原王權的誕生》;八旗文化。

紀時「柯爾克孜人是我們最主要的強大敵人」。西元 840 年柯爾克孜人趁嚴冬造成牲畜大量死亡，傳染病肆虐之際一舉消滅回鶻汗國，打擊後突厥，佔領東至貝加爾湖、西至七河流域、南至塔里木盆地的土地，是柯爾克孜人史上最強盛時期，歷史學家稱之為「柯爾克孜強權時代」(Kyrgyz Great Power)。現在的哈卡斯人視這位無名的阿熱氏統治者為民族英雄。

十二世紀喀喇契丹統治時，柯爾克孜人已散居多地，但仍以葉尼塞河、阿爾泰山及準噶爾盆地為主要聚居地。十三世紀蒙古人統治時，柯爾克孜人捲入海都與忽必烈的汗位之爭，因為支持海都一方，戰後忽必烈強力迫遷柯爾克孜人，一部分遷到遼東、山東，一部分遷到蒙古和中亞，與漢人及蒙古人融合；更多柯爾克孜人逃離蒙古人統治的原居地，遷徙到海都部

眾駐守的天山，加入早先移居當地的柯爾克孜人，稱為天山柯爾克孜人，就是現在吉爾吉斯人的先民。從西元前三世紀至十四世紀間，柯爾克孜人從阿爾泰山的葉尼塞河到天山的楚河流域，歷經幾次的遷徙，第一波在北匈奴入侵時，第二波在突厥汗國擴張、民族大融合時期，第三波就是蒙古人統治時，是柯爾克孜人的黑暗時期，歷經一個世紀的壓迫，直到元朝滅亡。十五世紀末，蒙古哈勒蘇丹統領正式成部的柯爾克孜人，古老的葉尼塞柯爾克孜人在千里外的天山立足，延續柯爾克孜人的命脈。

「柯爾克孜強權時代」領袖阿熱氏
Viacheslav Kuchenov 作

吉人得天相之國

　　吉爾吉斯境內多山，看似艱難險阻，卻有利畜牧業發展，因為天山草原提供了一個得天獨厚的放牧環境。不同於蒙古草原和哈薩克草原的牧民，必須遷徙百公里之遠尋找好的草場，生活在天山的柯爾克孜人只要在夏天時將牲畜趕到高山牧場（jailoo），在山谷和高山間反覆的垂直移動數公里，就有肥美的草場和充沛的水源；冬天時再將牲畜趕往背風的冬窩子山谷地（kyshtoo），那裡少雪，所以也不需要為冬天儲存大量乾草；有積雪時，就讓馬在雪原上憑嗅覺找到乾淨的水草地，牧民再鏟雪，讓草地露出給羊吃。這種垂直移動的季節性放牧生活，養成柯爾克孜人純樸閒適的民族性格。

　　我在《中亞之心・烏茲別克》書中寫到關於烏茲別克土地的故事，傳說造物主在分配世界的土地時，由於烏茲別克人禮讓他人，當來到造物主面前時所有的土地已分完，造物主看在烏茲別克人的善良，決定將一塊天堂之地分給他

們。沒想到吉爾吉斯也有類似的故事，傳說當柯爾克孜人來到造物主面前時土地已分完，造物主問他為何姍姍來遲，柯爾克孜人坦承因為在草原上放牧休息，不覺中睡過了頭，造物主看在柯爾克孜人的誠實、一副與世無爭的模樣，決定將原本留給自己的一塊土地分給他們。柯爾克孜人因為睡過頭，卻得「天山」一地，在眾神居住的地方生活，「吉人」得「天相」之國的傳說令人莞爾。🐏

吉爾吉斯三寶

2015 年第一次前往吉爾吉斯時，我選擇飛行距離最短的航程，由台北飛烏魯木齊，再轉機到吉爾吉斯首都比什凱克，到機場櫃台才知道行李不能直掛目的地，到烏魯木齊必須提領行李出關，再入關轉機！飛行時一直禱告能順利拖著行李，在機場熬過九小時的轉機時間。當天晚上十點多抵達烏魯木齊，才知道整個機場大廳在午夜二點要關閉清場！我想先寄放行李，但櫃台說過時了不給放！腎上腺素直上的時候，幸運的我遇到同機而來的台灣旅遊團，一群來自台中沙鹿教會的朋友伸出了援手，載我到他們下榻的旅館，因為旅館客滿，領隊的陳牧師請他當地的朋友收留我在她家過夜，清晨六點再送我去機場，結束一夜的驚魂記。只能說自己很幸運，旅途中遇到一群上帝的天使。

隔天早上從烏魯木齊飛往比什凱克，飛機拉高後赫然看到下方就是分隔南、北疆的天山，一片勢與天高的雪峰，壯碩的山脈一巒接一巒，無邊無際似的，彷彿大地巨人歷經千錘百鍊的肌腱，白色的雪峰和冰河，有如大地巨人淌淌而流的血脈。天山山脈東西長 2500 多公里，新疆境內

1700 多公里，西段延伸至吉爾吉斯、哈薩克及烏茲別克東部，從空中一覽天山的壯闊，不覺有「越天山而小天下」之感，不禁讚嘆千百年來絡繹於天山山谷間的商旅、軍隊、傳教者、冒險家，還有無數遷徙的民族，他們是如何穿越艱險的天山廊道，實現追求美好生活的夢想，進而創造出璀璨的絲路文化。

鄰座的吉爾吉斯女孩是去福州參加「俄語國家城市論壇」返回的職業女性，打開話匣之後，她突然冒出一句「妳看起來不像中國人，像我們吉爾吉斯人」！讓我想起 2012 年第一次邀請哈薩克「圖蘭樂團」到台灣表演時，一天團長瑟瑞克看著我說「妳長得不像中國人，像我們哈薩克人」！難道是身體內住著一個古老靈魂，想要尋找回家的路，冥冥中一步步帶我來到這裡？

人說「東北有三寶」，吉爾吉斯也有三寶，讓他們最引以為傲的三寶，一是天山（阿拉圖山），二是「天山之珠」伊塞克湖，三是賽伊馬魯史前岩畫。

眾神的居所 阿拉圖山 Ala-Too

　　古早時人們說世界上有兩座巨大的石海，挺立在天堂與大地之間，內藏有神祕的谷地，一座是天山，一座是帕米爾。「天山」一名來自匈奴語「祁連」（Qilian，意為天之山），吉爾吉斯稱天山為「阿拉圖」（Ala-Too），哈薩克稱「阿拉套」（Alatau），意思是「有顏色的山」，是天山北脈的一支。天山最高峰「勝利峰」（吉語為 Zhenish Chokusu；俄語 Pobeda，勝利之意），中國稱為「托木爾峰」（Tomur，維吾爾語，鐵峰之意），海拔 7439 公尺，位於吉爾吉斯與中國邊界。第二高峰「汗騰格里峰」（Khan-Tengri），海拔 6995 公尺，位於吉爾吉斯、哈薩克與中國邊界。七千多公尺高的天山山脈如挺進天際的白色金字塔，在黃昏時夕陽將山脈染成一片

鮮紅，此時天山如劃入天際的白刃，雲彩如紅河般流竄而下，出奇美麗，故又有「血峰」(Kan-Too) 之稱。

　　吉爾吉斯人認為天山是眾神居住的地方，非常人可及，神聖的高山令他們敬仰，也化作吉爾吉斯男人頂上的毛氈高頂帽 (Ak kalpak)，尊貴如天山的白氈帽也成為吉爾吉斯人的象徵。

傳說　世界初始之際，大地一片黑暗，沒有任何生命，神讓太陽和月亮照亮了大地，為大地披上綠色的草衣，再放生動物在其中。一次眾神來到原始的大地巡視，看到美麗的景致，聞到花草的香氣，聽到高山流水的聲音，讓他們流連忘返，竟然忘了祂們的光輪消失，無法回到天上。眾神決定留下來居住，就稱這個地方為「天山」，天堂與大地間的一處化外之地。

天山之珠 伊塞克湖 Issyk-Kul / Issyk-Köl

由天山山脈冰河融雪形成的近百條大小河流匯聚而成的伊塞克湖，座落海拔1600公尺，是一座集歷史文化、景觀和生態於一身的美麗高山湖，東西長約180公里，南北最寬處60公里，深700公尺；湖水沒有出口，經蒸發後湖水帶有鹹味，早期突厥人稱它為「鹽湖」(Tuz-Kul)，蒙古人稱它為「鐵湖」(Temurtu-Nor)，因為河流將大量含有鐵成份的沙石沖到湖中，被當地人取來做刀而得名。因終年不結冰，中國史書稱為「熱海」，Issyk-Kul就是「熱湖」的意思，但還不至於熱到如唐朝詩人岑參詩中的描述：「西頭熱海水如煮，海上眾鳥不敢飛」。伊塞克湖位在內天山山脈之間，清澈的湖水有如天山巨人睜開的一隻天眼，吉爾吉斯人稱它為「天山之眼」或「天山之珠」；還有作家為它取了一個很好聽的名稱——地圖上的藍眼睛。

在美麗的湖光山色外，伊塞克湖也是一方文化寶地，從西元前 2000 年銅器時代到鐵器時代的岩畫石刻、西元前八至三世紀塞迦人的墓葬、西元前二世紀烏孫人沉入湖中的赤谷城、六世紀突厥人的石人像、土蕃人的石刻、景教修道院和蒙古汗國的遺物，都流入伊塞克湖的時間長河，湖底存在至少十處有記載的聚落，等待水下考古出土的一天；還有十八世紀信奉藏傳佛教的準噶爾蒙古人留下的藏文石刻，見證了不同民族和文化在此活動的歷史。

伊塞克湖平靜時如明鏡，微風時水光漣漪，泛起如魚鱗般的白澈，起風時波浪滔滔，驟時烏雲遮日，惡浪也排空而來，因此當地有許多關於伊塞克湖的傳說。伊塞克湖的變幻還在於不同季節的色彩，秋天時一片金黃，冬天時進入休眠，但很少下雪；春天時百花綻放，杏樹花海將道路

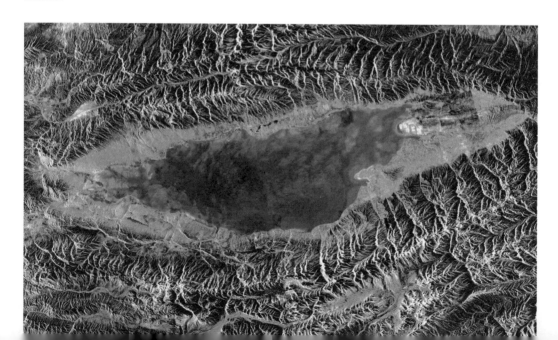

妝點成一片粉彩；夏天時青草綠樹，充滿生機，是旅客人潮最多的季節。因為湖水含有多種高山礦物成份，具有健康療效，故北岸湖邊建有許多渡假村和療養院，吸引眾多當地及哈薩克和俄羅斯人來此渡假和療養。

（傳說）很早以前有二位力士同時愛上伊塞克的美麗公主，公主對二位英雄都有好感，難以選擇。二位力士來自西方的叫烏朗（Ulan），來自東方的叫桑塔石（Santash），為能決定誰可以贏得公主的芳心，二人決定以決鬥定勝負。二人激烈的拚搏了三天三夜仍難分勝負，最後兩敗俱傷，失去了生命；公主失去二位心儀的英雄，悲傷的每日以淚洗面，淚水流成了湖，形成清澈如眼的伊塞克湖。

早春的四月，我們開車行駛在伊塞克湖岸，看見綠葉尚未出芽的樹幹在湖邊以各種姿態呈現，來自西邊山口「烏朗」的強勁西風和來自東邊山口「桑塔石」的東風將它們吹得姿態各異，好像二位力士還在拚搏比劃，公主的眼淚也依然在流淌，伊塞克湖仍在天地之間訴說著三人的愛情故事。

史前錄像 塞伊馬魯岩畫
Saimaluu-Tash

中亞地區的岩畫分布極廣，多沿著山麓地帶發展，從南西伯利亞的葉尼塞河到阿爾泰山、天山、帕米爾高原、再往南到印度河谷都有，顯示這是一條早期人類生活和遷徙的路徑。根據研究，岩畫的年代含蓋西元前3000年石器時代到西元1200年突厥人時期，以西元前2000~800年間的銅器時代及西元前800~200年間的塞迦人時期數量最多；發現岩畫的地區多是早期人類聚居的地方，有河谷區、溫泉區和洞穴區等。突厥時期後，由於紙張的出現，早期岩畫做為記錄、溝通和傳訊的功能消退，也就逐漸減少。

吉爾吉斯的第三寶就是隱身在賈拉拉巴德州圖古斯多魯山谷 (Toguz-Toroo Valley) 中的塞伊馬魯岩畫（Saimaluu-Tash，意思是「有畫的石頭」），在海拔3200公尺的高山岩壁上留下四千多年前的人類生活檔案。岩畫中有狩獵、豢養動物、雙輪車、耕犁、崇拜太陽的薩滿儀式和舞蹈景象，顯示早期人類的畜牧和農耕生活。岩畫中還有男女交媾的不同姿勢，代表繁衍；誇大的動物生殖器和動物角，代表旺盛的生命力；還有模仿飛鳥戴羽毛和長尾巴動物的圖案，許多真實世界沒有的形象。岩畫線條簡潔有力，具有生命的節奏感，是最精采的中亞史前文化保存區之一。❦

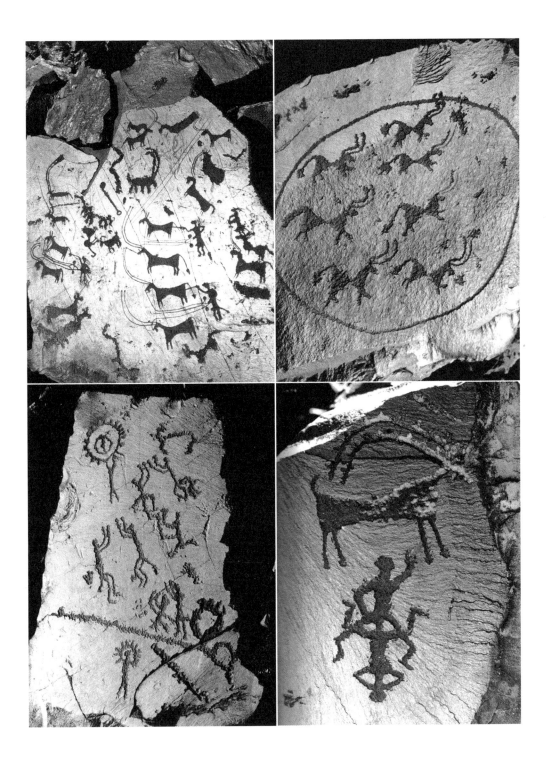

比什凱克　我不是馬奶棒
Bishkek

　　吉爾吉斯的首都比什凱克位在氣候宜人的阿拉圖—楚河谷地，最早建於1825年浩罕汗國統治時，據說是一位叫Bishkek的當地人士，因經常佈施助人而廣為人知，他曾加入對抗哈薩克阿布賚汗攻打柯爾克孜人的戰役而受人尊敬，死後葬於此，人們就稱這裡為Bishkek。1862年沙俄攻下浩罕汗國後在此建堡，因俄語發音被稱為Pishpek，吉爾吉斯語就是「攪馬奶的棒子」，因而讓人誤以為比什凱克一名來自於馬奶棒。因為比什凱克位在通往哈薩克阿拉木圖、烏茲別克塔什干、納倫和中國喀什的交會處，地理位置重要，1878年取代托克馬克成為行政中心，

1924年成為「喀喇吉爾吉斯自治州」首府，1926年改名為Frunze，紀念在此地出生的蘇聯紅軍指揮官伏龍芝(Frunze，1885~1925)；吉爾吉斯獨立後改回原名Bishkek。

　　到達比什凱克當天晚上，曾經來台灣演出的國家歌手薩拉瑪(Salamat)帶我去市中心的阿拉圖廣場散步，廣場在晚上變身成市民的活動廣場，暗夜中看不出四週的環境，只見小販的螢光玩具在天空飛舞，散放五顏色彩，馬路邊有供人搭乘的觀光馬車，沒有什麼驚奇之處，但已嗅到中亞獨立後率先施行民主制度的吉爾吉斯，空氣中彌漫的自由氣息。

　　隔天再來到阿拉圖廣場，以「國家歷史博物館」為背景的大廣場，中央立的是吉爾吉斯史詩英雄馬納斯(Manas)的騎馬雕像，一旁巨大的國旗立杆下有崗衛，每個定時有衛兵交接儀式。對面是一長列蘇聯時期的政府大樓，左右各有一長列同型的商業大樓，廣場主要道路楚河大道是吉國辦理閱兵和大型節慶活動的地方。歷史博物館的後方廣場立了一尊列寧的雕像，在中亞已經很少看到國家主要廣場上還保留列寧的雕像，他們說吉爾吉斯是個有包容力的國家，歷史是一面鏡子，要接受歷史，也要記取歷史的教訓。列寧雕像斜對面是外牆已斑剝的國會大樓，當地人稱這裡為「老廣場」，放眼望去，沒有特別引人的城市建築，只有春天綻放的鬱金香花海點亮了比什凱克。

走進綠意盎然的橡樹公園（Dubovy Park），內有一條露天藝廊，可以欣賞畫家筆下的吉爾吉斯自然美景和遊牧生活；公園中立有吉爾吉斯女英雄庫爾曼江（Kurmanjan）的雕像，前方地上有塊黃銅座標，標示比什凱克通往四方主要城市的距離。歷史博物館的另一側，也是一座綠意盎然的潘菲洛夫公園（Panfilov Park），有紀念蘇聯時期的雕像。楚河大道上稱為「白宮」的總統府，看不到什麼駐警守衛，只隔著圍欄安靜的座落在市中心區；圍欄上鑲著 2010 年「四七事件」犧牲者名字的紀念碑，圍欄的另一側立著人民推倒象徵貪腐政府的黑色巨牆雕塑，傳達吉爾吉斯人追求自由、正義、不屈於威權的精神。中亞五國中能如此公然表達反貪瀆政府的，就屬吉爾吉斯。

1991 年蘇聯解體，吉爾吉斯是第一個宣布獨立的中亞國家，並率先施行民主制度，也因此經歷數次動盪不安的政局。獨立後首任總統阿卡耶夫（Askar Akaev）執政後逐漸轉向威權統治，2005 年 3 月 24 日上萬名反對者聚集在首都，要求阿卡耶夫辭職，反對行動以春天盛開的鬱金

香為名，稱為「鬱金香革命」，吉爾吉斯人稱阿卡耶夫為「錢子」(Buck)，反諷他的愛財。阿卡耶夫出走莫斯科，由反對派領導人巴基耶夫 (Kurmanbek Bakiev) 任總統，但他的貪腐濫權更甚於前者，引發人民不滿，2010 年 4 月 7 日發生革命，稱為「四七事件」，巴基耶夫出走烏克蘭。反對派組織臨時政府，由前外長奧通巴耶娃 (Roza Otombayeva) 擔任臨時總統，人民稱她為「玫瑰」(Rose)，吉國議會通過新憲法，限制總統的權力。2011 年選舉由阿坦巴耶夫 (Almazbek Atambayev) 當選，2017 年選舉由熱恩別科夫 (Sooronbay Jeenbekov) 出任總統。中亞五國中吉爾吉斯的政權更異最為頻繁，人民如此迅速反抗濫權者，都說是源自吉爾吉斯史詩英雄馬納斯的無畏精神。

座落在馬納斯大道的「國家愛樂中心」是吉爾吉斯國家樂團和音樂家表演工作的基地，廣場上矗立著馬納斯騎馬揮大刀的雕像，後方是他的妻子卡妮齊 (Kanykei) 和輔佐大臣巴凱 (Bakai) 的雕像，前方有吉爾吉斯傑出的文學家、詩人和史詩吟唱家的塑像。這一帶屬於文教區，附近有「吉爾吉斯國際大學」及最高學府「國立玉素甫大學」，四周花圃青草綠樹環伺，噴泉水柱映照出的彩虹將比什凱克妝點成一座美麗的花園城市。🐏

國家愛樂中心

吉爾吉斯國際大學

歌劇與芭蕾舞劇院

露天藝廊

高山流水的亙古之戀

第一次去伊塞克湖是薩拉瑪和她的小女兒瑪哈 (Maha) 帶我去的，我們在綿綿細雨中從比什凱克出發，路途中她們在路邊買了些瓜果，因為湖區的東西都要貴得許多。薩拉瑪從蘇聯時期從事歌唱至今，擁有吉爾吉斯及哈薩克二國的國家榮譽藝術家頭銜，帶點蘇聯式霸氣的她開起車來像騎馬似的唸唸有詞，我常稱呼她為「天山女王」，有著剛毅、高貴又逼人的氣勢。

車子快速的經過托克馬克市，往伊塞克湖的方向行駛，我們要通過阿拉圖的 Boom 峽谷才能進入伊塞克湖區；道路沿著楚河的谷地走，並行的還有沿著河谷而建的鐵路。我發覺這裡的人開車都很快，快速道路上的車子像陣風似的，一陣陣咻咻而過，好像騎馬般的威風；突來一陣大雨，車行速度慢了下來，塞在快速道路上的車陣像擠在山間的車腸子，蠕蠕而行。

我趁塞車趕緊下車拍照，車外的溫度驟降十度，冷得我直打哆嗦，一個轉身，後方巨大的山體讓我嚇了一跳，從來沒有如此貼近大山，好像只要跨過道路隔欄我就可以觸摸到天山巨人的臂膀，但實在太冷了，拍完照趕緊躲進車內。薩拉瑪打開音響，和著自己的音樂帶唱起歌來，排解漫漫的塞車時間，這是多麼尊貴的享受呀，一位國家級的歌手在一方小空間為我輕聲歌唱。

終於車子開始移動，穿過高山隘口後眼前豁然開朗，出現一片平坦遼闊的谷地；天氣放晴了，濃雲厚霧都退到群山間，好像山腰窩窩處就是它們的家；太陽出來了，光束穿透雲霧，投射在黃昏的大地，變成金色的、紅色的、黃色的好多色彩，好像天山眾神正在大地上潑彩作畫。我開始理解為什麼遊牧民喜歡用顏色來稱呼一些地名的原因了。

　　環伺伊塞克湖的阿拉圖群山間有數不盡的山川谷地，每座山峰、每道峽谷和每條河谷都有其各自的美麗，我想只有經常山裡來、谷裡去的吉爾吉斯人才認得這些「山形人」，也只有他們才知道我們這些都市人分不清、也記不住名稱的山中祕境。隔天，薩拉瑪請了一位當地的司機，載著我們一路往山間駛去，進入他們說的「高山牧場」。放眼望去，一群群緩慢移動的羊群襯著高山草原，美麗的盡如畫景；遠方的山脈一叢接一叢，好像永無盡頭似的；雲層在山巒間蹓躂，天外飛來的雲朵像騰雲而來的眾神，為草原抹上不同的色彩。在這裡，山很高，地很廣，羊很多，風很大，我的心也跟著變寬大了。

山水之戀

我們沿著溪谷的顛簸石子路緩緩前進，初春的河水已經非常湍急，河水還帶著融雪的白，撞擊河床的水花更是雪白一片，難怪他們常用「白水」或「大白水」(Chon Ak Suu)來稱呼河流。不久，車子進入山區，最後在一處深山峽谷停下，陡峭的山壁下又是一個「大白水」，由峽谷高處奔流而下的滂沱水勢轟隆作響，夾帶如冷房般的沁涼水氣。怎麼一路上沒見到什麼人車，這深山峽谷裡卻是遊人如織！這裡有氈房組成的餐屋，有野餐和露營區，遊客在谷間騎馬散步，或是順著石流而上尋找瀑布的源頭；小男孩騎著驢兒、手拎著幼鷹在路旁等待賺點外快，樹下的烤肉架飄來陣陣的肉香。我們坐在河邊的氈帳中，吃河中現撈的烤魚，喝俄羅斯茶炊煮出的熱茶，看山光水色，享受「林中百姓」的山中生活。

小時候聽過「愚公移山」的故事，隨著薩拉瑪「穿山越嶺」的旅行讓我領悟，其實崇山疊嶂根本不是阻隔，而是通往未來的方向，你看「山」字中間不是有二個通道嗎，自古以來多少遊牧民就是通過

山中的渠道，尋找到新的家園和疆土。因為，有高山的地方，就會有匯川形成河流；有河流的地方，就會有生機；有生機的地方，就會有人生活，進而創造文明。如果說高山是男人，河水就是女人，他們相依相偎，亙古至今孕育了生生不息的生命。

我終於明白，他們稱阿爾泰山為「父親之地」，葉尼塞河為「母親之河」的意義。

中亞的河西走廊 楚河與碎葉城
Chuy & Suyab

　　距離比什凱克 60 公里的托克馬克 (Tokmok)，在十九世紀前一直都是突厥人政權的主要中心，這裡有十一世紀喀喇汗國留下的伊斯蘭建築布拉納塔，七世紀唐朝「安西四大鎮」的碎葉城遺址，更多西突厥汗國的歷史足跡。

　　楚河 (Chuy) 是吉爾吉斯北部主要的河流幹道，發源自伊塞克湖西部的天山支脈，向西北流經托克馬克及比什凱克後進入哈薩克境內，最後注入阿克扎伊肯湖 (Akjaykyn)。楚河流域地勢平坦，氣候宜人，自古即是遊牧民聚集活動的地方，位在絲路貿易北道「草原之路」和南道「綠洲之路」交會之處，是非常重要的交通要道，就有歷史學家稱它為中亞的「河西走廊」。2014 年登錄為世界遺產的「絲綢之路—天山廊道」，在吉爾吉斯即以楚河為主要通道，早期稱為碎葉河 (Suyab)。沿著楚河河谷每隔 20~30 公里，約商隊行進一天的路程，就有發現商隊驛站、伊斯蘭、景教或佛教的聚落遺址，說明早期絲路貿易和宗教傳播行經此地的脈絡。

對抗浩罕汗國的阿薩克孜英雄馬納伯 (Manab) 雕像

西突厥的長安城 碎葉

　　「碎葉」一名來自 Suyab 的古音漢譯，源自突厥語 su（水）和粟特語 yab（小渠）二字。西元六世紀時西突厥設牙帳於「碎葉」，這裡握有向西前往「河中流域」的通道，向東通往天山北路的要道，極盛時期來自各方的朝覲使者、傳教者和商隊絡繹於途，遊牧民的開放與包容讓各種宗教得以在此傳播。西元 628 年，玄奘行經碎葉前往印度，統葉護可汗曾書函助其順利通行；《玄奘全傳》中記述當時可汗的大帳裝飾得金碧輝煌，文武官員穿著絢麗的錦繡絲袍，統葉護可汗身穿青羅綢緞長袍，有莊嚴的宮廷禮制。當時的碎葉就像西突厥的長安城，是一個繁榮的國際大都會，成為突厥部落、大唐和土蕃勢力競逐之地。

　　西元 657~659 年，唐高宗派蘇定方在碎葉擊敗西突厥後，設安西四鎮於龜茲、于闐、疏勒、碎葉，碎葉成為大唐西北部最遠的邊城；679 年首任鎮守使王方翼到任並建衙署，大批的唐軍和家眷移屯至此；719 年突騎施可汗蘇祿入主碎葉，故唐朝控有碎葉城約四十年。

　　我們開車前往托克馬克西南方約 8 公里的阿克‧貝西姆村（Ak-Beshim），一路上問了幾位路人都搖頭不知，終於有位村民知道路，指點我們的地陪阿克巴（Akbar）。車子通過一道立有村名的大門，一條筆直的林蔭大道敞開，像是在歡迎遠道而來的客人，讓我滿心期待。

阿克‧貝西姆村

幾番轉折後終於抵達標有「世界遺產」立牌的基地，我們踩著坑窪泥地往上走，只見一片雜草蔓生的黃土堆！想要走進遺址時才發現腳邊盡是長著蠻刺的乾草，它們像是捍衛古城的鐵甲武士，膽敢靠近就刺傷你！我們走在殘存的古城牆頭上，小心的避開帶刺的乾草，探望一片碎葉荒城。遠處防風林外的大片農地上一輛耕耘車正在整地，遠方傳來緩緩駛過的火車聲，這要旅人如何緬懷這座古城是好？

碎葉城出土文物

碎葉城風華再現

根據哈薩克歷史學者努爾蘭 (Nurlan Kenzheakhmet) 先生 2017 年出版的著作《碎葉》，早期的粟特人沿著塔拉斯河和楚河來到此地，傳入「河中地區」的粟特文化，因此碎葉城為中亞粟特式城市，即由宮城、子城、羅城三部分組成[3]。考古學家在碎葉城共發現三座佛寺、二座景教教堂、多處摩尼教和祆教徒的墓葬，還有大批刻有粟特文的文物及唐代的碑銘殘片，可見在伊斯蘭教傳入前，碎葉是個多種信仰並存的大城市。

吉爾吉斯境內的楚河流域共發現七座佛寺，其中就有三座在碎葉城，二座在碎葉西北方十多公里處的西突厥「新城」(Nevaket)。在碎葉城發現的一號佛寺是粟特式建築風格，其中發現有彌勒佛雙腳坐像的基座。據載西元 684 年武則天當政後，自稱是彌勒佛化身來到人間拯救眾生，下令各州廣建「大雲寺」；西元 722 年唐玄宗封西突厥可汗那史那懷道的女兒為交河公主，嫁給突騎施可汗蘇祿，篤信佛教的公主在居住地碎葉城興建「大雲寺」，研究顯示一號佛寺就是當時的「大雲寺」。發現的二號佛寺岩石上有土蕃文字，與當時土蕃勢力進入西突厥有關，可能是土蕃式佛寺建築。以俄國考古學家伯恩施塔姆命名的三號佛寺，由出土的瓦當、蓮花台座、佛像殘片、大將軍裴行儉紀事碑、鎮壓使杜懷寶為其父母所立的碑石可以證明，就是王方翼以中原建築形式所建的衙署佛寺。

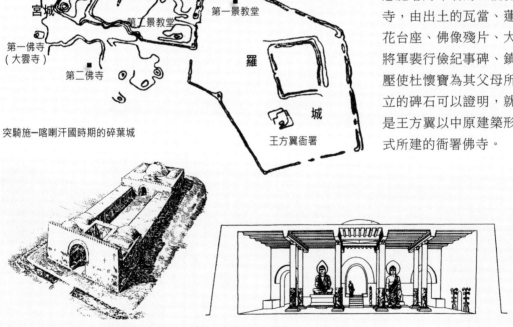

突騎施－喀喇汗國時期的碎葉城

碎葉第一佛寺（大雲寺）及佛堂復原圖 (Hme'nickiy 繪，1959)

---

3. 宮城 (Citadel) 是統治者居住和政治權力的中心，子城 (Shahristan) 是人民居住的城市區，羅城 (Rabad) 是外圍商業活動和工藝製造聚集的地方。

楚河漢界之分

更有趣的是學者指出，現在楚河以西的地名多來自波斯或阿拉伯的史料和地圖，楚河以東的地名則多來自唐代的史書和地圖。讓我想到中國歷史的楚漢相爭，以鴻溝為界的「楚河漢界」，後來被引申為國界之分的意思，現在看到碎葉城的楚河之分，竟然也是一種「楚河漢界」之分。

早期因為建造鐵路和開墾農地，對碎葉城遺址造成嚴重破壞，現存的遺址只剩1.5公尺高，是碎葉城「宮城」的一隅。我們站在雜草蔓生的「世界遺產」碎葉城遺址上，同行的竹旺大哥不斷發出讚嘆聲，難以置信自己正踏在歷史名城的土地上；因為努爾蘭先生的著作，讓我看見碎葉城過往的輝煌樣貌。我鼓起勇氣下到比人高的夯土牆道間，迴廊彎道間滿是野草和坑洞，坑洞中可能住著土撥鼠，一種會啃食人骨的旱獺，不敢久留，拍完照我趕緊回到地面。等候許久有點不耐的阿克巴一定不解，一堆黃土值得老遠跑來看嗎？當然值得。夕陽映照下的碎葉城遺址泛起紅光，讓我不禁為它的歷史光華和自己的勇氣感到自豪。

回到村口，想問問村民對守著古城生活的感想，幾位斯拉夫面孔的老先生忙著玩牌，不太想回應我們；一旁的吉爾吉斯老伯湊過來，他說自己對碎葉城的過去不是很瞭解，地方政府沒有財力保護，如果未來能建一座博物館，讓村民和外來的人瞭解碎葉，未嘗不是一件好

事。閒聊間，我看見身旁的阿克巴一雙灰藍綠色眼睛，這麼說是因為他的眼睛不屬於任何一種單一顏色，而是一種奇特的混合，讓我想起唐朝詩人李白也生有一雙藍綠色眼睛的說法。

李白與碎葉城

唐朝大詩人「詩仙」李白，字太白，號青蓮居士，這是我們從小對李白的熟悉記憶。大陸學者郭沫若先生在《李白與杜甫》書中，根據李白好友范傳正為其所作的墓碑序記載，認為李白出生在碎葉城，引發討論，也讓吉爾吉斯成為話題。

據載李白生平顯少提及個人身世，只在詩中寫到「家本隴西人，先為漢邊將」。傳李白為西涼武昭王李暠九世孫，與李唐王室同宗，隋朝末年李家因戰亂逃難到碎葉，隱姓埋名生活。李白於西元701年出生，正值唐朝控有碎葉的年代，大約在四、五歲時隨家人遷居蜀地，入住青蓮鄉。因為由外地遷入，李白父親以客為名，故名李客；母親可能是突厥人，或許就是李白生有藍綠色眼睛一說的原因。

巴拉沙袞與碎葉城

喀喇汗國統治時，將行政重心移往托克馬克南方 15 公里處的巴拉沙袞（Balasagun），史料中從此不見「碎葉」，改以窩魯朵或斡耳朵（Ordo）、喀喇窩魯朵（Kara Ordo）出現。回顧西元 6~12 世紀，從西突厥、突騎施、葛邏祿、喀喇汗國到西遼的行政中心一直位於碎葉和巴拉沙袞之間，存在六百多年之久。13 世紀蒙古人滅西遼，西遼舊地成為察合台汗國的一部分，14 世紀時城市已荒廢，只留下一座喀喇汗國的布拉納塔（Burana）。

布拉納塔是吉爾吉斯境內極少數保存下來的中世紀建築，由於喀喇汗國皈依伊斯蘭教，伊斯蘭建築也隨之傳入本地；Burana 來自阿拉伯語 Monara 一字的音變，就是喚拜塔的意思。使用燒磚建造的塔原有高度約 45 公尺，16 世紀時因地震倒塌，現存只有 24.6 公尺高。登上高塔可以瞭望四下，俯看還依稀存在的清真寺和陵墓基地，塔後方有一區從附近移來的突厥「石人像」，陪伴著孤寂的布拉納塔。🐏

石人像與殺人石

　　突厥人的墓葬方式一般是將死者的骨灰埋入土中，然後在四周用石頭圍成一個圓圈。「石人像」（Balbal）是突厥人為部落首領、戰士或有功勳者的墓地立的石像，上面刻畫亡者的人像和衣著，每尊長像都不一樣。多為男性的石人像穿大翻領外衣，單手或雙手持角杯，顯示其尊貴的身份，腰間繫一把劍或匕首；人像輪廓多具有濃眉、杏仁眼、突出顴骨、留八字鬍和V字形山羊鬍等突厥人特徵。墓地附近羅列沒有雕琢的石人，代表戰士殺死的敵人，稱為「殺人石」。

　　石人像主要出現在西元6~10世紀突厥文化昌盛時期，延續到12世紀，之後因伊斯蘭信仰禁止偶像崇拜，石人像不再出現。由石人像的分布也可看出突厥人活動的範圍，從阿爾泰山和天山往東到蒙古高原、南西伯利亞草原及內蒙部分地區，往西通過中亞腹地和哈薩克草原，一直到裏海和黑海沿岸都有石人像的足跡，踏足整個歐亞大草原。

伊塞克湖畔　喬朋那塔
Cholpon Ata

喬朋那塔 (Cholpon Ata) 是伊塞克湖北岸最知名的旅遊勝地，吉爾吉斯幾項大型活動如「世界遊牧運動會」、「國際電影節」等都選在這裡辦理，從比什凱克開車約四小時可到達。第一次去伊塞克湖時，我跟著薩拉瑪入住吉爾吉斯聾啞協會所屬的渡假村 (Orbita Bosteri Village)，到達時夜色已暗，我們摸黑穿過樹林似的暗地，一個人住進狹長的獨棟小屋，我躲進被窩，開著燈睡去。清早醒來推開房門，一片青草綠地和水藍天空向我說「早安」，一掃黑夜的不安。趁清早一個人隨意走走，穿過一間間小木屋，就來到了湖邊。清晨的伊塞克湖好寧靜，遼闊的湖面看不到盡頭，只收在遠山飄渺間；岸邊的湖水清澈見底，我捲起褲管，輕輕走進湖水，捨不得弄醒公主的眼淚。這裡遠離鬧區，讓我享受聾啞世界般的寧靜。

回到渡假村用過早餐，老闆娘迪娜拉（Dinara）和薩拉瑪聊得起勁，就邀請薩拉瑪去她的住處坐坐，我也跟著吃了第二頓早餐，冰鎮的馬奶酒喝起來像加了點汽水的無味養樂多，讓我更清醒了。老闆娘人很風趣，還畫了濃濃的傳統粗黑眉「烏斯瑪」（Osmo），她說晚上請我們一起用餐，但沒有確定的時間，這好像是他們的習慣，「到時候再說」。晚上九點多我們來到迪娜拉的晚餐桌，喬朋那塔地方博物館的館長也來了，這當然是薩拉瑪的緣故。席間他們習慣每個人要說一些祝福的話，館長起立一本正經的說：「非常歡迎妳，來自偉大國家的美麗客人。」我隨性在臉頰旁比了個俏皮的勝利手勢，回應他的讚美，逗得大家哈哈大笑，不再拘束。迪娜拉說她曾經在藝工隊工作過，想要表演「火不思」給大家欣賞，不管自己脖子受傷還戴著護頸，也不畏國家級的藝術家薩拉瑪在座，她抿著嘴奮力彈奏，展現不算流暢的樂音和翻轉樂器的技巧，這回換我被她的直率、勇敢逗得哈哈大笑，一飲而盡杯中的馬奶酒，博得他們熱烈的掌聲。

岩畫博物館

喬朋那塔市區一公里外的「伊塞克湖歷史博物館」(Issyk-Kul Historic State Museum)是一處比較容易到達的岩畫保存區,園區內廣布冰河時期的大石頭,石頭間散布西元前 2000 年到西元 1000 年間的岩畫,含蓋塞迦、烏孫、匈奴到突厥人時期。我們跟著園區管理員尋找散落在四處的岩畫,依稀可見的岩畫中可以找到獵人、狗、馬、牛、山羊和鹿的身影,還有行進中的駱駝商隊和太陽崇拜的儀式;入口處一座大石頭上刻有獵人、雪豹和大角山羊的狩獵圖,線條十分流暢生動,最為吸引人。管理員讓我們在一環石頭區坐下,說明這裡是薩滿巫師擊鼓通天、進行祈福儀式的地方,薩拉瑪放聲吟唱了一段《馬納斯》,我也作勢捲起衣袖,模仿史詩吟唱家的動作比劃一番,逗得他們哈哈大笑,連在園區內遊蕩的貓也來湊熱鬧。隱藏在石頭間的岩畫沒有專人帶領,還真不容易發現它們,二年後再去參觀時,主要的岩畫旁都加了一支藍旗立杆,讓訪客更容易找到岩畫。

位在市區主要道路上的「喬朋那塔地方博物館」,蘇聯時期的建築略顯老舊,但頗值得參觀。入口門廳有座伊塞克湖的模型,可以看到湖底的模樣,想像已沉入湖底的烏孫赤谷城;雖然缺少英文說明,但循序漸進可以一覽伊塞克湖的過往,從塞迦人的黃金飾物複製品、粟特人遺物、古突厥文字、蒙古帝國到帖木兒王朝圖像、吉爾吉斯民族誌等,見證這一塊古老的土地。

獵人與雪豹狩獵圖

山羊與太陽

鹿

駱駝商隊

山羊

如思窩魯朵 Ruh Ordo

　　再次造訪伊塞克湖，我們住在名為「總統官邸」(President State Residence)的宿舍，清晨散步到湖邊，行經一牆之隔的官邸，白色的雕花柵欄後是一道筆直大道，二側高挺的銀白色白樺樹在晨光中閃爍，那畫面宛如仙境一般精靈；我們登上停靠在湖邊的白色遊艇，眺望還未甦醒的「如思窩魯朵」，清晨的伊塞克總是特別迷人，充滿靈氣，這才是總統級的享受。環湖的林道上有軍人隊伍在晨跑訓練，沒有人來詢問或盤查我們，空氣中彌漫著自由的分子。

「如思窩魯朵」(Ruh Ordo) 是近年完成的一座文化園區，用來辦理大型文化活動的地方。「窩魯朵」(Ordo) 原是早期突厥統治者建牙帳（宮帳）的地方，政治權力的中心，現在則泛指重要的地點或堡壘，Ruh Ordo 的意思是「精神堡壘」。走進園區，首入眼簾的是前方一片遼闊的水藍伊塞克湖，五座白色尖塔建築代表五大宗教（佛教、伊斯蘭、猶太教、基督教、東正教），草地上散落著各種雕塑裝置，有薩滿巫師鳥人、捧著基督魚的突厥人和石人像等，有一座以吉爾吉斯文學家欽吉斯為名的會議廳和幾座展覽廳；湖邊有二座挺不協調的穿堂建築，三角頂穿堂中有亞里斯多德和哥白尼的雕像，洋蔥頂穿堂下是吉爾吉斯史詩吟唱大師 Sayakbai Karalaev 的雕像；面向湖心的天鵝女雕像是馬納斯兒子塞米提的妻子 Aychurok，她化作天鵝去搭救受重傷的塞米提畫面；走出來又看到像是蛇髮妖的雕像，隨興的擺設讓人摸不著頭緒。最終，我想這裡是與世無爭、廣納四海的吉爾吉斯人將所有流通在這塊古老土地上的人類思想，都匯聚在一起的「精神堡壘」，遠方的白頭天山和水藍伊塞克又將這一切化成一方奇幻的世界。🐏

吉爾吉斯文學之父 欽吉斯

　　將吉爾吉斯文學推上世界文學之列，被尊為「吉爾吉斯文學之父」的欽吉斯‧艾特瑪托夫 (Chingiz Aitmatov，1928~2008) 是吉爾吉斯人的榮耀。他在少年時經歷父親蒙冤而死和「衛國戰爭」時期的痛苦生活，轉而用中短篇小說和詩作寫下吉爾吉斯人民的善良和道德勇氣、天山草原和高山湖泊的大自然美景，充滿民族情感和文學氣息，多次獲得蘇聯國家文學獎及最高榮譽的列寧獎。蘇聯時期出任政府高職，後來步入外交工作，獨立後擔任吉爾吉斯駐荷比盧三國大使兼北約和歐盟代表，獲頒國家英雄及最高榮譽的馬納斯勳章。代表作《查密莉雅》、《草原和群山的故事》中的《包著紅頭巾的小白楊》及《第一位老師》、《永別了，古利薩雷》、《白輪船》、《一日長於百年》等，被翻譯成一百多種文字在世界各地出版。

山中傳奇 卡拉寇爾與童話谷
Karakol

　　位在伊塞克湖東邊的卡拉寇爾是吉爾吉斯東部的主要城市，早期由哥薩克人所建，因而保有十九世紀俄羅斯城市的樣貌，建於 1895 年的木造建築「三一教堂」(Holy Trinity Cathedral)仍挺立在城市的高坡上。蘇聯時期以發現蒙古種「普氏野馬」的俄國探險家尼古拉‧普熱瓦利斯基 (Nikolay Przhevalsky, 1839~1888) 為城市名，稱為普熱瓦斯克 (Przhevalsk)，現在仍保有普氏生前住所改成的紀念館，1991 年獨立後改稱卡拉寇爾 (Karakol，意思為黑湖)。

　　卡拉寇爾距離中國邊境僅 150 公里，是登山愛好者進入東部高山祕境的起點，

這裡也是早期來自中國的東干人和維吾爾人聚居的地區，有座建於 1910 年的東干清真寺，建築融合了中式斗拱和飛簷屋頂及俄式外開窗扉的設計，是當地東干人的信仰中心。東干人是清朝同治年間，陝甘地區的回族穆斯林發動「反清保回」，又稱「陝甘回變」(1862~1873) 戰爭失敗後，逃離到中亞的中國回族後代；第二次遷徙是 1881 年清俄簽訂《伊犁條約》後，選擇遷居到中亞的回族人。他們自稱為「回族」，當地人稱他們自稱為「回族」，當地人稱他們為 Donan，蘇聯時將這支少數民族定名為「東干」(Dungan)，現在分散

在吉爾吉斯、哈薩克和烏茲別克的東干人約有十多萬人，他們仍說回族語，帶有濃濃的陝甘方言腔。

　　地陪小金（Altynbek）特別帶我們去有東干人的市集逛逛，他在一個食攤前坐下，幫我們點了食物；皮膚白皙的回族女孩顯得特別漂亮，她們用麵粉和豆子做成涼粉，再淋上蕃茄、蛋、韭菜和醋湯的涼粉湯（ashlyan-fu）又酸又甜又辣，非常開胃，配上一份俄式薯泥餅，真是美味極了，我連吃了二碗還覺意猶未盡，下回來東干人市集，這一定是我要再「回味」的平民美食。

「碎心石」與「七牛岩」

卡拉寇爾附近最知名的景點「碎心石」與「七牛岩」，是一片鐵紅色砂石岩形成的獨特景觀，有個巨大的紅色山石中間裂為二半，從某個角度看很像是一顆破碎的心，因此被稱為「碎心石」(Jarylgan Jurok)；再往前行數百公尺後回過頭，看見一長列紅色山岩，狀似七隻公牛，因而被稱為「七牛岩」(Jety Oguz，七隻公牛的意思)。關於它們的傳說故事，讓這裡變得有血、有肉、還有淚，充滿神話想像的畫面。

這裡的山泉具有療效，山谷間有幾間溫泉旅館，形成一個山間渡假區。接近黃昏的山谷開始變得寒冷，小金試圖載我們再往深山去，車子在湍急的河流木橋上顛簸慢行，一個不穩可能就會掉進急流中，我們捏了一把冷汗過了小橋，前方的道路被土石流阻擋不通，小金只好折返回來，我們又捏了把冷汗，平安過了小橋。這裡的峽谷河道不算險峻，但也可說是崎嶇，不知中世紀前的景教徒和佛教僧侶是如何穿越此地，在山谷間留下十字刻紋的景教墓石，還有 Om Mani Padme Hum 的藏文石刻。

傳說 很早以前這裡有二位汗王，各自統領著一邊江山。怎知居心不良的左汗王因垂涎右汗王的美麗妻子，設計搶走了他的妻子；失去愛妻的右汗王決定出兵征討，左汗王不想挑起戰爭，也不想放回女子，部落大臣認為要保有汗王的尊嚴，應該殺了那個女人。這天，左汗王揚言將送回女子，宴請率兵而來的右汗王，希望化解干戈；他們殺了七頭公牛宴請眾人，在席間突然拔出刀刺向女子的心臟，女子血流不止，眼看再也無法回到心愛的丈夫身邊，女子悲憤的心噴出如洪水般的鮮血，將所有的人都沖走，只留下七頭公牛的身軀和一顆破碎的心。

大自然的鬼斧神工 童話谷

離開卡拉寇爾，我們轉向伊塞克湖南岸前進，在中途的唐卡村 (Tamga) 住宿。這裡曾經是蘇聯紅軍的一個中轉站，蘇聯解體後不少俄羅斯人選擇留在當地生活，民宿主人就是一對俄羅斯夫婦，他們說很喜歡這裡的大自然環境和純樸民風，因此決定留下來以經營民宿和導遊為生。民宿的庭院種滿了杏樹和蘋果樹，結了果子就是我們餐桌上的食物，或是釀成果醬供冬天食用；四月的杏花才剛要探出頭，倚著巍峨的天山雪峰甚是好看，可以想像當杏花開滿枝頭時的一片粉彩世界，一定美如仙境，令人忘返。

隔天和女主人道別後，我們繼續往西行，清晨的雲霧還懶洋洋的倚著山腰窩窩在睡覺。車行到 Tosor 村，一個高坡大彎道下來後，轉入左邊的土石路向上爬升，來到一片土紅色的奇岩怪石區，就是吉爾吉斯著名的「童話谷」(Konorchek)，由風、水和時間三個偉大的大自然建築師合力完成的傑作。這裡特有的地質經過千萬年風化水蝕作用，形成各種奇岩造型，當地人給它們取了不同的名字，有城堡、古廟、摩天樓、大柱子、長戟、大象、河馬、蛇等，腳力好的人可以四處攀登，從不同角度欣賞奇岩，就有如身處童話世界一般。

伊塞克湖南岸受到法令的約束，尚未如北岸開發成休閒區，湖邊仍保有原始的風貌，是天然的放牧場。沿途看到當地人使用傳統工法，利用大自然引力將山谷的河水引流到平地，再開鑿小渠（aryk）灌溉草原和農地的做法。小金說這就是生活，人們引水灌溉土地，土地長出草來給動物吃，動物長成了給人吃，這個簡單的大道裡將人和大自然、土地及動植物緊密的結合在一起。帶點傭懶神態的小金，其實應該稱呼他為金先生或金別克（Altyn-bek）才是，你會發現在吉爾吉斯、哈薩克和烏茲別克有很多男人的名字後面都有「別克」（bek）這個字，有出自貴族、王室人家的意思，以此稱呼他人有尊敬之意，取在男孩的名字中應該有望子成「王」，長大成為一名紳士的意思吧。

漫漫的南岸路程略顯寂寥，眼前最亮眼的依然是「公主的眼淚」，晴空下湛藍的湖水與藍天相輝映，如果沒有遠方阿拉圖山的一道白色雪峰，還真以為天河也注入了伊塞克，溢滿整個「天山之珠」。當車子通過巴勒克奇市（Balykchy），就逐漸遠離伊塞克，相信我們還會再相見的。

勇闖怛羅斯 塔拉斯
Talas

　　離開伊塞克湖，我們要直奔吉爾吉斯西北部的塔拉斯州，小金為了趕路超速，中途被警察攔下，聽不懂他們的對話，只見警察拿了他的駕照就開車走了！沒有駕照怎麼行，小金二話不說立刻開車緊追警察先生的車，一直追到鎮上才找到停下車的警察，小金下車交涉，結果被罰了800索姆（SOM），約台幣400元。違規罰款就是，但「搶」走駕駛的駕照倒是頭一遭遇上，還上演了一場「匪」追警的插曲。為了處理我的電話卡，小金開進比什凱克，但車子進了城市就陷入車陣，遇上塞車，再出城時天色已暗。

　　因為前往塔拉斯的路程頗遠，小金説要等哥哥一起出發，我們就在市郊四處晃晃，等到小金哥哥趕到，出發時已是晚上八點多。只見道路四周越來越暗，越來越黑，最後到了完全沒有光照的地區，接著開始下起雪了，雪越下越大，車子的雨刷快速的左右擺動，我們幾乎看不到前方的路。天啊，我們正在大風雪中摸黑前進！

　　腦海閃過以前讀過的邊塞詩，唐朝詩人盧綸的「月黑雁飛高，單于夜遁逃，欲將輕騎逐，大雪滿弓刀」，應該就是這樣一個大雪紛飛的黑夜吧，但我們不為追逐單于，只為一睹「怛羅斯」！我抓緊車把，深怕搖晃的車身打滑翻滾，強忍著不要睡著，但實在太疲累，我們就在半睡半醒之間忐忑前進。凌晨二點多，終於抵達塔拉斯的民宿，這一天我們足足跑了六百多公里。

　　為什麼執意要來塔拉斯呢？西元751年，阿拉伯大食軍在「怛羅斯之役」一戰擊敗唐朝十萬大軍的戰場，就在吉爾吉斯與哈薩克邊境的塔拉斯河谷，讓我很想親睹這場改寫中亞歷史的戰役現場。前一年來吉爾吉斯時，薩拉瑪説去塔拉斯的路途遙遠，道路崎嶇危險，勸我打消念頭；這次來我改口説想去塔拉斯看吉爾吉斯史詩英雄馬納斯的陵墓，這才得以如願出發，挺過大雪紛飛的黑夜，來到久聞的塔拉斯—怛羅斯。

塔拉斯黃金河谷

　　由伊塞克湖西部山區發源的楚河流經吉爾吉斯北部後，向西流入哈薩克；源自楚河西南方山區的塔拉斯河也是向西流入哈薩克境內，這一帶地理位置極為重要，一直是西突厥汗國至中世紀時期的政治中心，中亞的「河西走廊」，吉、哈二國交界處的黃金河谷，蘇聯大刀一揮，將它劃分為二。

　　塔拉斯河全長約 660 公里，吉爾吉斯境內約 290 公里，塔拉斯山谷綿延約 230 公里，冬天時冷空氣會積留在山谷低地，有三至四個月的冰封日子，但山谷的空氣非常清新，自然景觀極美，有如世外桃源，當地人稱塔拉斯山谷是「亞當的花園」。傳說馬納斯在一次狩獵時發現了開滿鮮花的塔拉斯山谷，決定留住在此；塔拉斯也是吉爾吉斯文學家欽吉斯的出生地，地靈人傑，可惜為地形所阻而少為人知。

　　濕冷的大清早，我們來到「馬納斯文化園區」，大門入口的售票員還沒出現，旁邊一排氈房小店只有一家開著門，一位中年媽媽正在冷風中縫製一層層加高的傳統女帽，取代過去得用一條白巾費工纏繞起高帽的做法；看著她手中的帽工，再看她頭上的白色高頂帽，我的眼睛一刻都不想離開，她就像傳說的「烏瑪伊母親」，給人一種溫暖、安定的感覺。

馬納斯與塔拉斯

塔拉斯近年完成的「馬納斯文化園區」(Manas Ordo) 內有馬納斯陵墓、馬納斯史詩博物館、馬納斯與四十將領雕塑公園、瞭望台和競技場等設施。傳說馬納斯長眠在塔拉斯，這座馬納斯陵墓(Manas Gumbez)是妻子卡妮齊為他所建，雖然有研究認為這座陵墓是十四世紀一位國王為女兒所建，這裡已成為馬納斯精神的「窩魯朵」。經過修復的陵墓有座圓錐形肋筋式尖頂，正面和角塔布滿幾何和花草經文的雕磚裝飾，一旁的大石傳說是當時用來考驗力士的重物。

馬納斯史詩博物館的內容很豐富，有吉爾吉斯人從葉尼塞河遷徙到天山的歷史和地圖、各時期的出土文物、各種版本的《馬納斯》書籍，其中有一本中文古書，上面寫著「賜點戛斯書」，「點戛斯」正是唐朝時對柯爾克孜人的稱法，令我十分好奇，可惜博物館內不允許拍照，也沒有付費拍照的做法，沒能留下紀錄。

博物館後方有座山丘，我們踩著登山步伐往上走，一面欣賞腳邊的含露小野花，一面回頭探望腳下的園區和逐漸浮現的市景；登上山頂的瞭望台可以一覽山下的競技場和一片延伸至遠方山坡的草原，他們說來自塔拉斯和塔拉茲（哈薩克境內）的騎士是最勇猛的。西元751年，那場歷史性的「怛羅斯之役」就在塔拉斯西北方接近哈薩克邊境的波克羅夫卡村(Pokrovka)鳴金，一股掀起千年歷史狂瀾的澎湃情緒油然而生，頓時戰馬奔騰，鏗鏘兵刃與嘶殺聲四起，大唐與大食的人馬在此迎擊衝撞，血濺四方；突然，後方殺出挾怨倒戈的葛邏祿人馬，大唐十萬大軍潰散如山倒，自此退出中亞。數個世紀後，馬納斯帶著族人在此停下腳步，這裡成為柯爾克孜人的牧地和家園。

與眾神的雪國之遊

我們循著原路從塔拉斯回比什凱克，車程約六小時，回程時才知道來時路竟是這麼的精采與驚險！原來，我們在黑夜風雪中穿越了二座高山隘口，3326 公尺的 Otmok Pass 和 3586 公尺 的 Tor-Ashuu Pass ！

我們離開塔拉斯沒多久即進入山區，塔拉斯的宏偉大門旁矗立著馬納斯的騎馬雕像，飛馬蛟龍伴著他馳騁雪嶺之間，捍衛著柯爾克孜人的精神命脈。車子逐漸爬升，進入白雪雲霧瀰漫的天山，如入仙境一般，我相信這裡真的是眾神居住的地方。車子行駛在群山之間像滑雪似的，通過連續彎道，登高又俯衝，驚喜一個接著

一個迎面而來，這一回我們像衝進雪世界的小孩，一路上歡呼尖叫聲不斷，興奮的觀賞雪世界的各種身影變化，想像天山眾神正在和我們一起嬉戲玩耍，閃躲前進中；過了一座山頭後進入山谷低地，讓我們得以喘息一下，看見殘雪草原上覓食的動物群，一會又衝上山頭，開始我們第二回合的雪戰。我們在即將進入中國建造的三公里長隧道前停下車，眺望一片雪花鋪地的世界，像是眾神打翻的馬奶酒，灑落在人間大地；突然一輛大貨車呼嘯而過，將我拉回現實世界，一輛接著一輛的大貨車駛過公路，二十一世紀的新絲路正快速的連動起中亞與東、西方世界。

其實，去塔拉斯最好走的路線是由
比什凱克循著楚河谷地往西進入哈薩克，
到達塔拉茲(Taraz)，再沿著塔拉斯河谷
進入吉爾吉斯的塔拉斯(Talas)，二地相
距約二小時車程，但過邊界需要簽證，
只好在吉爾吉斯境內繞山路而行。但千
里跋涉來到塔拉斯，此情此景一切都值
得了，真要感謝小金和哥哥護送我們安
全到達目的地，讓我永難忘懷的塔拉斯
和雪國之遊。🐏

英雄史詩《馬納斯》
Epos Manas

在吉爾吉斯經常會聽到或看到馬納斯（Manas）一字，從抵達首都比什凱克的馬納斯機場開始，到許多城市廣場的馬納斯雕像和國家一級勳章馬納斯，到處都有他的身影，究竟馬納斯是何方神聖？

吉爾吉斯來自一個非常古老的民族，由於不斷的遷徙和戰亂，吉爾吉斯人祖先曾使用的古突厥文字逐漸被遺忘，只能透過口耳相傳的方式將歷史事件和生活記憶傳誦下來，而《馬納斯》就是一部承載吉爾吉斯民族歷史與文化傳統的長篇英雄史詩，透過說唱口述的方式流傳至今。

吉爾吉斯的遷徙史詩

《馬納斯》講述英雄人物馬納斯一家八代為保衛民族生存和獨立自由，英勇抵抗外族入侵和統治的奮鬥歷程，分為三大部：〈馬納斯〉（Manas）、馬納斯的兒子〈塞米提〉（Semetei）、馬納斯的孫子〈塞伊鐵克〉（Seitek）。

史詩的故事從馬納斯父親 Jakyp Bey 被放逐到阿爾泰山的葉尼塞河開始，馬納斯的出生和成長，率領族人抵抗契丹人的入侵和壓迫，與四十位將領的相識與英勇事蹟，為延續民族生存帶領族人跋山涉水遷徙到天山地區，到馬納斯的過世與兒子的出生；第二部講述塞米提的復仇行動，抵抗卡爾梅克人的入侵，後為叛徒所害，柯爾克孜人陷入外族的統治；第三部講述部落間的紛爭與衝突，塞伊鐵克懲戒叛徒，驅逐外敵，重振柯爾克孜人的英勇事蹟。史詩記述了柯爾克孜人的遷徙，過程中與其他部族的關係，無止盡的衝突與爭奪，為爭自由而戰鬥的故事，其中有史實，也有神話傳說，呈現出當時柯爾克孜人的宗教信仰、生活習俗、倫理人情、格言與道德觀等，被視為記載吉爾吉斯民族歷史與生活文化的一部百科全書。

吉爾吉斯的亞瑟王

　　《馬納斯》從何時開始流傳已無法考證，推測在 7~10 世紀間柯爾克孜人還是零星部落居住在葉尼塞河時就已存在，因為史詩中使用的問候語 Mendyu 是古突厥語，不是現在使用的 Salaam，説明在伊斯蘭化前即已流傳。

　　由於蘇聯時期發展出吉爾吉斯現代文字，讓吉爾吉斯的口傳文學得以用文字記錄下來，當時由史詩吟唱家 Sagymbai Orozbakov(1867~1930) 及 Sayakbai Karalaev(1894~1971) 二位耆老口述，完成二個版本的錄音，整理出四冊《馬納斯》。吉爾吉斯獨立後，1995 年由「聯合國教科文組織」支持的「紀念馬納斯一千年」計畫，由英國翻譯家華特梅(Walter May)依據 Sagymbai 的錄音版本，完成英文版的翻譯，才開啟世人認識這部中亞史詩的視窗，看見勇猛、正義、大度的馬納斯英雄氣慨，他美麗、忠貞的妻子卡妮齊，還有追隨他出生入死的四十位勇士，他們的英勇事蹟也已成為吉爾吉斯民族精神與高尚道德的象徵，英國人將《馬納斯》比喻為吉爾吉斯的亞瑟王與十二騎士精神。

　　2006 年中國將境內柯爾克孜族的《馬納斯》史詩列入國家級非物質文化遺產，2009 年登錄為人類非物質文化遺產。吉爾吉斯急起直追，2013 年吉爾吉斯的《馬納斯三部曲》也成功登錄人類非遺名錄。

馬納斯的智勇團

只向日月折腰的遊牧民

山是我們柯爾克孜的父親，水是我們柯爾克孜的母親。

這是沿著阿拉圖山遷徙的人們，這是在層巒疊嶂裡成長的人們。

這是用雪水洗塵滌垢的人們，這是用冰刃剪斷臍帶的人們。

這是餐冰臥雪為常的人們，這是在風刀雨箭中遊牧的人們。

這是夜裡也能涉過大河的人們，這是鋪天席地以石為枕的人們。

這是與白雲同在並存的人們，永遠生生不息的人們。

～ 馬納斯選段 ～

　　遊牧民生活在天候惡劣的環境，養成他們不向艱難低頭的頑強精神，面對大自然挑戰的人類勇氣，都凝聚在《馬納斯》的史詩故事中，馬納斯的精神反映出吉爾吉斯人堅毅、勇敢、崇尚自由的民族性格，他們自詡是頸項永遠高挺，只向日月折腰的遊牧民。🐏

眾神的後花園 納倫
Naryn

　　納倫州是吉爾吉斯中部內天山 (Inner Ala-Too) 一個非常遼闊的山谷地形，由源自天山的五百多條河流匯集而成的納倫河貫穿其間和整個中部後，向西流入烏茲別克的費爾干納谷，與卡拉河 (Kara Darya) 匯合後即成為錫爾河 (Syr Darya)。納倫河全長 800 多公里，在吉爾吉斯境內有 500 多公里，是吉爾吉斯重要的水資源動脈。由於位在內天山之間，納倫州氣候寒冷，冬天可達 6~8 個月時間，卻是天山眾神的後花園。

我們從伊塞克湖西岸的終點城市巴勒克奇（Balykchy）往南行，通過科奇科爾（Kochkor）後來到一片如波浪般延伸到遠方的遼闊山區，由此往西行可前往吉爾吉斯第二大湖，也是著名的景點「頌湖」（Son-Kul / Son-Kol）；我們選擇繼續往南走，通過海拔 3030 公尺的「多龍」隘口（Dolon Pass）進入納倫州，一片開闊的河谷地即在眼前展開，遠方的高山雪脈一路跟著我們直到納倫，沿途行經的村落和墓園襯著遠山，都變得分外好看。納倫是內天山最大的城市，因位在「七河流域」通往中國喀什的南北通道上，見證數千年人類在此活動的足跡，發現中世紀的城堡、商隊和軍隊的驛站、突厥石人像、塞迦人墓塚和史前岩畫遺址也是自然不過的事；

由納倫往南，通過中國邊界的吐爾朵特口岸（Torugart Pass）前往喀什，現在依然是中吉二國貿易的要道。

他們説納倫是天山眾神的後花園，內天山的高山美景看不完也走不盡，我們選擇去凡人可以到達的「石頭堡」。由納倫往南行，當車子轉入一個狹谷，突然出現的奇特景觀讓我以為真的來到「多龍」谷，由山背中挺出的奇岩像是恐龍家族劍龍的背脊，好像我們已爬上一群潛伏千萬年的巨龍身軀；山腳下有氈房營區可住宿，晚上睡在奇岩下或許還能聽到恐龍的呼吸聲呢。當地人稱這裡為「馬頭」（At-Bashy），可能覺得奇岩長的像馬頭，稱附近一個有黑色河床的地方為「黑水」（Kara-Suu）。

絲路道上的小巨人 石頭堡

建於十五世紀的「石頭堡」(Tash-Rabat) 也是吉爾吉斯少數保存下來的歷史建築，座落在納倫西南方 110 公里、海拔 3500 公尺的高山草原上，依伴著通往中國的古絲路，經考證是「蒙兀兒斯坦」時期蒙古裔汗王穆罕默德 (Mughal Khan Muhamed，1408~1500) 所建的一座供商隊休息的驛站。長寬 35 及 33 公尺、高 20 公尺的「石頭堡」依著山坡的斜度建造，像是從土中長出的堅石壁疊穩坐在山谷中；走進室內，主通道的右側有二門通道，左側有三門通道，分別通往 31 間大小不一的石室，每個拱門都壓得很低，進入時要非常彎腰低頭才行；主通道盡頭是大穹頂下的會客廳，室內就靠頂上的小窗灑入的日光照明，早期牆壁還抹有灰泥，刻有阿拉伯經文，如今只見完全裸露的石頭牆壁和厚重的歷史感。

黃昏夕照下，沉默的石頭堡像絲路道上的小巨人，坐看前方道上行進的旅人商隊，一隊來了又走了，一代來了又走了，都消失在時間巨人的遠方。

巧遇動物市集

　　在離開納倫的路途中巧遇週日早上的動物市集，就在大馬路旁的市集圍場內。我們興奮的踩著動物糞便走進市集，圍場裡都是大男人，穿梭在待價而沽的牲畜間，有馬、有牛、還有羊。不知羊群是羞於見人，還是心生害怕，都把頭湊在車底下或牆角處，這是「羊群效應」還是「鴕鳥心態」？買家用手一一捏捏羊身，要挑選結實有肉的肥羊才肯下單。看到兩戶人家談好價錢，男人豪爽地握手同意交易，付了錢，賣家將牽牛繩交給買家，牛步蹣跚地跟著新主人走，走到貨車前，那牛說什麼都不肯上車，動物也知道命運未卜的自保。一位婦人帶著六、七歲的男孩，牽著一頭牛來賣，

放牛的孩子惹人憐愛，我們無法買牛，就將身上的糖果都給了男孩。

　　發現在城市之間主要道路旁常會看到漆成水藍色的吉爾吉斯「便利商店」，由住在沿途放牧的人家所設，他們搭起氈房做為居家、客廳、或是供人住宿的「民宿」之用，「炊事帳篷」下是煮食的廚房，路邊用鐵皮搭起的「行動店舖」賣飲料、乾乳酪或新鮮馬奶，後方的山坡草地就是他們的牧場；一旁有馬可以代步，偶爾也有「鐵馬」汽車在側，裝有四輪的鐵皮屋是可以移動的居室，換句話說就是他們的「房車」，現代的遊牧生活也跟上潮流，毫不遜色。🐏

蘇萊曼聖山

太陽腳下的聖地 奧什 Osh

　　吉爾吉斯的第二大城奧什 (Osh) 位在南部的費爾干納谷東部，由源自帕米爾高原的白卜拉河 (Ak-Bura) 沖積而成的綠洲城市。從比什凱克開車去奧什需要 15 小時，途中要穿越三座 3000 多公尺高山的山路，但風景極為壯麗；搭飛機只需 40 分鐘就可到達，在空中可以鳥瞰源遠流長的納倫河和雄偉的天山雪峰，十分壯闊。

兵家之地 貳師城

　　物產豐富的費爾干納谷自古即是兵家必爭之地，西元前二世紀的「大宛國」以馬出名，漢武帝為取得「天馬」，命李廣利攻打大宛國的都城貳師 (Ershi)，即為奧什。西元 1~3 世紀為貴霜王國領土，6 世紀西突厥為佔領「拔汗那」與波斯失和，9 世紀受波斯薩曼尼王朝統治，10 世紀成為喀喇汗國領地，首府設在烏茲根 (Uzgen)，13~16 世紀受察合台汗國和帖木兒王朝統治，18 世紀受浩罕汗國控制，19 世紀成為俄國的轄地。蘇聯時期在「分化再統治」策略下，將費爾干納谷劃分三國，分屬烏茲別克、吉爾吉斯和塔吉克，形成今日民族與領土關係緊密又複雜的費爾干納谷。

　　奧什有「陽光腳下的土地」之稱，因為環伺費爾干納谷的高山平均高度在 3800~4000 公尺間，清晨時太陽由東方巨大的帕米爾升起，天光驟然而下，將生命之光灑滿山谷；傍晚時日落在塵囂熙攘的費爾干納谷，有如天神的一輪黃金馬車，越過人間大地。人們相信奧什是眾神從天而降的地方，是陽光腳下的一方神聖之地。

世界遺產 蘇萊曼聖山

被當地視為「聖山」的蘇萊曼山是阿賴山的一個支脈，高約一千公尺，它像一塊天降大石穩坐在奧什市區，由五座山峰中發現的史前岩畫證明，這裡至少有三千年的歷史。據載伊斯蘭宗教智者蘇萊曼謝赫 (Suleiman Sheikh) 葬於此，而有「蘇萊曼王座」(That-i-Suleiman) 之稱，成為當地穆斯林的朝聖地。16世紀帖木兒曾孫巴布爾 (Babur) 統治費爾干納時，稱這座石山為「美麗山」(Bura-Kuh)，並在山頂建了一座祈禱室。1843 年德國地理學家亞歷山大·洪保德 (Alexander von Humboldt) 在他的中亞研究中提出奧什為索羅門王所建，因為聖經中記載智者約伯

(Job) 來自烏茲 (Uz)，指烏茲根 (Uzgen)，那裡住著有智慧的人，因而又有「索羅門聖山」之稱。

我們從山下的「奧什地方博物館」開始來認識令人好奇又疑惑的奧什，館內收藏許多色彩濃烈的傳統工藝，顯示南部費爾干納谷的農業文化與北部遊牧文化的不同。進入聖山園區，山腳有一處搭棚，框出西元前二世紀的聚落遺跡，只剩下幾個黃土洞可見。山腰處有一座「洞穴博物館」，清涼的穴室中陳列曾經在此傳播的古老信仰，有祆教、薩滿教、佛教和伊斯蘭教等，登上博物館的露天高台可以眺望人口稠密的奧什市區，我不禁深深的抽了一口氣，這就是一提到就讓人感到不安的奧什！陪伴我們的塔朗別克 (Talantbek) 說：「這就是我們生活的奧什，你們覺得危險嗎？」中亞掙脫蘇聯統治後，陣痛期的不安局勢竟成為奧什抹不去的烙印。

沿著岩壁而上的石階步道因眾多朝聖者到訪，已被踩得平滑光亮，行走時要留意腳步。傳說從蘇萊曼坐上岩壁一塊大理石台開始講道時，它就變得光亮照人！看到當地人像溜滑梯似的從光滑的大石頭上反覆溜下，說是可以治療身體疼痛和不孕之症！岩壁上有很多洞口都留有焚燒的火痕，有人鑽進洞口，在洞穴中點火祈禱；一家人聚在洞口靜靜的捧手唸禱，在樹枝上綁上祈福的絲帶；石道盡頭的小祈禱室前擠滿了人群，等待入內接受毛拉教長的祝禱。在這裡我們看到了融合祆教、薩滿

教和伊斯蘭教的祈禱文化，古老的蘇萊曼聖山保存了伊斯蘭前及伊斯蘭教的信仰文化，維繫著中亞的原始氣息，是吉爾吉斯最珍貴的宗教聖地，2009 年被登錄為「世界遺產」。

再則，研究發現在蘇萊曼山中的史前岩畫以馬居多，就是開啟絲路傳奇的「天馬」化身；吉爾吉斯神話中的天馬神人「康巴阿塔」(Kambar Ata) 由天而下的地方就在這個「太陽腳下的神聖之地」；牽動「絲綢之路」東西方勢力進退的大宛國、貳師城、汗拔那、費爾干納谷，都在這個不安的奧什之地。最後，近代女英雄庫爾曼江也在這寫下一頁歷史。

高山女王・庫爾曼江

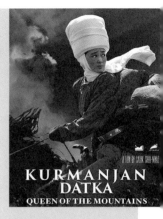

吉爾吉斯知名導演薩迪克 (Sadyk Sher-Niyaz) 在 2014 年推出的電影「高山女王・庫爾曼江」，讓國際間看見這位吉爾吉斯女政治家的故事。

庫爾曼江・達特卡 (Kurmanjan Datka，1811~1907) 來自阿賴山區的一個部落，她不向命運低頭，毅然逃離一樁被安排的婚姻，之後嫁給浩罕汗國治下的吉人部落首領阿林別克 (Alymbek)。後來丈夫被人謀害，庫爾曼江繼承丈夫的頭銜達特卡，成為部落的首領，率眾抵抗浩罕汗國的壓迫。當俄國入主中亞成為定局，為維護族人的安全她簽下效忠俄國的協議。不久她的二個兒子被控從事走私及殺害海關人員，她前往搭救兒子，但為避免引發衝突傷及族人生命，她忍痛犧牲鍾愛的小兒子，目睹兒子被處死，長子被流放到西伯利亞，傷痛的庫爾曼江回到老家，離群索居至辭世。

阿林別克與庫爾曼江雕像

吉、烏人的歷史情結

奧什與烏茲別克邊境緊鄰，人口中很大比例為烏茲別克人。1990年在種族混居的奧什，吉爾吉斯人與烏茲別克人發生一起土地糾紛，後來演變成一場種族衝突，雙方互相砍殺和縱火燒屋，造成三百多人死亡、上千人受傷的悲劇。2010年比什凱克爆發反政府的「四七事件」，總統巴基耶夫退守到奧什，支持者佔據省政府，政治角力間又引發兩族的衝突暴動，燒殺劫掠，迫使烏茲別克人逃到烏茲別克境內。從蘇萊曼山高處瞭望市區，看到新建的鐵皮屋頂房子就是當時遭燒毀破壞的地方，見證這場民族衝突的事件。追根究柢，還是與蘇聯劃分中亞五國界線時，埋下足以引爆種族衝突的領土問題有關；還有18世紀卡爾梅克人入侵時，浩罕汗國曾與柯爾克孜人聯盟，共同對抗卡爾梅克人，但19世紀浩罕汗國卻入侵柯爾克孜人牧地，貪得無厭的對牧民施以高壓統治和苛稅，讓吉爾吉斯人對烏茲別克人的歷史情結也揮之不去。

這也反映出長久以來中亞遊牧民族和農業民族之間不斷衝突和融合的歷史，吉爾吉斯人是簡樸直率的遊牧民族，習於自由遷徙的部落生活，烏茲別克人則是定居的農業民族，善於經商，早期被稱為薩爾特人(Sart)，泛指定居的商人和農人，就帶有輕蔑之意，遊牧民認為他們多是拐彎抹角、工於算計的生意人。塔朗説從這裡的住家也可看出二者的不同，吉爾吉斯人多是獨立的房子和庭院，烏茲別克人的住家則是緊連在一起，形成長長的圍牆，從外觀就可看出是烏茲別克人的社區。

忘情在烏茲根

位於奧什東北方 60 公里處的烏茲根 (Uzgen / Uzgon)，因位在通往費爾干納谷的要道上，發展成一個重要的絲路貿易中心，11 世紀時成為喀喇汗國主要的都城之一。建於喀喇汗國時期的「烏茲根建築群」也是吉爾吉斯境內少數保存下來的中世紀建築，現存的喚拜塔原有高度估計有 45 公尺，後來毀於地震，1923 年修復時加上安集延式的燈塔形塔頂，現高 27.5 公尺，塔後方有三座喀喇汗國統治者的陵墓。

説也奇怪，這三座陵墓外觀不算搶眼，初看時也不覺有什麼特別之處，但當我們走近時，建築裝飾在斑剝的土磚牆中散發出無以名狀的繁複之美，好像有股魔力似的吸引住我們的眼睛，不覺中被帶進喀喇汗國的時空。陵墓的馬蹄形門楣上有阿拉伯納斯克體書法文字，搭配灰泥浮雕和格狀裝飾的拱門，正面和角柱以阿拉伯式花紋 (islimi)[4] 表現，將八角星、十字形、代表宇宙運行的乾坤輪、春天草原上綻放的鬱金香、幾何圖形和薩曼尼珍珠都串流在花草藤蔓之間，這種用燒磚組合而成的細緻圖飾正是喀喇汗國時期的建築特色。🐏

中為烏茲根喀喇汗國創建者 Nasr Ibn Ali 陵墓，左為建於 1153 年 Hasan Ibn Husein Ibn Ali 陵墓，右為建於 1187 年的無名陵墓。

---

4. 阿拉伯式花紋 (islimi) 是將花草植物形象以幾何圖形方式在一個平面內反覆出現，形成一種對稱、連續和無限延伸的視覺效果，表現可見物質世界外還存在無限的世界，象徵真主阿拉的無限。

關於搶婚與色目人

告別喀喇汗王陵墓，回到車上，等待多時的塔朗已顯睡意，不解為何一個殘舊陵墓可以讓我們佇足這麼久。我提起「搶婚」(ala kachuu)的話題，塔朗眼睛一亮，突然有精神起來，他說自己參與過幾次搶婚，和幾個人一起去幫好朋友搶姑娘，說得好自然，毫無罪惡感。我瞪大眼睛直說「No way！你們怎麼可以不顧女孩的意願搶人！」看我一臉驚愕，塔朗更起勁了，他說一次幫朋友去大學校園搶人，女孩一直沒有出現，後來看到要搶的女孩妹妹出現，乾脆就把妹妹給搶了回來！我傻眼了。記起小金也說過他有幾次幫搶的經驗，他的母親就是被父親搶來的，也組成幸福的家庭！但近年發生一個案件，一個很漂亮的女孩被人搶走，藏在偏僻的山區小屋，女孩不願屈就趁機逃出，卻在寒冷的大雪天被野狼群攻擊，活活被咬死，這場悲劇促使政府立法，禁止搶婚行為，但古老傳統不是法律禁止就能立竿見影。

關於搶婚的一些說法，據說搶婚習俗源自十二世紀時，部落之間彼此偷盜馬匹和婦女的行為，它的形成與傳統父權觀念和社會經濟層面有關，開始時搶婚的多是有勢力的人家，或是媒人說親不成，女方家拒絕婚事，男方就用搶婚方式；二來過去的傳統婚禮是很花錢的大事，一些沒錢沒財產的人就用搶婚方式，免去大筆的牲畜聘禮和婚禮縟節。說也奇怪，後來搶婚習俗形成後，被搶的女孩要盡快完婚，以免讓家人蒙羞，如果女孩拒婚逃回來，反而會讓女方家庭感到羞辱，女孩的人生也陷入悲涼。這種我們難以理解的傳統讓女孩必須接受搶婚的命運，再送上一句流傳的老話，「好婚姻都是從眼淚中開始」！他們也不諱言，搶婚也創造了許多幸福的家庭。

都說搶婚在現代社會已很少發生，但在偏遠地區甚或城市仍有耳聞和報導。有些家庭會同意子女上演一場搶婚行動來辦理婚事，因為依照搶婚傳統可減少花大錢辦婚禮的繁文縟節；一些遭父母反對的青年男女會講好用搶婚方式，待生米煮成熟飯，父母也只好接受。古老傳統在現代生活運用得宜，倒成為減少鋪張和愛情自主的神主牌。

聽完搶婚的故事，塔朗帶我們去用餐，我們點了綜合烤肉串，想品嚐不同的肉質口感，我和同伴都說雞肉好吃，比要用力咀嚼的牛羊肉嫩多了，好心推薦給塔朗，他不以為然的回說「我不吃雞肉，雞太弱」！讓我咬到一半的雞肉差點吞不下去。想到中亞男人喜歡吃強壯的動物肉，特別是馬肉，認為可以讓身體變得強壯，容易受驚嚇的肉雞自然不會是他們的選擇。過去女孩家選對象，也傾心於孔武有力、勇敢、機警、有正義感的「巴特爾」，強壯的男人才是她們心儀的「英雄」。

看見色目人

國高中歷史課曾讀過「色目人」，是說元朝時將人民分成四等，蒙古人居統治者及高官地位，色目人居次，再來為漢人及南宋人等，一直想像「色目人」是眼珠子顏色不同於蒙古人的模樣。今日再讀時，色目人被解釋為「各色各目的人」，與眼睛顏色無關，是元朝對中、西亞地區白種或黃白種混合的人民統稱。雖然「色目人」與眼睛無關，但我還是對色目人的眼睛很感興趣，因為「靈魂之窗」眼睛帶有千年的密碼，足以解開我的疑惑。

前文提到吉爾吉斯來自一個非常古老的人民，他們是最早有著淺膚色、淺髮色和藍綠眼睛特徵的突厥先民，後來與生有黑髮黑眼的人民融合在一起。與薩拉瑪同遊伊塞克湖時，一天和駕駛納薩別克（Nazarbek）一起用餐聊天，薩拉瑪自稱是欽察人的一支後代，有著東方人的輪廓；一旁的納薩別克，淺棕色的頭髮略顯花白，但他的皮膚白皙，有一雙灰藍色的眼睛，望著他的雙眼，有種浸入灰藍色湖水的夢幻感。載我們去碎葉城的阿克巴，也是一雙灰藍綠色的眼睛，不是藍、也不是綠，是帶有灰階的藍綠色，好迷幻的眼睛，讓我又想到蒙古人稱的「色目人」，希臘人說的「帶有魔眼的人民」（People with evil's eyes）。吉爾吉斯人雖然具有東方面孔，但「靈魂之窗」總不時洩露早期斯基泰—塞迦人、烏孫人和點戛斯人的白種基因。「點戛斯」出自回紇語，意思是「黃頭赤面的人」，也說明那時他們是生有淺髮色、淺膚色的人民。

更神奇的是阿克巴的姐姐薩特娜（Saltanat）告訴我，她在十五歲前的頭髮是淺金色的，眼睛也是灰藍綠色的，但隨著年齡增長，她的身體特徵也開始改變，頭髮和眼睛逐漸變成現在的黑褐色！一路上我開始留意他們說的「原始的吉爾吉斯人」，一些孩童確實有著淺褐色或淺金色的毛髮，眼睛帶有灰褐或灰藍色澤；一位十幾歲的少女生著淺棕色頭髮和灰藍綠色眼睛，而她的父母卻是一頭黑髮和褐色眼睛！吉爾吉斯人的容貌會隨著年齡增長而改變的現象，好像是在翻閱歐亞草原民族的歷史一般，白種的塞迦人融合了黃種的匈奴，黃白混合的突厥人又融合了黃種的蒙古人，遺傳下來的基因必留下痕跡，如伊塞克湖的湖水般，在「色目人」的眼睛中幻化色彩。

我的吉爾吉斯家人

　　我在烏茲別克「撒馬爾干國際音樂節」第一次聽到吉爾吉斯女歌手薩拉瑪·薩迪科娃 (Salamat Sadykova) 的獨唱，她猶如堅實山脈的歌聲迴盪在雷吉斯坦廣場，讓我印象深刻。相隔幾年，我邀請薩拉瑪來台灣參加「2009 恆春國際民謠音樂節」，一行四人包含歌手、馬納斯吟唱家和火不思演奏家，心中不免擔心這麼陌生又不熱鬧的音樂，可以被南部的觀眾接受嗎？那一晚在屏東運動場的戶外演出，薩拉瑪演唱了三首歌曲，悠揚的歌聲迴盪在南台灣的夜空，將近二十秒不換氣的長音吟唱讓全場鴉雀無聲，安靜的欣賞整場表演，最後爆出熱烈的掌聲！驚喜之餘，讓我對她好生佩服，再一次證明好的音樂可以跨越國界和語言，打動人心。

　　薩拉瑪來自南部的巴特肯州，她說從小她就很愛唱歌，小時候要去山間溪流汲水，一個人走在山間，害怕時就一路唱著歌，讓歌聲陪伴自己到家。熱愛歌唱的薩拉瑪後來進入奧什文化工作隊，受到工作隊一位前輩的鼓勵，她隻身前往比什凱克，在比什凱克文化工作隊開始她的表演生涯。歷經光彩、失意、競爭與失婚的起伏人生，靠著堅強的意志和不放棄的努力，迄今仍屹立歌壇，擁有吉爾吉斯國家榮譽藝術家頭銜，獲頒吉國最高榮譽「馬納斯勳章」，她所演唱的歌曲〈吉爾吉斯大地〉(Kyrgyz jeri) 家喻戶曉，甚至有民

間版國歌之稱。在當地大家稱她為「姑姑」(Eji)，所到之處常有熱情的民眾趨前向她問候和拍照；行事做風帶點霸氣，舞台上散發如「天山女王」一攬天下之勢，真是令人又敬、又畏、又愛的藝術家。

食在·吉爾吉斯

2015 年再次去烏茲別克參加音樂節，順道也安排了吉爾吉斯和哈薩克的行程，這是我第一次隻身前往二個全然陌生的國家，完全沒做功課的我受到薩拉瑪如家人般的照顧，開始探索草原民族的國度。第一天晚上薩拉瑪請來她的音樂家朋友，讓我見識到突厥民族最古老的樂器克爾奇雅 (Kyl Kyiak)，直覺告訴我它是馬頭琴的前身，過去腦海中只有蒙古的馬背民族世界開始鬆動。晚餐第一次吃到吉爾吉斯的羊肉蒸餃 (Manty)，發音像「饅頭」，卻是從「包子」演變成的「蒸餃」，用燙麵做的麵皮包著洋蔥碎末羊肉，油漬漬的羊肉汁配上酸甜的蕃茄調醬，真是吮指的好吃。晚上十點多，曾到台灣演出的杰得斯 (Jyldyz) 下了工作也趕來飯店，帶來一瓶吉爾吉斯的干邑酒，一天下來我已經暈頭，但看他們這麼高興，我想不喝一杯，他們是不會結束這一天的節目；微甜的干邑有點烈，卻意外的順口好喝，是這裡的名產。

隔天薩拉瑪邀請我去她的電台主持人女兒康杜絲 (Kunduz) 和歌手女婿庫巴尼契 (Kubanych) 的家，享用吉爾吉斯家庭的「滿漢全席」。這裡每戶人家都要有張大桌子，客人來訪時就要將沙拉、冷肉、水果、乾果、乳酪、糖果、餅乾、饢餅等食物擺滿一桌，他們叫「擺桌」(dastarkhan)。吃了好一會桌上的食物，已有幾分飽足感，這時主人又端出抓飯和羊肉麵湯，原來這才是主食，一頓給人十二分飽足感的大餐。

薩拉瑪的二女兒瑪哈 (Maha) 長年在杜拜工作，也專程飛回來幫忙翻譯。精通多種語言的瑪哈是位聰慧、貼心又能幹的女兒，她為薩拉瑪在比什凱克市區內買了新居，讓母親的生活更舒適，薩拉瑪也不時飛去國外和女兒渡假。雖然長居在國外，瑪哈仍保有高山國家女孩的直率單純，和她一起逛傳統市集，我說想看看東干人的樣子，瑪哈就一股腦兒在市場逢人就問：「你是東干人嗎？」被問的小販都搖頭不答，直到一位皮膚白皙的女孩靦腆的微笑，我笑她哪能這麼直接問人家。看

到一位綁頭巾的壯碩男子正在用手「打饢」，再將饢餅貼在烤爐壁上，瑪哈說：「妳看他多像馬納斯呀！」在餐廳看到一位綁頭巾、腰繫彎刀的師傅，瑪哈又說：「妳看他多像馬納斯呀！」所以只要是雄糾糾、氣昂昂的男人都是馬納斯的子民，也是吉爾吉斯女孩心目中的「巴特爾」。

　　隔幾日，我們去比什凱克郊區知名的 Supara 庭園餐廳和薩拉瑪的幾位女性好友午餐，穿過野趣橫生的氈房、石山、水塘後來到一間石屋，室內滿是汗王氈房般的獵物裝飾，又見一張擺滿食物的大桌子，從油香小點到羊腸內臟、五指麵、烤肉串、胡椒餅到抓飯，真是美味極了，但幾個女生哪吃得完這麼多食物呀！餐後她們說要去喝茶，一伙人就從石屋移到戶外涼亭，涼亭下的桌子已擺滿食物，這哪裡是喝茶，根本是第二頓午餐！這個下午讓我體會到一樣愛吃、重吃的吉爾吉斯人情，主人一定要讓客人吃飽，甚至吃到撐才算盡興。這天我們從室內吃到戶外，從午餐吃到晚餐時間，餐會最後在她們完成雙手拂面的感恩儀式 (Omin) 後結束。

聽見・吉爾吉斯

位在比什凱克南方約 30 公里處的阿拉・阿查峽谷（Ala-Archa Canyon）是距離比什凱克最近的國家公園，吸引許多外國遊客來這裡登山健行或露營。薩拉瑪載我來到一處開闊的河谷，仰望二岸的高山峽谷，聽飛白湍急的水流聲，呼吸山中的水靈空氣；薩拉瑪換上她的傳統服裝，戴上白色的高頂帽，坐上河邊的大石頭，和著花拉拉的水流聲唱起歌來，還把我的名字即興的唱入歌中。我想她是要告訴我，吉爾吉斯的音樂就是在這高山流水的大自然環境中孕育出來的，拂面而來的清風、搖曳的樹影和凌空的飛鳥，都化作歌謠中的音符。

2016 年再次造訪吉爾吉斯，薩拉瑪帶我來到她工作的地方「國家愛樂中心」，蘇聯時期的建築中充滿了琴聲，還有腳下木地板的咯吱聲；我們進入一間排練室，裡面坐著十幾位著裝的樂師，正是我在辦公室聽過無數次音樂的吉爾吉斯國家樂團「康巴罕」（Kambarkan），現在就要為我現場演奏！一連幾首音樂讓我如沐草原春風，他們的音樂很祥和，就像吉爾吉斯人一樣，給人質樸閒適的感覺。

我們又去看了一場兒童音樂比賽，穿過擠滿家人的大廳，我蹲坐在前排地上，看到前排坐著穿傳統袷袢大衣、頭戴大盤帽的男主人，頭戴白色高頂帽的女主人，他們依舊穿出部落長者的尊貴。參加《馬納斯》史詩吟唱的兒童從三歲的娃兒到十幾歲的男孩都有，三、四歲的娃兒唸完一段，婦人為他們戴上一頂新帽和腰巾做為獎勵，讓我驚訝的是三個娃兒坐在那許久都沒有不耐或哭鬧。都說吟誦《馬納斯》時會進入夢境狀態，一個男孩吟唱超時，主持人幾次示意要他停止，但已完全融入史詩情境、振振有詞唱唸的男孩根本停不住，堅持完成他的故事，專注忘我的模樣讓我忍不住為他大聲鼓掌叫好；又一位連

門牙都還沒長齊的小男孩，鏗鏘有力的唱
唸贏得滿堂喝采。

前台在比賽，後台也很有戲，紮著辮
子的女孩和綁頭巾的男童人手一把「火不
思」準備上場表演；一張大桌子上散放著
糖果和油香麵餅，還有一盤帶骨的羊肉抓
飯，旁邊就擺著一把刀，要吃就自己動手
割來吃，豪邁的遊牧食法連盤子都免了，
這就是自由、隨興、不拘小節的遊牧世界。
中亞國家獨立後，各國都在努力找回失落
的傳統文化，重建自己的國家歷史和民族
英雄地位，看他們從小培養孩子傳唱《馬

納斯》，重新擦亮吉爾吉斯人的文化記憶，
讓我打從內心為他們喝采。🐏

走過悲情　邁出未來

　　穿梭在吉爾吉斯城市與鄉鎮之間時，道路旁總不時閃過斗大的 1941 數字立碑，為什麼總會看到 1941？原來是 1941~1945 二次世界大戰期間，中亞有超過百萬的男人被送往歐洲戰場打仗，蘇聯稱之為「衛國戰爭」，沿途看到的 1941 立碑是各鄉鎮為紀念在戰爭中犧牲的村民所建，無數家庭的父親、丈夫、兒子在這場戰爭中失去生命，再也無法回家。

　　如今每年 5 月 9 日是俄羅斯及許多前蘇聯國家的國定紀念日「勝利日」，紀念 1945 年德國納粹向蘇聯簽署投降書，結束二次大戰的日子。這一天在吉爾吉斯、哈薩克和其他中亞國家都會舉行紀念活動，民眾手舉參與戰役的親人照片或畫像上街遊行，場面極為隆重盛大。他們說是中亞人擊敗納粹的，事實不為過，但勝利歸屬於歐洲戰勝國，傷痛卻長留在中亞的土地上，成為歷史的篇章。

1941 到 1916

2018 年再次造訪吉爾吉斯，阿克巴帶我們來到一個全新的地方，位在比什凱克郊區的「父親長眠之地」(Ata-Beyit National Historical Memorial Complex)，園區有士兵駐守，阿克巴和衛兵說明後讓我們進入。阿克巴帶我們步上一座山丘，一幢白色透明建築下是一坑黃土地，這裡是 1916 年俄國槍殺吉爾吉斯反抗人民的「萬人塚」！時空場景一下子從 1941 年二次世界大戰拉到一次世界大戰：1914 年大戰爆發，1916 年俄國強徵中亞男人充兵，引發全面性反抗，抗爭行動遭到嚴酷的鎮壓，近二十萬人喪生，數十萬人逃離中亞。近年有人回憶並寫下當年大逃亡的悲慘世界，險峻的天山之路，嚴寒飢迫下不得不以屍身人肉求生的絕境，為中亞又添一頁錐心泣血的歷史篇章。

回到園區的大廣場，斗大的 1916 數字碑立於前方，二側石牆有描繪反抗事件的銅雕畫，正中立著象徵宇宙三界的紀念碑，頂上有象徵天空和家國的氈房天窗，一根根繫著馬蹄鐵上升的裝飾，撫慰無數為爭民族自由而犧牲的英魂，他們前仆後繼的騎著馬，英勇的登上天堂。繼續走入園區，廣場中央有一方四面刻有人名的黑色石碑，黑色的氈房天窗罩護著 1938 年史達林大整肅行動下被處死的上百位社會賢達人士的靈魂。右側有一座「阿富汗戰爭」雕像，被捆綁的人民骨瘦如柴、表情痛苦，1979~1989 年間中亞人民又無端被捲入阿富汗戰爭！在按下快門的那一刻，也為近代中亞國家的遭遇感到心酸。園區的盡頭是一洗白牆，涼亭下有一本石書，右邊是一方罩著氈房天窗的白色墓石，這

裡是文學家欽吉斯長眠的地方。走過大時代的悲情，吉爾吉斯用歌詠母親大地和天山之美的文學情感，撫慰這塊受傷的土地和人民。

一個多世紀的殖民統治，幾乎耗盡了這塊土地和人民的精氣，打亂了他們前進的步伐和自信，經濟的不振造成吉爾吉斯有近一半的人口在國外工作，支撐在國內生活的家人。回程時我在馬納斯機場遇見一群高中生，他們將飛往美國展開一年的交換學習；另一邊一群戴著白氈高頂帽的男孩，是要出國參加比賽的團體；飛機上鄰座是一位在中國求學的男孩，說著一口流利中文，他說很感謝父母辛勤工作，供他出國學習，將來一定要報答他們的付出。看見這些走向國際的「傑騎」男孩和女孩，我相信他們都將成為吉爾吉斯邁出未來的動力。🐏

Part 3
歐亞草原的
金武士
哈薩克

KAZAKHSTAN /
QAZAQSTAN

他們承襲了世紀前歐亞草原的
主人、馬背民族的始祖、塞迦
人貴族統治者的血脈，西突厥
汗國的盛世，蒙古汗國的遼闊
土地，還有「貴種」民族高傲
不屈的氣息。

中亞五國中領土最大的國家、世界排名第九大國的哈薩克，地跨亞歐二洲，西北部烏拉河以西屬於歐洲地區，如此廣大的國土，我們對它的認識似乎仍停留在阿拉木圖俄羅斯城市的印象。早期的遊牧民不建城池，沒有留下什麼偉大的歷史建築，倖存的聚落許多也在近代開墾農地和建造城市時被鏟平。現在的哈薩克城市多建於十九世紀，由俄羅斯人建的要塞堡壘發展起來的市鎮，放眼所見的公共建築如政府大樓、劇院、大學等多為蘇聯時期古典建築形式，帶有歐風色彩，其他建築如工廠宿舍般，方正無奇；西伯利亞式木屋的外推窗和雕花裝飾，是俄羅斯富人留下的生活妝點，但也難與歐陸城市的華麗相比，難免給人無趣的城市印象。在大自然美景和俄羅斯殘影表象外，我更想看見真正屬於哈薩克的文化容顏，隨著「草原絲路」的古老靈魂，一步步走入廣袤的哈薩克草原，探訪草原上耀眼的「金人文化」。

哈薩克（Kazakh / Qazaq）在突厥語中有「自由人」、「勇敢的自由人」意思，熱愛獨立自主生活的馬背民族。傳說古時候有位勇士在戰鬥中受了重傷，生命垂危，此時天上飛來一隻天鵝，用泉水救活了勇士，之後天鵝變成一位美麗女子，和勇士結婚並生下一子，取名哈薩克，繁衍的子孫形成了哈薩克人民。哈薩克人視天鵝為天界的神鳥，能帶來愛情與幸福生活，不能輕意傷害。

七河流域 ZHETYSU

孕育哈薩克的金搖籃

　　哈薩克的地形東高西低，除東部邊境的山脈外，地勢相當平坦。它的東部有天山北路的分支外伊犁阿拉套山(Ile-Alatau)，其次是哈薩克與俄羅斯邊境的阿爾泰山(Altai)；中部是向西延伸的哈薩克草原丘陵地，西部是圖蘭低地和裏海沿岸低地，西北部有歐、亞大陸的分界嶺烏拉山(Ural)，西南部為沙漠和半沙漠地形。境內有二個內陸海：鹹海和裏海。主要河流有源自阿爾泰山的額爾濟斯河(Irtysh / Ertis)，流經哈薩克東北部；從中國流入的伊犁河(Ili / Ile)流經哈薩克東南部，最後注入巴爾喀什湖(Balkhash)；從烏茲別克流入的錫爾河(Syr Darya)流經哈薩克南部，最後注入鹹海(Aral Sea)；源自烏拉山的烏拉河(Ural)流經西北部，亦為歐、亞大陸的分界線。

　　河流是孕育人類文明的重要源頭，烏茲別克以「河中流域」為命脈，吉爾吉斯以「楚河流域」為臍帶，在哈薩克就是以「七河流域」為搖籃。這裡有八百多條源自吉爾吉斯和中國邊境的高山雪水形成的河流，沖積一片肥沃土地後注入巴爾喀什湖，因此巴爾喀什湖以南，中以伊犁河為主，西南以塔拉斯和楚河為主要河流間的地區被稱為「七河流域」

(Zhetysu，俄語稱為 Semirechye)，在突厥語中數字「七」代表多的意思，所以有「多河流域」的意思。

這裡自古就是北方草原民族生活和移動的地方，西元前一個馬背戰士形成的王族在這裡留下無數貴族統治者的古墓，當中有大量精緻的黃金飾品，他們被哈薩克人視為最早的祖先，就是塞迦人；西元六世紀西突厥汗國以至中世紀的喀喇汗國，都以此地為政治中心，中國文獻記載的「千泉」之地，就在「七河流域」。十五世紀哈薩克汗國在此地發跡，這裡是黃金聖物的守護者「金人」留給後代子孫的一塊藏金之地，孕育哈薩克人民的一只金搖籃。

「七河流域」是哈薩克人口最密集的地區，這裡的地勢極為平坦，行車時即可一目瞭然，前方的地平線平坦的如一條直線，景觀「平凡」的「不平凡」，空曠的大草原偶爾出現的一株小樹都能讓人心喜，一長列無盡頭的電線桿也能成為大地上最突出的風景。

俄羅斯

烏拉河

烏拉爾

西哈薩克
W. Kazakhstan

阿特勞
Atyrau

阿特勞

裏海

曼格斯套
Mangystau

阿克套

土庫曼

托波爾河

寇斯塔奈

阿克托別

阿克托別
Aktobe

克孜勒奧爾達

克孜勒奧爾達
Kyzylorda

烏茲別克

彼得羅巴甫爾

北哈薩克
N. Kazkhstan

寇克斯套

阿克莫拉
Akmola

伊希姆河

阿斯塔納

卡拉干達

卡拉干達
Karaganda

巴爾喀什湖

江布爾
Zhambyl

突厥斯坦 塔拉茲

突厥斯坦
Turkistan

吉爾吉斯

巴甫洛達

巴甫洛達
Pavlodar

額爾濟斯河

鄂斯基棉

東哈薩克
E. Kazakhstan

齊桑湖

伊犁河

阿拉木圖
Almaty

塔爾迪庫爾干

楚河

阿拉木圖

中國

俄羅斯

哈薩克省份圖

哈薩克全境面積 2,727,300 平方公里，劃分成三個直轄市和 14 個州 (oblast)，州之下分區 (rayons) 和村 (aul)，
三個直轄市為阿斯塔納 (Astana)、阿拉木圖 (Almaty)、希姆肯特 (Shymkent)。現有人口 1800 多萬，哈薩克人占
六成以上，俄羅斯人二成，還有烏茲別克、維吾爾、韃靼、烏克蘭和德意志等 120 多個族群。

蘋果城 阿拉木圖
Almaty

　　哈薩克第一大城阿拉木圖經常是造訪哈薩克的第一印象，它位在天山北支阿拉套山 (Alatau) 的山腳，氣候宜人，早期生有很多野生蘋果樹，因而成為城市的意象。1854 年俄國人在此建要寨，稱為維爾尼 (Verny)，吸引許多哥薩克人和俄羅斯農民來此居住；1887 及 1911 年經歷二次大地震和重建，1921 年改名為阿勒馬阿塔 (Alma-Ata)，「蘋果之父」的意思；1926 年哈薩克自治共和國成立後，首府由克孜勒奧爾達 (Kyzylorda) 遷到此地；獨立後在 1993 年改名為阿拉木圖 (Almaty)，即「蘋果城」的意思。1997 年遷都阿斯塔納，但阿拉木圖仍是哈國最大的商業與文化中心。

潘菲洛夫公園

　　1975 年為慶祝「衛國戰爭」勝利三十週年完成的潘菲洛夫公園 (Panfilov Park)，以二次大戰莫斯科保衛戰中犧牲的俄國將領潘菲洛夫為名，在比什凱克也有以他為名的公園。穿過林蔭大道，位在林中廣場上的就是建於 1904 年的「升天大教堂」(Ascension Cathedral)，教堂因全部使用木造，未受地震損毀而聞名。這座教堂經常被用來做為哈薩克印象的照片，但我認為它無法代表哈薩克。

　　一旁的林道通到衛國戰爭紀念園區，黑色鋼鐵雕塑的「光榮紀念碑」刻劃莫斯科保衛戰中壯烈狙擊納粹軍的二十八位勇士，視死如歸的鋼鐵士兵衝向前方，也像中亞國家衝出鐵幕的一刻。前方延伸一長列黑色大理石，盡頭燃著「永恆之火」，二側分為 1917~1920 阿拉什建國內戰及

1941~1945 二次大戰陣亡士兵紀念碑，據載有六十多萬哈薩克人在歐洲戰場上犧牲。附近有一棟咖啡色的木造建築，同樣為設計大教堂的建築師 Zenkov 所做，現在是「民族樂器博物館」，門前立了一尊大型的哈薩克傳統樂器「庫布茲」，館內收藏四十多種哈薩克傳統樂器及亞洲各國樂器，相當值得參觀。

中央博物館

　　阿拉木圖的「中央博物館」(Central State Museum)是我認識哈薩克的起點，入口大廳的四尊「七河流域」古老民族重製像，就是前文介紹的安德羅諾沃文化、塞迦「金人」、康居及匈奴，他們都是哈薩克人的祖先。博物館一樓展廳為考古文化及古生物區，二樓為15~20世紀哈薩克民族文化區，三樓為哈薩克國家發展區等；最精彩的展廳是需要另外購票才能入內參觀的「黃金寶庫」，收藏阿拉木圖地區塞迦人墓葬出土的黃金飾物真品，用三千多片黃金薄片打造的「金人」服飾。很難想像西元前幾世紀的馬背民族就有如此高超、細緻、講究的技術，貼近放大鏡細細觀賞流轉在金錠上的動物紋，奇特的動物形體和精緻做工，讓我們不斷發出讚嘆聲，彷彿有個來自遠古的召喚聲，觸動體內的古老靈魂，讓我想知道更多關於「金人」的故事。

金人共和廣場

中亞國家獨立後得以重建自己的國家歷史和民族英雄地位，烏茲別克的帖木兒、塔吉克的薩曼尼、吉爾吉斯的馬納斯都已取代列寧的雕像，矗立在城市的廣場上，那最能代表哈薩克民族精神的是哪位英雄人物？他們回答「哈薩克有很多很多英雄」！我沒有得到答案。

一個豔陽午後，我們來到「共和國廣場」（Respublika Alany），廣場上矗立一尊高 28 公尺的「獨立紀念碑」，仰頭瞻望，烈日下只看到雕像的輪廓，原來上面立的是西元前塞迦人古墓中穿著黃金冑甲的戰士，他們稱為「金人」（Altyn Adam）的雕像。「金人」站在一隻帶翅膀的雪豹上，一手舉著獵鷹，一手握著弓箭，頭戴直指天際的高頂尖帽，這是哈薩克人引以為傲的老祖先，創造高度金工文化的塞迦人貴族統治者，世紀前的草原霸主。這就是我要的答案。

紀念碑後方有代表大地的母親雕像，代表智慧的白鬍長者（Aksakal），二尊騎馬的兒童代表國家的未來，四周有十面銅雕壁畫，呈現哈薩克從史前到現代的重要歷史畫面，紀念碑的正下方是哈薩克納扎爾巴耶夫總統（Nursultan Nazarbayev）的黃銅手印，總統從 1991 年哈薩克獨立後一直執政至今。

早期生活在天山及阿爾泰山一帶的雪豹（哈語 Barys / 吉語 Ylbys) 被視為哈薩克先民的神聖象徵。

我們搭乘 2015 年開通的單線地鐵走看阿拉木圖，歷史建築有 1946 年由日本戰俘完成的「國家科學院」，1977 年完成的「哈薩克大飯店」頂著 102 公尺高的金色王冠屋頂，是哈薩克早期的地標；「科克托別電視塔」(Kok-Tobe) 建在海拔 1100 公尺的山坡上，是阿拉木圖的最高地標。前方廣場立有哈薩克詩人阿拜雕像的「阿拜歌舞劇院」是最美的藝術殿堂，貝殼石灰岩與玻璃帷幕建築在夕陽下隱隱閃爍著珠光，金色屋簷像一只金色桂冠，散發詩人的智慧光芒。現代建築「光明山」(Nurly-Tau) 有我們「外貿協會」派駐在中亞地區的唯一辦事處，大型玻璃帷幕建築如一座城市天山在藍天下閃耀，這是阿拉木圖留給我的宜人城市印象。

國家科學院

俄羅斯戲劇院

阿拜歌舞劇院

光明山金融中心

來到俄語稱為「綠色市集」(Zelenii Bazaar) 的中央市場，當地人稱它為 Kok Bazaar，卻是「藍色市集」的意思！來這看看食物和人民，賣乾果的多是濃眉深目的烏茲別克或亞塞拜然人，賣泡菜涼粉的是朝鮮大媽，賣蜂蜜的哥薩克人，還有賣乳酪製品的哈薩克人。賣肉的分成不同的肉區，掛著馬肉、羊肉、牛肉、雞肉和豬肉招牌，賣豬肉的多是非穆斯林的俄羅斯人；肉販們穿著同款的制服，多了現代都會的條理和「請勿拍照」的告示，不像南方愛拍照的烏茲別克和塔吉克人，北方人可是不喜歡隨意被拍的。再往內走，傳統肉攤台上擺著羊頭、羊舌、羊肺、羊腸、羊腿和羊屁股油脂，當然還有哈薩克人最愛的馬肉和馬腸子，真是無肉不歡的食肉世界，讓我逐漸嗅到屬於哈薩克的氣味。

梅杰烏音樂會

來到阿拉木圖，哈薩克朋友多會提議去梅杰烏（Medeu）走走，這個位在阿拉木圖東南郊 15 公里處，2011 年哈薩克主辦「亞洲冬季運動會」的滑冰場，連同附近的欽布拉克滑雪場（Shymbulak），應該是當地人最愛的休閒景點。我不是運動咖，也不想溜冰和滑雪，就沒打算去梅杰烏。

2015 年第一次來阿拉木圖人生地不熟，因為薩拉瑪的介紹，一群從未謀面的哈薩克音樂家帶我認識他們的城市，在語言完全不通的情形下，我坐上他們的車被載往山區，結果還是來到梅杰烏！我們在林中開了一場戶外野餐音樂會，哈薩克人的好聲音像水龍頭似的，一開就來，令人驚豔。音樂老師芭格朗（Baglan）穿上傳統服，唱起歌來歌聲清亮如流水；來自塞梅伊的歌手巴赫提爾（Bahtiar）戴著穆斯林白色小帽，歌聲渾厚如高山，他唱了一首叫「十根手指頭」的民歌，副歌重複著 Gigigai-Gikkai 的尾語，是無意義的虛詞，歡樂時的一種助唱，很像台灣原住民歌曲的唱法。來自阿克套的阿騰娜（Altynai）表演西部「東不拉」的彈奏方式，像蝴蝶飛舞般的手勢真是好看；「東不拉」好手季格爾（Zhiger）演奏一首高難度的曲子，

身材高挑、氣宇不凡的音樂家在彈指之間如一匹馳騁在草原上的駿馬。想起漢朝時稱大宛馬為「天馬」，烏孫馬為「西極」，此時此刻好像一匹「西極」駿馬就在我的眼前，奔馳。

我不懂哈薩克語，也不會說俄語，眼前這幾位音樂家也不講英語，這個驚喜的梅杰烏下午時光，他們用音樂帶我看見哈薩克。🐏

金人文化保存區 伊塞克
Issyk

來哈薩克必看的是「金人」文化。

在阿拉木圖東方 50 公里處的伊塞克村 (Issyk / Yesik) 與吉爾吉斯的伊塞克湖同名，但二地之間隔著高聳的外伊犁阿拉套山，這裡發現 45 座西元前 5~3 世紀的塞迦人古墓，他們稱為「庫爾幹」(Kurgan)，一座座像小山丘似的墓塚分布三公里之廣。這些古墓在早期已被盜採一空，1969 年意外的在一個古墓側室發現一尊穿著綴滿黃金飾片服裝下葬的骨骸，研究推測是一位年約 17~18 歲的貴族男子，被稱為「金人」(Altyn Adam)。為此哈薩克成立了「金人保存協會」，2010 年在伊塞克村完成「伊塞克歷史文化博物館」，收藏當地出土的文物和複製金人，就在風景如畫的外伊犁阿拉套山下。

發現的「金人」身穿綴有數百片黃金
薄片裝飾的上衣和皮外袍，腰間繫有腰扣
的皮帶，腳穿綴有黃金飾片的皮靴，頭戴
裝飾精美的高頂尖帽。高頂帽正中有一對
頭頂山羊角和翅膀的馬頭裝飾和四支指向
天的金箭，帽子四周有山形、雪豹、山羊
和飛鳥柱的裝飾；衣服上有三角山形和雪
豹臉圖樣的綴飾，腰間佩帶一把劍和短
刀，刀鞘和刀柄上有扭曲身軀的馬和麋鹿
圖案，馬鞭配有金把；「金人」脖子戴有
螺旋項飾，左耳戴綠松石耳環，右手戴二
枚印璽戒指，全身上下計有三千多片黃金
裝飾。遺骸四周還有陶器皿和金屬杯陪葬
品，其中一個銀杯刻有 26 種圖案。

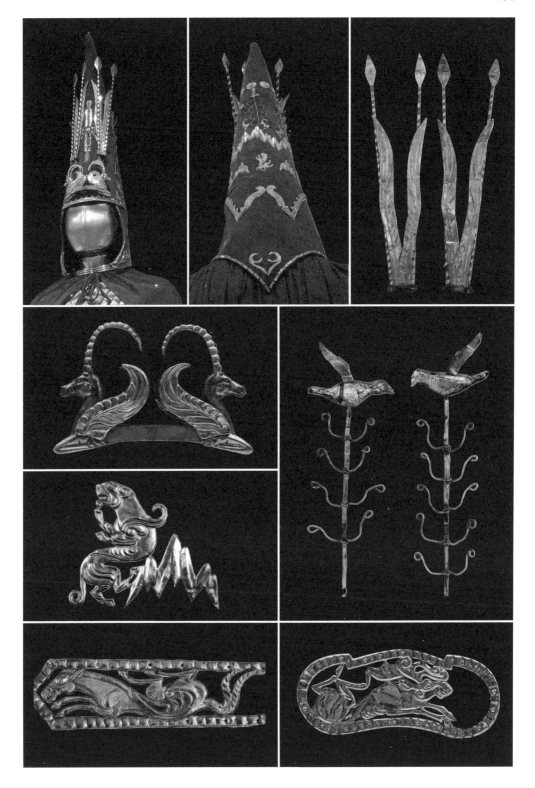

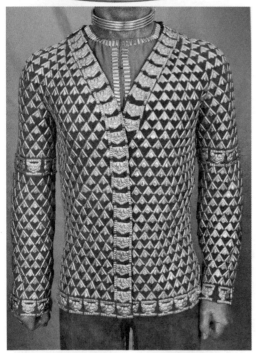

專家研究認為塞迦人「視死如生」，相信人死後靈魂會去到另一個世界生活；古老神話中視高山為神靈居住的地方，倚靠著山丘，靈魂也能到達高山之處，因此塞迦統治者的墓地多選在依山傍水、山明水秀的地方。「金人」頭戴如高山的尖頂帽，上面有射向天空的箭和節節上升的飛鳥柱，前方帶有山羊角和翅膀的馬頭裝飾是部落圖騰（山羊角）與太陽神（馬）的結合，馬在當時是太陽神和王室的象徵，這種人神合一的想像代表亡者將登天化作太陽神祇，是非常尊貴的圖騰。這個神聖的馬頭裝飾也形成現在哈薩克的國徽（Mangilik）。

在伊塞克三公里幅員內還有佔地 88 公頃的拉哈特聚落（Rakhat），佔地 1.5 公頃的烏勒克特聚落（Orikty），都位在風景秀麗的阿拉套山與草原交會之處，哈薩克正著手將這個地區開發成一個以伊塞克為中心的塞迦文化保存區，展現哈薩克輝煌的古文明，以後來阿拉木圖就不是只有「升天大教堂」可以觀賞了。

伊塞克博物館的門廳有個大燈圖，上面顯示哈薩克境內發現塞迦人古墓和聚落的地方，幾乎全境都有，尤以「七河流域」最為密集。從阿爾泰山到「七河流域」的山麓地帶，有一連串驚人的發現，包括阿爾泰山西麓的貝雷村（Berel）出土大量的馬頭面具裝飾，中、哈邊境的齊列克塔（Shilikty）發現 51 座、4000 多件的黃金飾品，南部江布爾州的卡爾加勒（Kargaly）發現烏孫人的黃金王冠，扎勞勒（Zhalauli）發現的大角金鹿，西北部烏拉河附近提列克特（Terekti）發現的女金人，阿克托別（Aktobe）發現的薩爾馬特人墓葬等，不知何時哪裡又會傳來「金人」現身的消息，帶來更多驚人的人類遺產。整個歐亞大草原地帶，從烏克蘭的南俄草原到亞洲的蒙古草原都有「金人」留下的足跡。🐏

Terekti 出土的女金人重製

哈薩克歷史文物分布圖

Oral Terekti

Aktobe

Atyrau

Caspian Sea

Aktau

Aral Sea

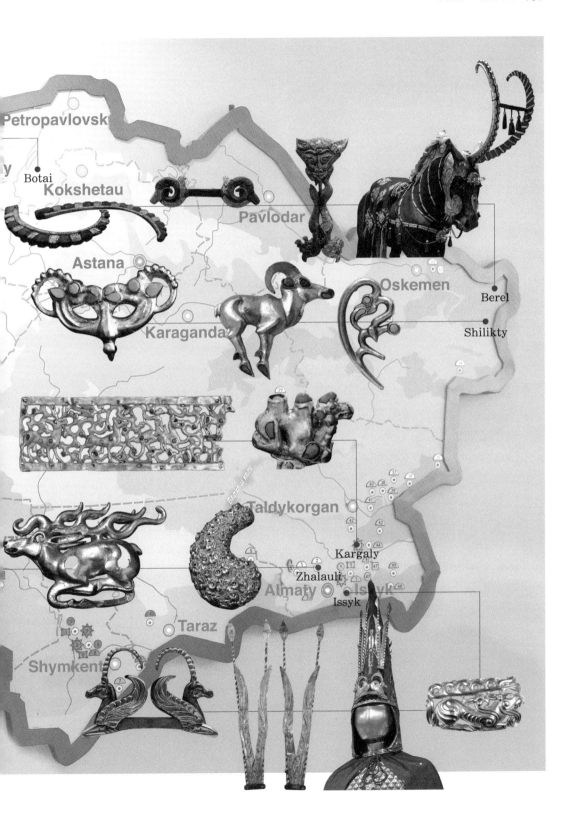

成吉思汗的金馬鞍
Almaty Oblast

　　每回行經阿拉木圖往北的道路上，都會看到一連串頂著CASINO招牌的異國造型建築分列在大路旁，沿途的大型廣告看板上也盡是撩人的CASINO金錢數字，眼睛不禁為之一亮，原來哈薩克也有一個博弈特區。

　　2006年哈薩克政府下令將阿拉木圖的賭場全部遷移到約一小時車程的卡普夏赫(Kapshagay)，由美國的開發公司規劃，要在這裡打造一個中亞地區最大的「長生天渡假中心」，如同美國賭城拉斯維加斯一般的地方，他們稱之為「哈斯維加斯」(Kaz Vegas)，開發藍圖還包括在附近建造一座國際機場，吸引周邊五小時航程內的外國人來此渡假，不知地廣人稀的哈薩克要如何擦亮這塊草原維加斯的招牌，讓我們拭目以待。

　　往北行的途中還會遇到一個綿延好幾公里的大湖，一直跟著我們的視線，難道我們已經到達巴爾喀什湖？不，這是一座人工大湖！是1960年代蘇聯截取水量豐沛的伊犁河水完成的「卡普夏赫水庫」，用來供應人口密集的阿拉木圖州用水，面積之大讓人誤以為是天然湖泊，可以想見伊犁河的寬廣大度，如母親一般滋養著「七河流域」的子民。

　　脫離卡普夏赫水庫的視線後，我們的車子沿著伊犁河畔行駛，進入一片風景如畫的河谷地，因為地勢平坦，河面顯得特別開闊；徐徐前進的伊犁河如一位雍容的大妃緩緩而行，風姿綽約，河邊搖曳的蘆葦，像是婦人飄散在風中的銀髮絲。伊犁河，一如我想像中的美麗。

塔姆加利岩畫 Tamgaly Tas

　　據載哈薩克境內有 1500 多處岩畫遺址，大多分布在南部江布爾州及阿拉木圖州，天山最西端的黑山（Karatau）到楚河和伊犁河一帶，多出現在有水源的高山谷地，適合人類生活的地方。在阿拉木圖州有二處稱為「塔姆加利」（Tamgaly）的地方，意思為「有標記或畫記」的地方，一處在阿拉木圖西北方 170 公里，2004 年登錄為「世界遺產」的塔姆加利谷（Tamgaly Valley），數千個藏身在山野間的史前岩畫，留下三千多年前人類生活的珍貴檔案；另一個在卡普夏赫北方不遠處，18 世紀信奉藏傳佛教的準噶爾蒙古人留下的塔姆加利岩畫（Tamgaly Tas）。

　　位在伊犁河畔的塔姆加利風景極為秀麗，一邊是和緩的大河，一邊是嚴峻的岩山，順著石階步道登上岩山，一面大岩壁上浮刻的三尊佛像和藏文經語，是為這塊土地帶來殺戮和破壞的準噶爾人留下的佛心印記；想想歷史上二次的蒙古人西侵，都為中亞帶來顛覆性的破壞和影響，卻也豐富了中亞民族和文化的形成。站在高台上，可以一覽優雅恬靜的伊犁河，對岸不遠處出現一座中世紀古堡，原來這裡是電影「蒙古王」（Mongol）和「遊牧英雄」（The Nomads）的拍攝地點，也是電影場景中的戰場！霎那之間，我彷彿看到蒙古鐵甲戰士架起彎刀，橫掃千軍萬馬，血濺沙場的一幕，No mercy！戰場上不能有一絲一毫的慈悲，因為敗者將淪為被奴役的一方，這是草原上千古的生存定律。

金馬鞍國家公園 Altyn-Emel

從塔姆加利往東行 150 多公里可到達「金馬鞍國家公園」，這個集自然、考古、歷史與文化保存功能的國家公園成立於 1996 年，是本地保護瀕危動物和復育普氏蒙古野馬的地方。公園的範圍含蓋阿拉套山的一個支脈和伊犁河谷地，內有史前岩畫和塞迦人古墓保存區，還有一處因氣候乾燥少雨，加上強風帶來的黃沙堆積形成的一座新月形沙丘，當強烈的西風吹來時沙丘會發出如管風琴般的嗡嗡聲響，因而有「歌唱沙丘」之稱，讓我想到敦煌的「鳴沙山」。傳說成吉思汗率軍西征時，當他穿越最後一個山頭進入伊犁河谷時，看見一片金光閃耀的大漠，狀似馬鞍，成吉思汗發下誓言，「這裡勢將成為我蒙古坐騎馳騁之地」，因此得名「金馬鞍」（Altyn Emel）。

這座綿延 1.5 公里、高 150 公尺的沙丘在黃昏的夕照下更顯金黃好看，札德拉（Zhadra）問我們要不要走上去，才 150 公尺有何難，於是我們脫下鞋出發，當我們踏上沙丘沿著稜線往上走時才發現舉步維艱，非常吃力；走到半腰處，強風在耳邊呼呼的吹，一直說「別走了，別走了」，好幾次想放棄算了，走在前方的札德拉不時回頭催促我們「快到了，快到了」，最後二位台灣肉雞腿在吃馬肉長大的哈薩克

人「鞭促」下終於達陣，得以登高遠眺夕陽下泛著金光的伊犁河。還在想待會走下去時應該會輕鬆省力些，札德拉突然拉起我們的手，「從這裡跑下去」，她要我們從沙丘的斜面直接跑下去，「烏孫馬」未免太猛了吧！我們鼓起勇氣和她一起往下跑了十來步，然後停住腳步，就聽到黃沙滾動的嗡嗡聲響，意外驚喜的我們大呼小叫直說好玩，這樣跑了四、五回就到達沙丘底了。好想爬上沙丘再玩一次，但札德拉說天色已晚，沙漠日夜溫差大，不好再停留。這一晚，我們留宿在保存區內的接待所，吃著熱騰騰的抓飯，聽著衝下沙丘時手機錄下的黃沙聲響，一遍又一遍，享受蹬上「金馬鞍」的奔馳快感。

札德拉原本是一位英文老師，後來決定和開車的弟弟一起做旅遊，在俄羅斯人居多的旅遊業，她是我遇到的少數哈薩克導遊。金馬鞍國家公園每年四至十月間開放，進入園區要事先申請許可證，也需要四輪傳動車，才能馳騁荒漠享受上下左右顛簸路途的野趣。「你們看，有老鷹在空中飛」，「那裡，有羚羊在跑」，好眼力的哈薩克姊弟好興奮，但我們都市人怎麼就是看不到！？等我們找到目標時，牠們已經跑遠了。

貝沙特古墓區 Besshatyr

隔天一早我們驅車前往位在園區西側的「貝沙特古墓區」（Besshatyr，意思為「五個大帳」），經過好一番繞路折騰，終於踏上塞迦人的古墓現場，那個在博物館和書中無數次召喚我的神祕基地。這一片遼闊的伊犁河谷座落著一群「庫爾幹」古墓，1957 年被俄羅斯探勘隊發現，共有 31 座西元前 5~4 世紀塞迦人貴族統治者和首領的墓塚，所有墓穴在早年已遭盜掘。探勘隊開挖了 18 座墓塚，發現人體骨骸、馬骨、陶器、毛氈、草蓆、鐵刀、銅鏃等陪葬品，許多重要的出土文物被送往俄羅斯保存。

這類的塞迦人古墓分布很廣，從阿爾泰山到黑海─裏海草原都有發現，由古墓的規模大小研判塞迦人是一個貴族階級統治的社會，墓葬也有階級之分。統治者的墓塚最大，直徑在 45~105 公尺之間，高15~17 公尺，外圍有一或二道大石柱圍成

的石牆和石環，以示對統治者的尊敬，也是舉行獻祭儀式和集會的地方；其次為貴族王公的墓塚，直徑在 25~38 公尺間，高5~6 公尺；平民戰士的墓塚直徑6~18 公尺，高 1~2 公尺。圓形的墓塚分地上和地下二部分，突出地面的墓塚用一層石頭、一層土層層疊起，如一座小山丘；地下有用天山冷杉木砌成的方形墓室，墓室裡放置木槨或石槨，獨特的墓室設計形成一個微型氣候空間，因為乾燥至木槨保持良好，讓世人得以看到早期草原民族的智慧和高超技術。

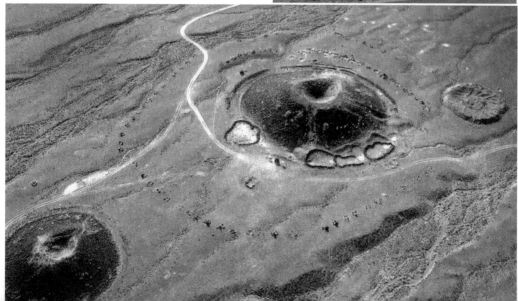

貝沙特古墓區一座大型的墓塚被改裝成展示館，我們順著步道登上墓塚，再進入地下墓穴，通過「羨道」進入放置木槨的墓室間，觸摸二千多年前遺留下的一柱天山冷杉木，再次觸動體內古老靈魂的神經。這裡是曾經馳騁哈薩克大草原、稱霸歐亞大陸的貴族統治者長眠之處，穿著黃金冑甲升天的草原武士之地；這裡沒有伊斯蘭建築的金碧輝煌，只有草原民族的原始粗獷，還有淌淌而流的伊犁河，在日月之間閃耀草原絲路的歷史光芒。

同樣在園區內的古墓區，原本只要四十多分鐘車程就可到達，但當天連結道路關閉無法通行，札德拉說我們得繞一下路。只見車子開了好一會，出了保存園區的大門，一會開上了高速公路，一會下了高速公路，由保存園區的另一個入口再進入園區，又開了好一會才到達古墓區，這麼一繞就是四個小時顛簸的路程，札德拉說的「一下」竟然是四個小時！不愧是吃馬肉長大的哈薩克民族，姊弟二人「使命必達」，讓我好生感動，只為讓我們看見真正的哈薩克。🐏

傾國傾城 愛在塔拉茲
Taraz

　　哈薩克南部江布爾州的首府塔拉茲是哈薩克最古老的城市之一，2001 年曾盛大舉辦建城二千年的慶祝活動。2014 年中國、吉爾吉斯與哈薩克三國共同申報的「絲綢之路—天山廊道」登錄為「世界遺產」，從中國長安經吉爾吉斯到哈薩克的古絲路商道，33 處重要遺址就有五處在塔拉茲（Aktobe - Kulan - Akyrtas - Ornek - Kostobe），又因一場「怛羅斯之役」而知名。

　　塔拉茲位在楚河(Chuy)、阿薩河(Asa)和塔拉斯河(Talas)三條河流交匯處，又與「河中地區」的交通密切，自古即成就塔拉茲的重要地位。還記得西元前一世紀匈奴單于兄弟鬩牆，出走的北匈奴郅支骨都侯嗎？當時康居王與郅支互嫁女兒聯盟，康居王為郅支在塔拉斯河谷建郅支城，就介於塔拉茲與塔什干之間一帶。西元 630 年，唐僧玄奘行經西突厥汗國時記載：「千泉西行百餘里至呾邏私城，諸國商胡雜居」。西元 751 年，阿拉伯大食軍與唐朝大軍在塔拉斯河谷展開殊死之戰，史稱「怛羅斯之役」，就在塔拉茲與吉爾吉斯的邊境上。史料記載古稱 Tarasso，後來稱為塔拉茲(Taraz)，在吉爾吉斯境內的塔拉斯(Talas)是阿拉伯語的稱法，意思為「天秤」，貿易的象徵。

　　西元 10~12 世紀塔拉茲是葛邏祿和喀喇汗國的都城；13 世紀為花剌子模汗國所有，後來被蒙古大軍摧毀，重建後稱為「新塔拉茲」(Yany Taraz)；18 世紀又遭準噶爾人破壞，城市光彩不再；19 世紀成為浩罕汗國領地，被稱為「小納馬干」(Namagan Kachek)，後又改以喀喇汗國汗王的尊號「阿烏里阿塔」(Aulye Ata)稱呼；蘇聯時期改以哈薩克詩人「江布爾」(Zhambyl Zhabaev，1846~1945) 為城市名，1997 年恢復舊稱「塔拉茲」(Taraz)，歷經朝代更異與無數爭戰。我們從阿拉木圖搭乘九小時的夜班火車，在清晨五點多抵達塔拉茲，在飯店小歇後隨即展開我們與塔拉茲的見面會。

最後的石頭城 Akyrtas

位在塔拉茲東邊 50 公里的「阿克塔石」（Akyrtas，意思為「最後的石頭」），是「天山廊道」塔拉茲五處遺產點之一。一片赭紅色大石塊堆疊出建築的輪廓，厚重的大石基座顯現出古城原有的雄偉氣勢，但沒有任何關於它的歷史紀錄；研究推測這座石頭城可能是 8~10 世紀間葛邏祿的一個夏宮，可能因為戰爭而沒有完成。我們穿過十字形的宮殿迴廊、碎石小路和雜草野花泥地，看到泥地間露出古城的陶管輸水系統和下水道，附近還有商隊驛站的遺址，放眼四周又是一望無際的一線天地，一時間彷彿聽到總是與相鄰部落不和、逞凶好鬥、反覆無常的葛邏祿騎兵

吆喝著奔馳而過，消失在遠方的大草原，留下這一片未盡的石頭城。這裡住著一戶三口人家，負責照料孤寂的石頭城和一座空蕩的展示館，塔拉茲計劃未來在這裡重現「天山廊道」古絲路的樣貌。

馬不停蹄的戰士

在塔拉斯河右岸的一個高坡上矗立著二座高挺的陵墓，像是塔拉茲的制高點。居高處的是一位喀喇汗國統治者馬赫穆德汗蘇丹（Sultan Makhmud Khan）的陵墓，「蘇丹」是當時阿拉伯阿巴斯王朝為攏絡地方勢力，授與地方首領的頭銜，如同是哈里發國王在當地的代理人；大家稱他為「鐵克圖馬斯」（Tekturmas），意思是「馬不停蹄」。立於前方的是當地一位奮勇對抗準噶爾人的英雄芒貝特（Mambet，1715~1819）陵墓，有一家人正坐在墓亭前方的地上虔誠祈禱，馬背上的英雄已成為信徒心目中的聖者。英雄史詩中有言，「一個男人死於病榻，周遭的人會知道；一個戰士死於沙場，世代的人都會記得他」，英雄就是要「馬不停蹄」的奔馳在沙場上，直到馬停歇的那一日。

穿過墓亭和陵墓，走到高坡盡頭的露台可以瞭望三條河流環抱的塔拉茲，大食與大唐帝國力爭的絲路重鎮，具有歷史與文化深度的哈薩克城市。

喀喇汗與愛霞王妃

塔拉茲是喀喇汗國分治的首府之一，汗國留下的歷史建築在「布拉納塔」及「烏茲根陵墓群」外，就屬塔拉茲的「喀喇汗陵墓」和「愛霞王妃陵墓」最著名。位在市區不遠處的「喀喇汗陵墓」(Karakhan Mausoleum) 是塔拉茲喀喇汗國開基者的陵墓，相傳他是一位勤政愛民的汗王，深受人民愛戴，尊稱他為「阿烏里阿塔」(Aulye-Ata)，「聖父」的意思。1906 年修復的陵墓內外都顯得樸實無華，正如喀喇汗勤於政事的樸實風格，他與民間女子愛霞 (Aisha) 的一段淒美愛情故事為塔拉茲蒙上一片美麗的面紗。

傳說 愛霞是撒馬爾干一位富商的女兒，喀喇汗一次出訪撒馬爾干時遇見美麗的愛霞，兩人一見鍾情，並互許終身。這時傳來敵軍入侵塔拉茲的消息，喀喇汗即刻趕往塔拉茲退敵，相約凱旋時就來迎娶愛霞。愛霞等候多時都無音訊，決定去塔拉茲一探喀喇汗的安危，愛霞父親不贊同，氣憤地詛咒她將無法得到幸福。心繫喀喇汗的愛霞女扮男裝，和褓母芭芭札在黑夜中出發塔拉茲，她們一路歷經艱辛，越過了七條河，在即將到達塔拉茲時，愛霞在河邊沐浴更衣，換上自己精心縫製的嫁衣，但就在她戴上新娘高頂帽時，被鑽進帽中的毒蛇咬傷，陷入昏迷。芭芭札趕到塔拉茲求救，喀喇汗接獲消息趕來河邊，但愛霞已香消玉殞，喀喇汗哀痛不已，決心迎娶愛霞，並在她過世的地方為她建了一座美麗的陵墓，許諾終生不娶，專心於國政。

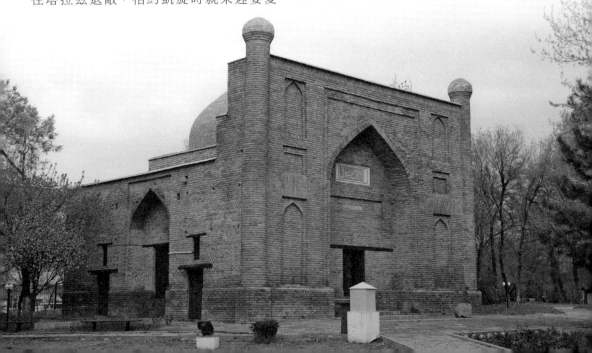

典雅的「愛霞王妃陵墓」(Aisha Bibi Mausoleum) 就位在塔拉茲西南方 20 公里的愛霞村，一旁是褓母芭芭札 (Babadzha Khatun) 的陵墓，她一直陪伴照料愛霞的陵墓直到過世，喀喇汗感念她對主人的忠心，將她葬在愛霞陵墓旁，讓芭芭札永伴在愛霞之側。愛霞的陵墓壁面和角柱布滿了雕磚裝飾，一塊塊用手工刻劃的雕磚以方塊和線條組合方式鑲嵌在壁上，圖案超過 60 多種，有太陽花、八角星、十字形、多角形、花草樹葉和幾何圖形，編織出的典雅畫面有如新娘的縷花禮服，圓錐形屋頂也如新娘的高筒禮帽，美麗的陵墓正是喀喇汗為愛霞所精製的新娘嫁衣。

喀喇汗過世後，陵墓建在塔拉茲大道上，每當黃昏時夕陽照向愛霞的陵墓，再照向喀喇汗的陵墓，有如乘著夕陽金馬車的愛霞投向喀喇汗的懷抱，此時此刻是兩人相會相擁的時光，日月光華與整個塔拉茲城也見證了他們的愛情。這時，説故事的阿克波塔 (Akbota) 聲音哽咽了，我們也為他們的愛情故事動容了，原來阿克波塔在接近黃昏時帶我們來到這裡，就是要讓我們也見證這段感人的傾城之戀。

蓄勢待發的塔拉茲

　　塔拉茲是個很有格局的城市，以州政廳和市政廳為中心的廣場開闊氣派，原來的「列寧廣場」現在稱為「友誼廣場」（Dostyq alany），立於廣場中央的雕像是帖木兒麾下一位驍勇的哈薩克英雄拜德別克（Baydibek Karashauly，1356~1419），相傳他是一位正直、果敢有智慧的人，由於他的威望促使分散的地方部落團結起來，形成後來的「大玉茲」。

　　廣場對面的「塔拉茲歷史博物館」成立於1931年，館藏十分豐富，將塔拉茲的歷史和地位做了完整的呈現。印象特別深刻的是博物館中庭的一座氈房造型展館，入內後一片藍色蒼穹映照的「石人廳」，瞬間將我們推入古老的突厥人世界。走在突厥人的「碑林」之間，仔細看各地收集來的石人像，它們手執角杯和獵鷹，有的威嚴、有的矮胖、有的杏眼如瞪或怒髮沖天，他們或站立或盤腿而坐，簡單俐落的石刻線條，恰如草原民族的簡單直率。塔拉茲城市館的展示也很豐富，從塞迦人的古墓出土到祆教徒墓葬的納骨罐、希臘神祇雕像、波斯的玻璃器皿、中國的古錢幣、喀喇汗國的建築雕磚、陶管、陶

燈和器皿等，一一披露古絲路城市的鉛華；
一幅塔拉茲古城的重繪圖，鮮活了所有過
去對「怛羅斯」的想像，不再遙遠。

　　塔拉茲還在進行大規模的古城遺址
修復工程，即將完成一座「塔拉茲古城
文化園區」（Ancient Taraz Historic &
Cultural Complex），包括古城現址和博
物館，附近還有興建中的國際會展中心。
古老的塔拉茲在哈薩克「振興大絲路」
計畫下，將再次綻放古絲路與現代城市
的光采。🐏

長春真人與賽蘭城
Sayram

離開塔拉茲，我們要前往希姆肯特住宿，再前往突厥斯坦州三個著名的古城：賽蘭、歐特拉和突厥斯坦，這一帶是哈薩克南部與「河中流域」之間交通密切、人口聚集、保存較多歷史建築的地方。從塔拉茲往西南方向開 180 公里，約三小時可到達，希姆肯特（Shymkent）是原先稱為南哈薩克州的首府，2018 年因人口達到一百萬人，晉升為哈國第三個直轄市，首府改設突厥斯坦市，州名也改為突厥斯坦州。希姆肯特一名來自粟特語 Chimin 或 Chimkent，意為「草地城市」，在哈薩克推行哈語化政策下正名為 Shymkent。

希姆肯特是早期「河中流域」通往古絲路城市賽蘭的必經之地，正位於農業民族和遊牧民族交會混居的地帶，距離烏茲別克首都塔什干只有 120 公里，烏茲別克人佔人口很大比例，是個繁忙的商業城市。一路上看到平坦的道路蜿蜒在高低起伏的草原坡地上，汽車、巴士和大貨車奔馳其間，遠方一長列的藍色火車劃開山坡的一面綠，21 世紀的新絲路正在這裡快速行進。

散盡鉛華的古老賽蘭城

希姆肯特往東18公里的賽蘭（Sayram，古稱 Isfijab）是古絲路通往撒馬爾干途中一個重要的驛站城市，最早出現在祆教經典《阿維斯陀》的記載，可能是古波斯阿契美尼王朝勢力所及最東北的地方。賽蘭曾經是眾多景教徒的家園，西元 766 年阿拉伯人來到此地，摧毀了修道院，並殺害上萬的景教徒；之後歷經薩曼尼王朝、喀喇汗國、蒙古汗國、帖木兒王朝和昔巴尼王朝的統治，直到 16 世紀哈薩克人入主；18 世紀遭準噶爾人殘酷的入侵和破壞，從此沒落。1999 年賽蘭慶祝建城 3000 年，堪稱是哈薩克最古老的城市。

更讓當地人自豪的是，中亞伊斯蘭蘇菲教派的創建者亞薩維（Yasawi）出生在賽蘭，這裡有亞薩維父母親的陵墓（Ibragim Ata & Karashash Ana Mausoleum），還有當年攻下賽蘭城的阿拉伯首領阿布都拉席斯的陵墓（Abdul-Aziz Baba Mausoleum），許多要前往突厥斯坦「亞薩維陵墓」朝聖的信徒都會先來賽蘭朝觀，讓這個散盡鉛華的絲路古城瀰漫著濃濃的宗教氣息。我們來到亞薩維父母的陵墓，寧靜的小山坡不斷有攜家帶眷的人前來禮拜，我們跟著人群脫鞋進入一小見方的墓室，坐在厚實的地毯上，靜靜聆聽領拜人的唱唸，看信徒虔心祈禱，願希望隨著宗教智者的靈魂直上天聽。

我們跟著《寂寞星球》的本地作者瑟維特拉娜（Svetlana），來到一處用鐵絲網圍護起來的伊斯蘭建築遺址，但圍欄大門上著大鎖無法進入，我們只好放下斯文，爬過鐵絲網圍欄一探究竟。大棚子下罩護的是一座十世紀的修道院遺跡，旁邊有座 15 公尺高的磚造燈塔型喚拜塔，據載哈薩克境內的第一座伊斯蘭建築出現在賽蘭，《長春真人西遊記》中記載「賽蘭有小塔」，難道就是這裡？

長春真人的西遊記

因為賽蘭，讓我意外的發現中國道教名人丘處機也曾到此一遊！

這不是武俠小說情節，是真實的歷史。話說金末元初時，深受二朝統治者敬重的道教全真派掌門人丘處機（1148~1227，號長春子）應成吉思汗之召，在七十二歲高齡時帶了十八位弟子前往撒馬爾干會面。1220年長春真人一行人從山東出發，途經燕京（北京）、呼倫貝爾草原、庫倫（烏蘭巴托）、杭愛山、科布多、阿爾泰山、準噶爾盆地，經烏魯木齊、天池（賽里木湖）、阿力麻里（伊寧附近的霍城）、過天山、伊犂河，到達大石林牙（耶律大石的都城，應為虎思斡耳朵，今托克馬克），順著楚河到達賽藍（賽蘭），再前往撒馬爾干，之後往南通過鐵門關，1222年抵達大雪山行宮

在離開小塔的路上遇到幾位放學的國中生，我們的出現讓少年驚喜，他們開心的和我們打招呼，大方的用英語和我們交談，我們則是驚訝少年的英語竟如此字正腔圓！生長在歐亞大陸的人民好像天生具有語言天分，除了自己的母語外，通曉幾種鄰國的突厥語、土耳其語和俄語對他們好像都不難，就連英語上口也不帶腔調。寧靜的賽蘭午後因為少年的歡笑聲而甦醒，我也在賽蘭如獲至寶般發現重要的線索。

（今阿富汗境內的興都庫什山）面見成吉思汗。成吉思汗向他請教治國與養生之道，真人曉以敬天愛民、減少屠殺為道；隔年成吉思汗派人護送真人返回中原。丘處機的弟子李志常將這往返三年，行程萬里的見聞寫成《長春真人西遊記》，為後人一窺十三世紀中亞與蒙古的地理人文留下重要的史料。

　　這個八百年前一群道長的「壯遊」計畫，走的路徑就是草原絲路的「回紇道」。途中的記述非常有趣，他們看見以黑車白帳為家的蒙古牧民生活，位在杭愛山的可汗行宮（窩魯朵）有車帳千百個，高山谷地多有古墓（應該就是庫爾幹古墓），雄偉壯麗的阿爾泰山，險惡的準噶爾沙漠，生有很多野生蘋果樹的阿力麻里，中原人以為是種出來的羊毛（應該是棉花），過冬不凋

的蘆葦草（應該是荻草）。因成吉思汗追擊花剌子模王子札蘭丁到印度，真人留住在撒馬爾干前後有八個月之久，見當地官員多由「色目人」出任，他們戴如遠山般的頭冠，庶人纏六尺長頭巾，婦人亦如是，狀如鵝鴨（類似吉爾吉斯傳統服裝）；酒器為玻璃製，有甘甜的瓜果、饟餅和麵湯的景象，都與今日所見相似。文中長春真人還以詩寫景抒情，讀起來比《大唐西域記》更有趣，彷彿隨著道長實際走了一趟「回紇道」。🐏

歷史的旋轉門 歐特拉
Otrar / Otyrar

位在希姆肯特西北方 150 公里的歐特拉 (Otrar)，初看時覺得陌生，再看時才發現它就是歷史上赫赫有名的「訛答剌」。歐特拉是錫爾河及其支流阿雷斯河 (Arys) 沖積成的一個綠洲，由於位在二條東西向河流的交匯處，7 世紀時發展成一個繁榮的貿易城市，9~12 世紀間達到高峰。由出土的古錢幣得知早期為康居國城市，有 Kangu Tarban、Taraband、Turar 等名稱；這裡也是阿拉伯阿巴斯王朝著名哲學家法拉比 (Abu Nasr Al-Farabi，870~950) 的出生地，因此也有 Farab 的舊稱。

13 世紀時中國史稱「訛答剌」的歐特拉成為花剌子模汗國的一部分，1217 年一支蒙古商隊來到此地，傲慢的歐特拉總督認定商隊是間諜，一舉將商隊 450 人全殺了。震怒的成吉思汗派使者前去問罪；不可一世的花剌子模沙王摩訶末又殺了使者，還拔了二名使者的鬍鬚以示羞辱，再驅逐出境，這種挑釁行為完全激怒成吉思汗，因而點燃蒙古大軍征服中亞的火炬。成吉思汗和長子尤赤、二子察合台兵分多路進攻花剌子模，經過五個月的圍攻，1220 年蒙古人攻下歐特拉，總督被擒，成吉思汗命人將熔化的銀水注入他的口鼻耳目中，報復他殺害蒙古商隊的惡行，歐特拉慘遭屠城命運。

遭到蒙古人大肆破壞的歐特拉，百年後在帖木兒王朝時期得以再次繁榮起來。1405 年，繼成吉思汗之後企圖征服世界的軍事家帖木兒行軍至此，在他出發征服中國的途中病逝在歐特拉行宮，終結一場可能改寫中國歷史的征戰。二位世界的征服者都在歐特拉寫下一頁歷史，歐特拉有如一道歷史的旋轉門，瞬間扭轉了東、西方世界的命運。

命運多舛的歐特拉

16 世紀時歐特拉成為新興的烏茲別克人和哈薩克人爭奪的地方，還有蒙古族後裔勢力的競逐；17 世紀又遭準噶爾人入侵，居民賴以為生的灌溉系統被完全破壞，終至沒落到沉寂，18 世紀時只剩下不到百戶人家。如今，這個命運多舛的古城位在歐特拉北方 14 公里的 Shauildir 村，占地二平方公里的古城遺址被稱為「歐特拉高坡」(Otrar-Tobe)。

我們的車子駛近高坡，來到空無一人的歐特拉古城，黃土漫漫的古城在早春的四月為遠來的客人鋪起一片綠茵草地，像是迎接我們的綠色地毯，一路延伸到古城門；草地上開滿了黃色小花，像是獻給千萬個歲月亡魂的鮮花。入口城門建有雙塔和護城河，還有修復到一半的工程架；古城有三個入口，城內分有「宮城」和「子城」區。

通過傾頹的城牆步道，我們找到宮城的位置，依稀可見方形的大中庭、一口水井和宮殿建築基座的輪廓，還有一堆一堆標有 UNESCO-2003 文字的紅磚，等著用於修復工程。「聯合國教科文組織」及「日本基金會」曾計劃修復歐特拉古城，但不知為何修復工程停止，或許因為村民反對、或是過程中發生什麼事，古城就此被荒棄。我們站在制高的牆頭磚道上瞭望整個宮城，讓想像遊走於宮城大門、中庭院、馬廄、水井、行宮迴廊和居室間，來到帖木兒的床榻邊，輕聲說：「帖木兒，我來看您了。」

離開宮城，順著草道來到商業活動聚集的「羅城」區，這裡有住家、旅店和澡堂遺跡，瑟維特拉娜帶著我們像考古學家似的尋寶，斑剝的黃土牆堆中隨便就可拔出動物的白骨，還有四處散落的彩色陶瓦碎片。一座曾經繁華的城市像被下了詛咒，殘酷的戰爭殺戮讓它變成一座「死城」，聽說附近的居民多不願來此地，只有我們這樣的瘋人才會想來此一睹歷史的場景，一個殺戮戰場的起點與終點。

揮別歐特拉古城，我們繼續往突厥斯坦前進，車子快速的行經一座大型建築，想起曾經在博物館看過模型，原來是位在歐特拉以西三公里的阿里斯坦巴布陵墓（Arystan-Bab Mausoleum），也就是蘇菲大師亞薩維啟蒙老師的陵墓。

傳說 阿里斯坦是先知穆罕默德的追隨者，先知在臨終前將唸珠交託給阿里斯坦，要他去尋找下一位繼承者。五百年後，一天阿里斯坦在賽蘭城外的一座橋上遇見一位十一歲大的男孩，男孩對他說：「尊敬的長者，請您將唸珠交付給我。」阿里斯坦將珠子交給男孩，並成為他的導師，這男孩就是後來的蘇菲大師亞薩維。阿里斯坦過世之後葬在歐特拉，二百多年後帖木兒下令為他修建陵墓。現在的陵墓完成於1910年，許多要去突厥斯坦朝聖的信徒都會先來此地禮拜。我很幸運，在賽蘭—歐特拉—突厥斯坦的朝聖路途中，與穿越五百年的神祕大師不期而遇。

蘇菲聖城　突厥斯坦
Turkistan

　　突厥斯坦（Turkistan）是哈薩克南部非常重要的政治中心和宗教聖地，2018年晉升為突厥斯坦州首府。早期稱為亞瑟（Yassy），在歐特拉沒落後取而代之，成為一個活絡的商業城市；1389年帖木兒到訪亞瑟，看到眾多信徒來此朝拜亞薩維的墓地，決定為亞薩維建一座宏偉的陵墓，成為今天中亞伊斯蘭世界重要的朝聖地「亞薩維霍加陵墓」（Mausoleum of Khoja Ahmad Yasawi）；16~18世紀成為哈薩克汗國的首府，得名突厥斯坦，意為「突厥人的土地」。

　　據說當時建造陵墓時，工程一直不順利，後來帖木兒在夢中得到啟示，下令先為亞薩維的老師阿里斯坦在歐特拉的墓地修建陵墓，巨大的工程才順利展開；但1405年帖木兒去世，加上接踵而來的戰事而停工，陵墓的大門及部分內室都沒有完成，直到16世紀布哈拉汗國阿布都拉汗二世（Abdullah Khan II）在位時才完成正面工程，並尊封亞薩維為哈茲雷特蘇丹（Hazret-Sultan），意為「神聖的蘇丹王」。因此，突厥斯坦又有「哈茲雷特」（Hazret）之稱，意為「聖城」。

亞薩維霍加陵墓，前方為拉比雅蘇丹王妃陵墓

蘇菲大師 亞薩維

　　影響哈薩克與中亞宗教信仰深遠的蘇菲神祕教派大師亞薩維（Khodja Ahmed Yasawi，1093~1166）來自賽蘭，啟蒙於阿里斯坦巴布，傳說中承接先知穆罕默德手珠的男孩。阿里斯坦過世後，亞薩維前往布哈拉學習蘇菲教義和修行，成為一位傑出的宗教家和詩人。他融合伊斯蘭教義、薩滿信仰、希臘柏拉圖哲學和印度神祕主義思想，開創一支突厥化的蘇菲教派（Sufism）[1]，主張透過禁慾、冥想和修行讓個人內在達到與真主精神契合的狀態。

　　先知穆罕默德在 63 歲時逝世，亞薩維也在 63 歲時結束自己的世俗生活，隱身在地下穴室潛心著作，直到過世。他完成的《大智之書》（Diwani-Khikmat）透過詩歌和突厥語講述難以理解的伊斯蘭教義，廣為一般平民大眾接受，是促使中亞遊牧民族接受伊斯蘭信仰的重要推手。中亞地區受蘇菲主義薰陶的影響，伊斯蘭信仰傾向溫和與中庸之道，這也是伊斯蘭激進主義在中亞不受鼓勵的原因。

世界遺產 亞薩維陵墓

　　走入亞薩維陵墓園區，氣派的宮牆和大片花園綠地已顯現陵墓主人的尊貴身分。高 44 公尺的正面大門呈現未完成狀態，裸露在黃土牆外的結構支架更顯蘇菲苦行者的風範。進入高挑的大廳，直徑 22 公尺的大穹頂全以素雅的白色灰泥雕花裝飾；空曠的大廳中央立著一個大銅鼎，是帖木兒命人用七種金屬熔鑄而成，重達二噸，用來盛裝聖水，在主麻日禮拜結束後分給信眾飲用，據說滲有金屬成分的聖水有益於健康；銅鼎曾被蘇聯運往聖彼得堡收藏，後來歸還給哈薩克。主墓室大門上方橫掛一支 8 公尺長竿，氣勢恢宏，象徵聖人的宗教力量；大門是 16 世紀製作的雕花木門，上面有精緻的鑲嵌裝飾；主墓室不對外開放，但仍可從側室走廊的窗口看到亞薩維的墓石。

---

1. 蘇菲 (Sufi) 一詞源自阿拉伯語 Suf，羊毛之意，被用來稱呼早期披著羊氈斗蓬的蘇菲修行者；波斯語稱他們為 darvish，乞討者之意；英文為 dervish，苦行僧或托缽僧之意。

以大廳為中心的 13 條通道連結 34 間側室，右邊的側廳是哈薩克汗王登基和集會的地方，左邊的側廳有供人祈禱的清真寺和圖書展覽室，其他多為墓室，亞薩維的妻兒及重要的統治者和長老都埋葬於此，包括哈薩克民族英雄阿布賚汗。獨立在廣場前方的建築是帖木兒的曾孫女，阿布海兒汗的妻子拉比雅蘇丹王妃（Rabia Sultan Begim）的陵墓，有如亞薩維陵墓前擺放的一只青花瓷。

亞薩維陵墓的外觀比內部更為華麗，背面比正面更為精采，登上一旁的城牆可以一覽用陶瓷鑲嵌裝飾的陵墓建築，大廳和主墓室二座穹頂分別高 39 及 37.5 公尺，主墓室的肋筋式穹頂裝飾最為講究；牆面裝飾分為三部分，上方是一排祈禱經文，中間為變體的庫法體圖飾，下方是幾何花草圖飾，在此又見帖木兒王朝的恢宏氣勢。婦人虔誠地扶壁繞行陵墓，蹲坐在主墓室外牆角下祈禱，在此也再次感受到穆斯林虔心默禱的信仰力量。

不見天日的地下清真寺

陵墓附近還保留 12 世紀亞薩維隱居的地下清真寺 (Hilvet Mosque) 和一座 15 世紀的公共澡堂。走進半地下的清真寺,光線驟暗,好一會才看清楚室內的陳年樑柱和暗紅地毯;內室地面有洞口,有的是通氣口,有的是僅容一人進入地下穴室的入口,我們無法進入地穴,只能看著模型想像蘇菲行者在不見天日的地穴中,點著昏黃陶燈潛心著作,是何等堅強的信念支撐著。牆上有一幅蘇菲行者圍坐在一起進行冥想儀式的畫作,他們反覆地唱誦「阿拉」真主的九十九個聖名,逐漸進入出神忘我的境界,讓靈魂能更接近真主,達到與真主精神契合的狀態,體驗無上的喜悅。在土耳其和巴爾幹地區的教團在冥想儀式中加入舞蹈,人如宇宙行星般不斷的旋轉,即廣為人知的蘇菲迴旋舞。

在中亞的三大蘇菲教派以花刺子模、費爾干納和突厥斯坦為中心,突厥斯坦即以亞薩維教派為代表。他們說信徒一生來亞薩維陵墓朝聖三次,可等同去麥加朝覲一次的功課,突厥斯坦因此有「東方麥加」之稱。🐏

薩利阿卡 SARY ARKA

　　當我們的步伐開始往北部移動，總不時的看到「薩利阿卡」(Sary Arka) 一字，意思是「黃色的背」，我一直不解為什麼這裡被稱為「黃色的背」？經他們解釋才知道哈薩克北部大草原上的草呈現黃色，由中北部到東部綿延一片，因而得名。我為它取名「黃龍之脊」，一條潛伏在哈薩克草原北方的黃龍，千百年來牽動草原人民遷徙移動的黃龍背脊，是龍，也是馬。

　　這裡是哈薩克地理的中心地帶，地勢平坦，偶有丘陵和高山地形，哈薩克首都阿斯塔納即位於其中，正大步建設「世界之都」的新面貌；這裡是大草原的心臟地帶，開創蒙古汗國之威的尤赤汗之地，凝聚哈薩克民族的阿拉什汗誕生地，承受一個世紀殖民統治創傷的土地，等待草原兒女再起，開啟你我新視聽的「歐亞之心」。

世界之都 阿斯塔納—努爾蘇丹
Astana

嶄新的阿斯塔納位在伊希姆河(Ishim / Yesil)沿岸，這裡曾經發現有最早8世紀的突厥人聚落，至19世紀時才形成據點，1830年沙俄在此建軍事碉堡阿克莫林斯克(Akmolinsk)；1950年代蘇聯推行處女地開墾計畫，二十多萬來自伏爾加河的德意志、烏克蘭及俄羅斯人民來到此地開墾，被稱為切利諾格勒(Tselinograd，意為處女地)；哈薩克獨立後改稱阿克莫拉(Akmola，意為白色墓地)。為平衡南北民族的分布和城市的發展，1997年哈薩克宣布將首都由阿拉木圖遷至此，更名為阿斯塔納(Astana，即首都之意)，並展開一系列大膽的建設計畫；2018年改為納扎爾巴耶夫總統之名，稱為努爾蘇丹(Nur-Sultan)。

實際走入阿斯塔納，發現這是一座很漂亮的水岸城市，寬闊的伊希姆河將阿斯塔納分為左右岸，右岸為舊城區，保有早期俄羅斯商人的住宅和建設；左岸為新城區，嶄新的政府大樓和商業建築林立，有人稱它為「草原杜拜」，「聯合國」授之「世界之都」的頭銜。

文化的伊希姆右岸

我們從右岸開始走看這個新興的草原都會，街道開闊、視野遼闊讓這裡的藍天白雲無所不在。金字塔造型的玻璃帷幕建築「和諧宮」(Palace of Peace & Accord) 是一座多功能會議中心，由英國建築師諾曼‧弗斯特 (Norman Foster) 設計，內有會議廳、音樂廳和展覽廳，位在尖頂的會議廳點燈後如鑽石般的奇幻空間是建築的亮點；前方廣場上的地景噴泉像花叢似的點綴著步道，冷不防腳底下就噴出如花的水柱，甚是好看。大馬路對面狀似凹透鏡的藍色玻璃建築是稱為「藝術宮」(Palace of Arts) 的「國立藝術大學」，也是我的音樂家朋友葉德任教的地方。

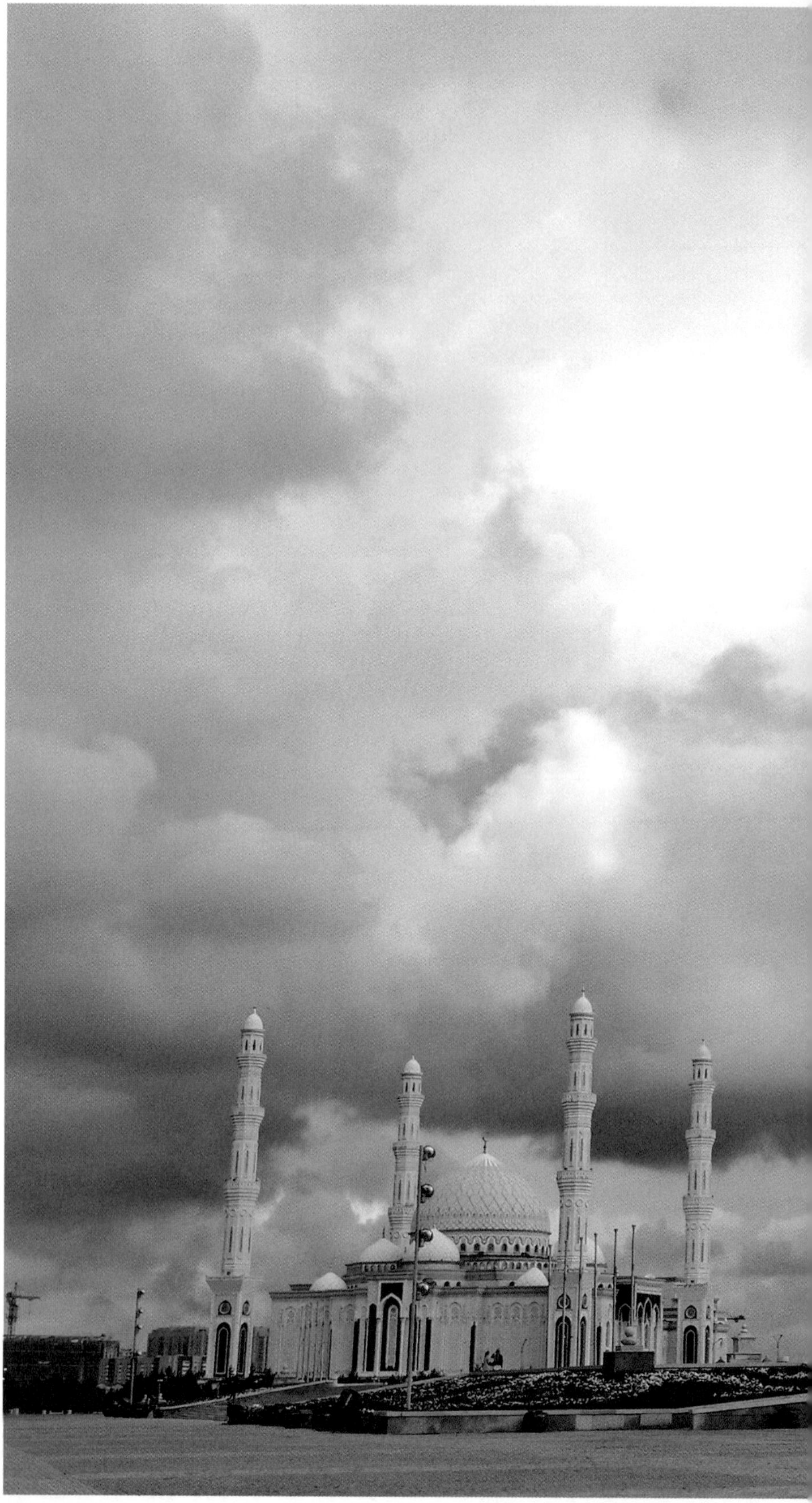

哈薩克民族紀念碑

　　「藝術宮」後方的獨立廣場上立著白色大理石打造的「哈薩克民族紀念碑」(Kazakh Yeli Monument)，高 91 公尺，紀念 1991 年哈薩克獨立；立柱頂上有隻展翅的金色神鳥「西穆」(Semurg／哈語 Samuryk)，這隻象徵自由、主權、繁榮與未來的神鳥也從南方飛到哈薩克的枝頭，築了巢、落了根。站在藍白格子相間的「獨立宮」會展中心 (Palace of Independence) 望向廣場，眼前是一片開闊的市容街景，櫛比鱗次的住宅大樓一棟棟長出地表；散發白色聖潔光芒的「哈茲雷特蘇丹清真寺」(Hazret Sultan Mosque) 穩坐在右方，纖細的高塔環伺在清真寺四角，優雅尊貴的挺向天際。這座 2012 年才完成的清真寺號稱是中亞最大的清真寺，以蘇菲精神大師亞薩維的尊號為名，可見他在哈薩克宗教信仰生活中的崇高地位。進入清真寺要脫鞋，女性要包頭巾或穿上寺方提供的藍色罩袍才能入內，禮拜大廳的前方只允許男性進入；不同於傳統的濃郁厚重色彩，粉彩的雕花壁飾和水晶燈散發一種清雅的高貴。靜穆的廳堂讓旅人不禁想放下行囊，靜靜坐著，讓片刻寧靜擦拭蒙塵的心。

　　廣場的左方是一長列的「哈薩克國家博物館」（National Museum of Kazakhstan），白色粉牆被藍色玻璃帷幕切割成奇怪的組合，走近博物館才看出是藍天映在一叢叢白色雪峰的意象，白色外牆有遊牧民族特有的動物角和花草圖飾浮雕，藍天、高山、白雪、動物和花草植物，就是孕育哈薩克民族的大地、根本和一切。登上博物館的入口平台，回過身又可一覽開闊的市容街景，金字塔和諧宮、藍眼睛藝術宮、民族紀念碑、獨立宮、聖潔的哈茲雷特清真寺盡入眼簾；廣場噴水池四周圍繞著一群騎馬的塞迦古戰士，他們是馳騁歐亞大草原的馬背民族、哈薩克的先民、從古至今的遊牧民精神代表，這才是哈薩克，不遠千里而來的值得。

哈薩克國家博物館

　　終於來到久聞的藏金之地──哈薩克國家博物館，這裡收藏了哈薩克各地出土的塞迦人黃金文物的精華。進入博物館，四層樓挑高的大廳又見一隻凌空展翅的金色神鳥和一顆金蛋，像是在翼護著從古至今的哈薩克。偌大的博物館分成考古文物館、金人文物館、民族文物館、近代歷史館、哈薩克獨立館等。

　　走進考古文物館，映入眼簾的多媒體高山流水動畫說明了高山和河流是孕育人類生活和文明的源頭；四周陳列石器時代到銅器時代的聚落文化，運用冶金技術打造的武器和銅鍑（煮食物的器具），這個時期哈薩克西部和北部的人民塑像都是深目高鼻的高加索人種特徵；出現在哈薩克北部的「波泰文化」，顛覆了我們對北方大草原的「北大荒」印象。

人類最早的養馬文化

　　位在阿克莫拉州北部的渡假勝地「布拉貝─寇克斯套國家公園」（Burabay-Kokshetau National Park）景色極為優美，有「哈薩克的瑞士」之稱，1980 年考古學家在寇克斯套西方 125 公里的波泰村（Botai）發現驚人的新石器至銅器時代的聚落，共有 250 多處半穴居式的房舍。專家研判西元前 3500~3000 年間這一帶的氣候溫和，草長得很高，有很多野馬，聚落人民已懂得用石頭做成鏢矛武器，用馬骨做成木工鑿子，用鳥骨做成針縫製獸皮衣，用陶土做成器具；陶器中發現有奶品殘留物，推測當時半遊牧的人民已懂得豢養野馬和騎馬，並以馬奶為食，是目前所知人類最早開始馴養馬的地方，稱為「波泰文化」（Botai Cultrure）。

　　因此，哈薩克又多了一項傲人的紀錄，稱他們為「馬背民族之祖」實不為過。2018 年完成的「波泰文化園區」，正在默默等待尋馬人的到訪。

石器至銅器時代的草原人民

波泰文化園區

帝王谷的殉馬文化

通往金人文物館的光廊，有如一道穿越時空的時光隧道，瞬間將我們打入西元前 5 世紀塞迦貴族統治者的「地宮」！四匹佩帶著金彎頭、金扣飾馬鞍和金山羊角的戰馬，完全把我震懾住！西元前 5 世紀不就是春秋戰國時代，此時的歐亞草原竟有如此燦爛奢華的墓葬文化！這是哈薩克東部阿爾泰山邊境的貝雷村（Berel）出土的塞迦人墓葬模擬重建，稱為「帝王谷」（Valley of Kings）的驚人寶藏！

「帝王谷」位在一片倚山面水的平坦谷地，景色優美，這裡有 36 座大小不一的古墓塚，古墓在早期已被盜掘破壞，1998 年考古學家在其中一個古墓底層發現一對貴族男女的墓穴和骨骸，一旁有 13 匹裝飾華麗的陪葬戰馬，還有馬車、皮製馬鞍、動物角、金飾、皮枕、羊毛氈織物、雕刻木桌、銅器和陶器用品；因為被冰封在凍土層下，墓室保存良好，發現時其中一隻馬的肉還是紅色的！

「帝王谷」屬於阿爾泰山的巴澤雷克文化（Pazyryk），有國王妃子、重臣和坐騎要一起殉葬的做法，殉葬馬匹的數量可達上百之多。隨國王一起登天的戰馬頭戴皮面具，上頂一對山羊角，神武的馬面具、馬彎頭、馬鞍和馬勒銜鐵上有各種動物裝飾，包金的木雕有山羊、雪豹、鹿等真實動物形象，更多奇形怪狀的「格里芬」裝飾，散發出騎馬民族與大自然的野性之美。「格里芬」（Griffin）是希臘神話中一種融合鷹鷲和蹄類動物的想像神獸，後來流傳到草原地帶，從黑海—裏海草原到哈薩克草原、蒙古高原、中國西北部都可看到牠的出現。常見的「鷹形格里芬」鷹嘴中咬著一隻食草動物的頭，表現出征服者的凶猛強悍，被擒者的奮力抵抗；傳到阿爾泰山地區演變出「鹿形格里芬」，他們相信鹿有靈性，是人與神界之間的使者，具有神性。這隻百變神獸也出現在中國西北文物中，見證「草原絲路」的廣大文化傳播力。

融合鷹鷲和蹄類動物的想像神獸「格里芬」

政商的伊希姆左岸

　　伊希姆河左岸的新城區是哈薩克創造
「世界之都」的基地，由總統府延伸出去
的一條筆直大道貫穿新城的核心，由日
本已故建築師黑川紀章規劃的「光明大
道」(Nurlyzhol Bulvar)長二公里，居中
的圓環廣場稱為「千禧軸線」(Millenium
Axis)，連通東西南北向道路；正中心是阿
斯塔納的地標「生命樹之塔」(Bayterek)，
塔高 97 公尺，紀念 1997 年遷都，它像一
棵白色參天大樹立於市中心，上面頂著神
鳥「西穆」的一顆金蛋，金蛋內有人民追
求美好生活的願景和答案！「生命樹」和
「神鳥」，多麼古老原始的宇宙觀，依然
活在 21 世紀哈薩克人的精神世界。

　　我買了張門票，跟著人群排隊搭電梯
登上金蛋，進入金蛋球體，藍天罩頂，如
入天空之城；環繞一周，可以一覽整個新
城區的軸線規劃，再登上二樓平台，赫然
發現上面只有一座立於正中央的納扎爾巴
耶夫總統的金銅手印座！來參觀的學生們
排隊，一一上前與總統手印握手拍照。我
被這群年輕學生的臉龐吸引住，停留許
久，看著白種、黃種、金髮、黑髮、藍眼、
褐眼青年輪番上台，好像草原上一幕幕民
族交替的歷史大戲，現在我完全理解什麼
是「歐亞大陸」(Eurasia)，這裡是西方與
東方民族過場、交手和融合的交通大道。

　　「光明大道」是一條美麗的花園人行步道，一路可見花圃綠地、廣場噴泉、涼亭雅座和裝置藝術，二側觸目可及都是高級住宅、商業大樓和知名店家，沿著大道步行，不用登高也能一覽城市的面貌。往東走，二側的花園住宅聽說是達官貴人的住所，盡頭二座金色的圓形大樓像二尊金武士，護衛著前方的總統府「白宮」（Ak Orda）；通過跨越主要幹道的高架路橋，赫見左、右二側一字排開的弧形政府大樓，長達 1.5 公里的大樓如城堡般環伺著總統府。政府大樓的內側是一片金色玻璃帷幕窗組合而成的富麗畫面，在陽光下更顯金碧輝煌，頂著藍色穹頂的總統府穩坐正中，一如突厥汗王的「窩魯朵」，號令左、右二翼的部落首領（部門首長），我們小心翼翼漫步在這座金色城堡，一座現代中亞城市的「宮城」（Citadel）。

　　順著右翼政府大樓往下走，遠看像一朵含苞玫瑰的「中央音樂廳」（Central Concert Hall），藍綠色的帷幕牆有如空中翻轉的音符樂章，正在演奏 21 世紀的「草原進行曲」。

　　回到「生命樹之塔」廣場，放眼四周林立的
現代大樓，一眼可見「北京大飯店」的中國藍宮
殿大樓，建造中將成為中亞第一高樓的「阿布達
比廣場」（高 382 公尺），像一顆皮蛋似的「國家
檔案室」。由此往西走，一區接一區的漂亮花園
廣場，一棟比一棟造型奇特的玻璃摩天大樓，還
有古老的遊牧民族裝置藝術，傳統與現代並存，
耐人尋味；走到盡頭，一整排金色的「哈薩克石
油天然氣總部大樓」（KazMunayGaz）迎面而來，
前方台階式的噴水池氣勢磅礡，嘩啦啦的水流像
眾神撒下的金元寶，在陽光和彩燈中閃耀。

北國的天空沙灘

穿過「哈油氣大樓」拱門，又見一片開闊的天地和一座巨型的大帳蓬，阿斯塔納的另一個城市地標「汗夏特大帳」（Khan Shatyr，汗王宮帳之意）。這座2010年完成的大型休閒購物中心，也是英國建築師弗斯特為阿斯塔納打造的一個夢幻世界，高150公尺的半透明帳蓬用三根白色大鋼柱撐起，號稱全世界最大的帳蓬式建築。推開進入大帳的厚重玻璃門，頓時人聲沸騰，好像地廣人稀的哈薩克人民都來到汗王的大帳下，這裡匯集了世界知名品牌店家、美食天地和遊樂場，一隻大恐龍盤踞在上方，高空環場輪車和大怒神就在大帳下放聲歡樂，最頂層還有一個天空沙灘！這裡有夏日棕櫚樹、沙灘排球場、游泳池和水滑梯等，海水般的熱浪迎面而來，直讓人想脫下厚衣，跳進水中。這是哈薩克總統為他的子民打造的歡樂城，即使在阿斯塔納零下40多度的嚴冬也能享有熱帶的海灘生活。

站在人來人往的大帳門前，望向前方「我愛阿斯塔納」的大字牌和建造中的高樓大廈，寬敞的街道異常乾淨，嶄新的阿斯塔納正在大步中前進；我在這裡看到現代中亞城市的「子城」（Shahristan），人民生活的地方。傍晚時分，附近的清真寺傳來禮拜的喚拜聲，提醒旅人這裡依然是伊斯蘭文化洗禮的國度。

「天空之眼」

我們驅車前往另一座以哈薩克總統為名的「納扎爾巴耶夫中心」(Nazarbayev Center)，也是建築師弗斯特的傑作。遠觀像一顆凸眼的圓形建築是一座多功能科學教育中心，有人稱它為「弗斯特之眼」，當地人戲稱它為「蒼蠅眼」，獨特的凸眼造型與「藝術宮」的凹眼造型形成阿斯塔納二個有趣的市容畫面。

陪同我們的穆拉(Mura)和警衛溝通，意外的我們得以入內參觀，又是一位路途中遇見的天使。進入「蒼蠅眼」，一樓大廳正在準備論壇會場，沒什麼特別之處；

來到二樓平台，頓時展開的空間彷如一片白色外太空、時空膠囊、還是夢幻世界，難以形容的震撼感，漸層式的雪白樓層宛如層層疊起的天山雪峰，又如層層上升的白雲，抬起頭來，天啊，網罩式的大天幕映著大藍天，彷彿一顆探入天際的「天空之眼」，我們也像騰雲駕霧的仙人，進入天界，真是美得出奇。無比佩服建築師的想像，完全融入草原民族的宇宙觀，化遠古神話為真實世界，無怪乎弗斯特能一再獲得青睞，得以在「世界之都」盡情揮灑，施展建築的魔力。

2018 年是阿斯塔納建都二十週年，主要街道和廣場都可見慶祝的裝飾，城市裡也出現各州政府送給阿斯塔納的賀禮，一個比一個爭奇的新建築接續完成。來自阿特勞州的賀禮是一座橫跨在伊希姆河的「阿特勞橋」，從高處俯瞰，橋身如一條悠游水中的魚，一尾來自西岸裏海的珍貴魚種，生產高級魚子醬的鱘魚。我們順著河岸螺旋坡道走上橋，進入白鱗遮棚下的魚肚通道，中間是寬敞宜人的人行步道和自行車道，草原首善之都的生活很是幸福。望著和煦的伊希姆河和映入水中的凌空大廈，遼闊的天地任眼睛翱翔，讓人不禁愛上這個美麗的水岸城市。

阿斯塔納世博會

2017 年 6 月登場的「阿斯塔納世界博覽會」(Expo Astana)，是自 1851 年開辦的「世博會」160 多年來首次在中亞舉辦，哈薩克拔得頭籌，以「未來能源」為主題，探討全球暖化議題，人類如何有效運用綠色能源的未來，十分符合遊牧民族與大自然和諧共生的傳統。博覽會場位在阿斯塔納南郊，以哈薩克主題館「努爾世界」(Nur Alem) 為中心向外擴散，這個直徑 80 公尺、高 100 公尺的玻璃球體，號稱是全世界最大的球體建築，來自一百多個國家單位參與了這場中亞盛會。活動期間安放在「光明大道」的裝置藝術，上百座的「地球人」捧著繪有各國國旗的地球儀列隊在大道上，一群面向東邊的總統府「白宮」，一群面向西邊的「汗夏特大帳」，頗有萬國來朝的意味，宛如回到西元六、七世紀統領哈薩克草原的西突厥汗國盛世。

環狀的園區外圍還建有國際會議中心、國際旅館、大型商場和公園綠地，形成阿斯塔納的「世貿中心」，準備迎接來自世界各地的經貿活動，如同傳統中亞傳統城市商業活動聚集的「羅城」(Rabad)。我在嶄新的「世界之都」阿斯塔納看見中亞傳統城市的「宮城」、「子城」和「羅城」風景，不禁為自己的發現感到自豪；望向摩天大樓層疊的阿斯塔納天際線，感受重新站上世界舞台的哈薩克，急欲向世界展現草原民族的再起之勢。🐏

我在阿斯塔納的家

不想錯過首次在中亞舉辦的博覽會，我在九月活動結束前隻身飛往阿斯塔納，同時展開一場跨越哈薩克東西南北的旅程。曾聽說北部的阿斯塔納不僅天氣冷，人也很冷，加上語言不便，讓我挺擔心的，所以當葉德提出去阿斯塔納就住他家時，我毫不思索就答應了。

回想 2013 年的「撒馬爾干國際音樂節」，我看到葉德帶領的哈薩克樂團演出，輕快的馬蹄節奏和嘹亮的歌聲將我帶往全然陌生的哈薩克大草原，引起我的注意；惜別餐會時我好不容易找到樂團，話沒說二句，他隨手寫下一個電話後，就像風一樣消失在宴會廳人群中。2017 年我好不容易聯絡上葉德，邀請他來台北參加「詩歌樂舞—中亞名家音樂會」，他挑選阿斯塔納「國家愛樂中心」幾位青年音樂家和歌手組團來台；為呈現音樂會主題，我請各團音樂家填寫我製作的節目表單，葉德回覆「等到了再說」！那怎麼行，我催了又催，忙完巡迴演出的葉德終於傳來我等候多時的曲目，不是我要的表格，而是一長列的曲名和簡單到不能再簡單的曲解！想起「哈薩克」本就有「自由人」的意思，他們像大草原上的風和奔馳的馬兒，不喜受拘束，怎肯被圈在小小的表格之中。

沉穩話不多的葉德在音樂會中一人演奏多種樂器，口簧、喉音、色布孜格笛、哈薩克箏，令人讚佩；音樂一首接一首，

時而悠揚，時而激昂，快意如草原，奮力如戰場，〈阿拉什〉（Alash）、〈阿代〉（Adai）、〈從古至今的傳音〉（Babalar sazy），帶出一個接一個驚心動魄的歷史場景，讓我興起跟著音樂走一趟哈薩克的想法。音樂會結束後，我送各團去機場搭機，葉德很得意的向我使了一個眼色，要我看看他們的行李，哈薩克樂師除了隨身樂器外都是小行李，毫不累贅；另一邊烏茲別克樂師的大皮箱塞得滿滿的，再外加一台全新印表機，一會櫃台傳來大皮箱在輸送區爆開來的消息，讓我哭笑不得！從行李也看到遊牧民族和農業民族的不同。

葉德‧胡塞諾夫（Yedil Khussainov）是葉德的全名，他是哈薩克知名的音樂表演家兼作曲家，也是位民族音樂學者，擁

有國家榮譽藝術家的頭銜，作風卻很低調。受到也是音樂家的父親薰陶，進入阿拉木圖音樂學院，畢業後即投身音樂世界；他對源自阿爾泰山的薩滿喉唱「巴喝什」(Bakhshi) 深感興趣，就跑到阿爾泰山學習喉音，他喜歡古老的原音，也喜歡現代的實驗創作，經常一個人單槍匹馬飛到國外，或是在國內和不同風格的音樂團體合作演出，為電影配樂，甚至當起演員，是位完全不自限的音樂家。認識現任太太古勒娜拉 (Gulnara) 後二人遷居阿斯塔納，受聘在國立藝術大學任教。

來到葉德在右岸的公寓住家，客廳有盞如氈房天窗設計的主燈，皮雕和毛氈擺飾搭配熟悉的 IKEA 家具，極簡中帶有草原的豪情。親手烹製「五指麵」(beshbarmak) 是哈薩克人表達盛情的方式，看古勒娜拉用滾水煮像餛飩皮似的麵皮，撈起後放入大盤，再擺上用洋蔥和香料熬煮的羊肉塊和馬鈴薯塊，淋上熬煮肉塊的湯汁，就是一盤吮指好吃的「五指麵」，再配上一碗肉骨清湯，加一點酸奶酪，那真是要用「五根手指頭」比讚的好吃美食！我們在餐桌上邊吃邊聊，才發現葉德人很風趣，聽他講在各國演出旅行的笑話，聊他二歲大兒子 Elnara 的敏銳音感。吃完盤中食物，古勒娜拉又將食物送進我的盤中，我說「吃不下了」，葉德說在哈薩克大家庭中小孩若是說「吃不下了」，長輩會抓著你的下巴，用手將食物像填鴨似的塞進你的嘴裡，一定要你吃到撐飽才行！

這次計劃前往哈薩克中部城市卡拉干達，葉德說他們平常都是在路邊攔共乘車，或是搭迷你巴士 Marshrutkas，他瞧瞧我就說「妳不行，一定要做好安排才行」！葉德送我到舊火車站搭乘有公定價的計程車，他再三交待司機要安全駕駛，回程時要電話通知，他再來車站接我。聽說哈薩克北方人冷漠，但我要說只要有一位朋友，就能溫暖你的心，愛上這個城市。🐏

苦力打造的煤礦城 卡拉干達
Karaganda

從阿斯塔納往南行 220 公里，開車約三小時可到達卡拉干達州首府，煤礦大城卡拉干達，因位處哈薩克的中心地帶，是境內最大的火車交會點，它曾經是哈薩克第二大城，也曾被列入新都位置的考量，但最後被阿斯塔納取代，現在是哈國第四大城。卡拉干達 (Karaganda) 一名來自哈薩克中部草原上一種多刺的植物，植物被強風吹成球形，天氣惡劣時會像一隻瘋狂的野獸四處亂竄，像是「風吹草」的景象，當地人稱它為「草原鐵馬」(Karaghanik)，後來就以它為城市名，取其「強大的生命力」之意。

當車子逐漸駛近卡拉干達，遠遠的就看到冒著濃煙的工廠煙囪，讓草原的天空都變色了，顯示這是一個極度繁忙的工業城市。地陪索雷斯 (Zauresh) 是個大個子，長的像朝鮮人，他很認真的準備了手稿來和我同行。市區公園內有一座紀念首位進入外太空的人類，蘇聯太空人尤里·加加林 (Yuri Gagarin，1934~1968) 的雕塑，我感到疑惑，蘇聯的「拜科努爾太空中心」不是在西南部的克孜勒奧達爾州嗎，和卡拉干達有什麼關係？原來，拜科努爾 (Baikonur) 是卡拉干達州的一個地方名，冷戰時期蘇聯為模糊太空基地的位置，用拜科努爾做為障眼，因此也為卡拉干達州蒙上一個太空城印象。我們穿越公園來到卡拉干達大學校園，一群印度學生擦身而過，我很訝異印度人怎麼會跑到北方大草原讀書？原來是這裡的學費低廉，吸引許多印度學生來這裡唸醫學，就在我們視而不見的歐亞草原中心！

　　參觀完「卡拉干達生態博物館」，大個子提議去他工作的「卡拉干達州博物館」，雖然已接近閉館時間，他一一打開展覽廳的照明燈，帶我快速的巡禮全館，從銅器時代的安德羅諾沃文化、塞迦人的墓葬文化、哈薩克民族的形成、病逝在卡拉干達的「中玉茲」首領阿布賚汗的生平，到蘇聯時期卡拉干達的煤礦工業、1930年代集體工廠和工業化對遊牧生態的破壞、史達林對知識份子的迫害、衛國戰爭時一切生產為前線的生活、戰後的建設讓卡拉干達成為蘇聯的鋼鐵生產中心、處女地開墾計畫讓卡拉干達又成為蘇聯的糧食供應中心，道盡卡拉干達的百年滄桑。

卡拉格集中營 Karlag

其實，決定來卡拉干達的主要目的是我想看看蘇聯時期的集中勞改營。1929~1950 年史達林恐怖統治時期，被稱為「古拉格」(Gulag) 的集中勞改營有五百多處，在哈薩克境內就有一百多處，其中以卡拉干達的規模最為龐大，稱為「卡拉格」(Karlag)。1930 年代大批伏爾加河的德裔人民和西伯利亞遠東區的朝鮮人被迫遷到這裡，政治犯和罪犯被流放到這裡開採煤礦，1940 年代二次大戰期間又有大批德國戰俘被遣送到這裡建造鐵路，將開採的煤礦運送到烏拉山地區，這是多麼悲慘、身不由己的一個世代。

我們開車前往卡拉干達西南方 45 公里的多林卡村 (Dolinka)，參觀由當年的集中營管理總部大樓改建的「政治受難者紀念館」。入口處赫見一張破裂的氈房天窗，代表一個被撕裂的國土家園，後方是一座監視塔和讓人不寒而慄的史達林畫像；被方格木樑框住的走廊，像禁錮靈魂的牢獄。一、二樓陳列集中營的史料和物品，一幅會議中的史達林同黨巨畫，對照被監控的集中營生活、被勞改至死的一代哈薩克知識份子、藝術家留下的精神分裂畫作，讓我的心情和腳步變得越來越沉重；集中營使用的集合鐵鐘，聲可入骨，敲得人心驚膽顫，無力反抗。地下室有 14 間模擬卡拉格集中營的房間，明知這裡並非集中營實地，但一間間上著鐵門大鎖的營房、簡陋的木板床居室、冰冷的科學實驗室和醫務室、陰暗的囚房和刑房，看了還是會害怕。這裡有人來參觀嗎？導覽先生說來參觀的多是團體，許多當年被拘役的德國人和他們的下一代會來緬懷這一段錐心的過往，這也是卡拉干達在特定季節有直飛德國的班機原因。

哈薩克獨立後，據載有超過 300 萬的俄羅斯、烏克蘭和德國人等離開哈薩克，80 多萬流亡海外的哈薩克人遷回，許多被安頓在卡拉干達，苦力打造的煤礦城又成為「返鄉人」(Oralman)接續打拼的家園。矗立在市區的不同信仰殿堂撫慰著人們的心靈，堅定人們的生活信念，也默默訴說了卡拉干達的一段來時路，還有紛雜的人口結構。這一趟旅行，我不為探訪大山大水的感動而來，只為來此感受歷史巨輪下的悸動而來，我想如果不瞭解哈薩克的輝煌過往和近代承受的巨大傷痛，我們是很難體會偌大的哈薩克令人讚嘆、動容的國土和人民。❧

歐亞草原之心 兀勒套
Ulytau

位在哈薩克大草原中心位置的兀勒套（Ulytau，偉大的山脈之意）是 15 世紀時三個玉茲聯盟形成哈薩克民族的誕生地，對哈薩克人來說別具意義，卻不是一個會吸引遊客的地方，因為交通不便，讓兀勒套成了一個遙不可及的「哈薩克之心」，連許多哈薩克人也淡忘了這方凝聚民族的聖地。也不知是哪來的一股力量，督促我一定要去兀勒套看看，越是困難越是想去。

我向當地旅行社詢問去兀勒套的行程，收到令人咋舌的報價，因為路途遙遠、住宿不便等，我轉而尋求葉德的意見，他還是一句「妳來了再說」！已經練就一身與遊牧民族工作的強力心臟，我決定先出發，一路上再來聯絡如何前往兀勒套。葉德幫我找到有四輪傳動車的駕駛，但還需要當地的嚮導和翻譯；在台灣的歐瑪茲（Almaz）得知我想去兀勒套，當下就告訴我路況不佳，會是一趟辛苦的路程，他想到在台灣工作的可柔（Kyra）來自卡拉干達，或許能幫上忙。聯絡上可柔後，她就熱心的聯絡在哈薩克的家人和朋友，幸運的找到能說流利英語的努爾夏（Nurshat）當我們的嚮導，並安排我們住在她的家中。就這樣，不遠千里而來的我們在一群哈薩克朋友隔空交叉聯絡和協助下，終於踏上前往兀勒套的路途。

銅洞城 傑茲卡茲干 Zhezkazgan

我們從阿斯塔納出發，再次行經煤礦城卡拉干達，再往南行到銅礦城傑茲卡茲干 (Zhezkazgan)，光這一趟就要十個小時車程。傑茲卡茲干是 1938 年蘇聯為開採當地的銅礦所開發的地方，Zhezkazgan 的意思就是「挖銅的地方」，是當時卡拉干達州最大的集中營所在地。我們的車子奔馳在平坦遼闊的大草原上，偶爾捕捉到美好的畫面；前方的一字線畫面好像永無盡頭，不知何時才能到達目的地，直到地平線上出現一堆堆紅褐色的土丘，一個個挖掘銅礦後的廢置土堆，原來這就是葉德說的景象，「那裡什麼都沒了，就剩一堆 Copper Holes」！接近午夜時我們摸黑找到傑茲卡茲干的住處，努爾夏帶著惺忪睡眼出來開門，我們落腳在漂亮的客廳大房，疲憊得蒙頭而睡。

隔天一早和主人一家見面寒暄，這家人除了努爾夏和父母外還有妹妹及哥哥一家大小，全家十多人都住在一起，得知他們是乃蠻人！乃蠻[2]，一個過去只會在歷史課本中出現的名字，現在一群活生生的乃蠻人就在我們眼前活動，好奇妙的感覺，是他們走出了歷史，還是我們走進了歷史？

2. 在古突厥碑文有「八姓烏古斯」(Sakis Oghuz) 一稱的乃蠻 (Naiman)，原活動於阿爾泰山南麓的蒙古高原，與活動於土拉河的克烈 (Khereid) 為操突厥語的部落，蒙古人崛起後紛紛向西遷往「西遼」；留在原地的被併入蒙古軍隊，形成突厥與蒙古人融合的部落，是蒙古西征時的主力，占現在哈薩克人口多數的部族。

偉大山脈 兀勒套 Ulytau

一早我們由傑茲卡茲干出發，往北行約 70 公里到達兀勒套，它是城市名，也是這裡最主要的山脈名。當地稱為「偉大山脈」的兀勒套東西綿延 350 多公里，是主要河流圖爾蓋河（Torgay）的發源地，最高峰阿烏里耶（Aulie Tau，聖山之意）高 1133 公尺，因位在平坦的欽察草原中心地帶，而被視為「聖山」。

考古學家在這裡發現銅器時代的聚落和岩畫遺跡，顯示早期的狩獵和畜牧生活；這裡的礦層很淺，因此很早就被開採使用，銅脈的分布由兀勒套一直延伸到巴爾喀什湖北岸及南西伯利亞，人稱「銅路」（Copper Way），是早期草原人民聚集活動的地區。這裡曾經是中世紀烏古斯和欽察人的政治中心；13 世紀成吉思汗長子朮赤的牙帳所在地；15 世紀哈薩克部落領袖召開忽里勒臺大會商議政事的地方，凝聚哈薩克民族的中興地，據說當時草原上立有數千頂氈帳，盛況空前，許多汗國的統治者和宗教人士埋葬於此，總計有二百多處歷史遺跡！曾經人馬雜沓的地方，如今寥無人煙，不建城池的遊牧民只留下身後物在「偉大山脈」之間，供人緬懷、遺忘。

我們來到兀勒套一處山腳下，山上立有白色的 ULYTAU 大字，15 世紀下半葉三大玉茲的汗王聚集在兀勒套，宣示團結一致，並立下一座刻有三個部落聯盟圖騰的印記石（Tanbalytas），象徵哈薩克民族的統一。五百多年後，兀勒套要重新找回

光景？接近傍晚的草原突然變得好冷，又吹起了大風，山坡地的切風讓我們幾乎站不穩，想再多待一會，但刺骨的寒風催促我們趕緊上車。

暮色中，閃過一尊騎馬英雄俯瞰兀勒套大地的身影，是 19 世紀統治當地的一位巴特爾雕像 (Yerden Sandybaiuly，1808~1863)，留下哈薩克汗國的末代身影。一時之間，我彷彿看到戴著尖頂帽的斯基泰—塞迦武士、穿著鐵鏈盔甲的突厥騎兵、揮舞著大彎刀的蒙古戰士呼嘯而過，穿越歐亞草原的心臟—兀勒套，跨越廣袤的欽察草原，揚長而去。如今，站在草原金武士肩膀上的哈薩克，正蓄勢待發，迎向下一個世紀挑戰。

這個印記石，2008 年在這裡立下一座「國家統一紀念塔」(Unity of Nations)，四支弧形立柱合而為一的新印記石，要喚起屬於兀勒套的歷史榮光；聽說進行中的還有一個占地 1800 萬公頃的國家公園和博物館計畫，未來連結南北向的火車開通後，前往兀勒套的交通也會獲得改善。我們站在紀念塔的高台上，環視兀勒套的一片草原大漠，想像數千頂氈帳的盛況會是什麼樣的

回到努爾夏的家，一股香噴噴的洋蔥肉香撲鼻而來，乃蠻媽媽已為我們準備好一大盤「五指麵」，一樣是滑溜溜的麵皮墊底，淋上洋蔥為料底的鮮美湯汁，放上大塊的羊肉，端上桌再用刀子將大肉削成小塊，再將一根帶肉的脛骨送進男主客蘇修的盤中以示尊敬，配上沙拉和奶茶，真是美味極了。飯後，努爾夏拿出東不拉彈奏，雖然不是很熟練，但還是落落大方表現，才二十出頭的努爾夏，讓我看到草原女孩的獨立、自主。努爾夏說想要自己的中文名字，我們用中文寫下她的名字，看著像畫畫般的中文一家人更起勁了，馬上寫下全家近親十多人的名字，要我們幫每位留下中文名，這回換我們忙碌起來，一一為他們寫下漂亮的中文。這一晚我們

和乃蠻人在五指麵、東不拉、文字遊戲和歡笑聲中渡過。

草原紅

　　每年春天四、五月時，兀勒套的青青草原上都會掀起一片紅，行車其間，就像開在紅花編織的綠毯上。我問這是什麼花？他們說是野生鬱金香，又說是罌粟花，把我又弄糊塗了。住在阿拉木圖的瑟瑞克說這是他們草原上的春花，來自塔拉茲的歐馬茲說這是他童年玩耍時的草原之花，遠在西北部阿克托別的葉光明回說「我們這兒也有」，好像整個哈薩克草原都有這紅花爭豔的時候。這種野生的罌粟花俄語稱為 Mak，哈薩克語為 Kyzgaldak，意思是「紅色的花」。說到罌粟，就讓人連想到鴉片，但為何沒聽過什麼草原鴉片？他們說要特別品種的罌粟才有生產鴉片的可能，稱為 Koknar，所以草原上的罌粟花不是我們所想的罌粟。

　　將草原染成一片紅的罌粟花，像熱愛自由和大自然的草原兒女，恣意奔放在大地；它們也像千百年來無數戰死沙場的將士鮮血化作的生命之花，依然在捍衛這片疆土。有一首哈薩克民歌〈野莓花香〉（Buldirgen），歌頌草原上綻放的鮮花，如美麗的哈薩克姑娘，姑娘用歌聲表達對保家衛國的巴特爾英雄們的感謝和仰慕之情，歌中的情感應該就是這一片動人心弦的草原紅。🐏

草原英雄魂 阿拉什與朮赤汗

為什麼想一探兀勒套？主要動念來自二位神祕人物，一位是多次聽聞，卻讓我越發迷糊的阿拉什汗，他的名號不時在重要的時刻出現，顯示這是一位有影響力的人物，卻不知是何方神聖；再來是前一年在阿拉木圖時，聽札德拉説起她的朋友去成吉思汗長子朮赤的陵墓，有種毛骨悚然被駭到的感覺，讓我好奇的想去拜見這位統領欽察草原的英雄。

（傳說）很久以前，在錫爾河岸的一位汗王娶了一位俘虜美女，生下一名全身長滿花斑的男嬰，汗王視為不祥之兆，就將男嬰拋入錫爾河；男嬰被一名老翁救起，扶養長大，因男孩身上有花斑，被人稱為阿拉什（Alash），突厥語「多彩」的意思。長大後的阿拉什聰敏過人，又十分勇敢，汗王得知想接回兒子，但眾臣勸阻，建議賜給阿拉什人丁和牧地，任其自由發展。汗王採納眾臣建議，第一年派遣以烏孫部落為主的百名青年跟隨阿拉什，第二年派遣以阿爾根為主的百名青年，第三年再派遣阿里欽為主的百名青年；在阿拉什帶領下，這三百人征服了鄰近的部落，後來阿拉什劃分領地，將錫爾河上游分給烏孫部，稱大玉茲（大一百），錫爾河中游分給阿爾根部，稱中玉茲（中一百），錫爾河下游分給阿里欽部，稱小玉茲（小一百），形成哈薩克的三大玉茲。

阿拉什汗 Alasha Khan

由傑茲卡茲干到兀勒套的路況確實不佳，車子在泥地車痕間上下搖晃得厲害，我就當作是在騎馬，顛顛簸簸那是自然；進入無邊的大草原一會，我們很順利的找到阿拉什汗的陵墓。阿拉什汗 (Alasha Khan) 是一個傳說人物，是否真有其人已無從考據，有資料說他生在 7~8 世紀的欽察草原，是草原上的一位巴特爾，他凝聚草原各部落，形成最早的哈薩克人，烏古斯汗和喀喇汗都是他的後代。一說阿拉什汗生在 15 世紀，他凝聚草原上三個玉茲部落，建立阿拉什汗國，哈薩克汗國的前身。

附近仍有些許住家的草原上，一方鑄鐵雕花柵欄中座落著磚紅色的阿拉什汗陵墓 (Alasha Khan Mausoleum)，柵欄入口左右各有一塊立石，立石上刻有大玉茲 (Uly Zhuz)、中玉茲 (Orta Zhuz) 和小玉茲 (Kishi Zhuz) 三個部落聯盟的圖記；樸實的磚造陵墓為伊斯蘭形式，拱門有簡單的蝴蝶結和幾何圖形裝飾，入內只見四座磚砌的簡單墓石，主墓石居中，三座大中小墓石可能代表三個玉茲。墓室的一角有石梯，順著窄小通道繞穹頂一周，可登上陵墓上方的平台瞭望四周；下方是一片傾頹的墓園，有年代久遠的夯土陵墓，有磚造的陵墓和新建的陵墓，還有長出樹木枝幹的怪異陵墓，還好有莊嚴的阿拉什汗陵墓鎮住一方，無所畏懼。

這裡真的是傳說人物阿拉什的陵墓？由於時空紛歧，心中不免有疑問。哈薩克人很會說故事，傳說故事很生動且符合現實的賦予阿拉什生命，讓我不再執著於一點。事實上，阿拉什已成為遊牧民生活中的一種傳說信仰，凝聚遊牧民部落團結和

力量的一種象徵，人物真實與否已不再重要。現場資料顯示陵墓建於 15~16 世紀，有關陵墓的研究最早出現在 1855 年俄羅斯學者的著作，1982 年陵墓登入哈薩克歷史遺產名錄，歷經多次修復，最近的一次在 2016 年完成。

　　如今，阿拉什汗依然活在哈薩克人的精神力量中，Alash ！ Alash ！成為一句鼓舞團體士氣的精神口號，如同吉爾吉斯的 Manas ！ Manas ！

尤赤汗 Juchi Khan

成吉思汗的長子尤赤(Juchi / Zoshy，1181~1227)對我們而言不算陌生，這位在蒙古史中遭人議論的長子，因為母親孛兒帖與成吉思汗成婚後不久，就被敵對的蔑兒乞部落搶走，待成吉思汗營救她回來時已懷有身孕，後來生下尤赤，成吉思汗待其如己出，但他的出身仍不時被兄弟議論，其名尤赤即有「客人」的意思。無奈當時無法取證，讓尤赤一生背負著非黃金家族血統的疑雲，但尤赤和他的十四個兒子成為哈薩克汗國統治者的一脈血統，是無庸置疑的。

為了拜訪這位草原主人，我特別戴上早先在圖瓦旅行時薩滿巫師送給我的熊爪護身符，半信半疑的出發。從阿拉什汗陵墓離開，我們又進入漫無天際的大草原奔馳，好一會，突然遠處地平線出現尤赤陵墓的藍色穹頂，這不就快到了，怎知到了盡頭，前方竟是乾可見底的河床地，兩岸坡地太陡，車子無法安全越過，我們站在高坡上望著遠方的尤赤陵墓，但就是無法跨越，心想尊貴的草原主人，怎能讓外人輕而易舉見其廬山真面目。我們試著找到

通路，車子在河床地的灌木叢中左右搖晃前進，千年前這裡應該也是河水蜿蜒的景致，曾幾何時沒了水，沒了人，只見一片荒草連天。

繞了許久的路，突然，不遠的草場上出現一對黑馬，真的是一對黑馬，是尤赤的坐騎？好像我們已來到草原主人的大帳前庭，放馬出來引導訪客，經過好一番折騰，我們終於來到尤赤長眠的地方。建於15~16世紀的尤赤汗陵墓(Juchi Khan Mausoleum)，同樣有嶄新的鑄鐵雕花柵欄保護的一方園區，也在2016年完成修復，陵墓為後代汗王所建，因此有伊斯蘭建築的藍色穹頂和拱門；柵欄入口左右各有一塊立石和蒙古巾纛，右側的立石上刻了一

把狀似東不拉的謝爾特琴，上面刻著音樂家 Ketbuqa 的名字（1184~1260）。

　　話說隨著成吉思汗東征西討的朮赤，戰蹟遍達阿爾泰山、訛答剌、花剌子模等地，但比較不主張血腥屠城的朮赤也和父親及兄弟漸行漸遠，因為西征有功，成吉思汗將遼闊的欽察草原封給他，大約是額爾濟斯河到烏拉河之間的土地。一次行獵時，一隻突然發狂的野馬衝向朮赤，造成他斷臂傷重而死，得年 46 歲。朮赤落馬身亡，朝中沒人敢將這個惡耗告知成吉思汗，深怕遭來殺身之禍，此時音樂家拿起二弦琴，開始彈唱：「金色的帳幕被大鷹啄破，飛向了太陽；銀色的帳幕被藍天戳破，飛向了月亮；風旗下的人民在啜泣，水牛在哀號，千山撼動，滾石落地。」成吉思汗聽出歌中的意思，默而不語，沒有遷怒他人，這個故事也在草原上流傳開來。

走進陵墓，只見二尊磚砌的墓石，標示尤赤和妻子 Bektumysh 長眠的地方，沒有讓人毛骨悚然，只覺悵然的孤寂。走出墓室，四周的草原一望無際，只見遠方有好幾處烏雲罩頂，不時有閃電從天而下，大雨落下的天空被刷成灰黑色，我們這兒卻是一抹晴空！我們被環伺的奇特天象震懾住，開始感到害怕，烏雲雷雨可能隨時將我們吞噬，是尤赤汗在施展神力，讓我們見識他的威儀，這裡依然是他坐擁的一片天地。草原起風了，氣溫也在下降，又敬又畏的我們向尤赤汗辭別，趕緊駛向下個目的地。

空無人家的大草原，我們獨覽薩利阿卡的一片黃色大地，最後來到一處標示為 8~10 世紀烏古斯—欽察時期的陵墓（Dombaul），相傳是一位神射手的陵墓，歷史已無從考據。頂著寒風立於草原上的磚造陵墓，像一尊飽受風霜凝結的黑色氈房，孤守在大漠，四周散落著傾頹崩壞的墓塚，一邊擺置的突厥石人像中赫然看到少有的女性石人像！一定是一位可敬的母親或大妃，才能有此殊榮。古老的歐亞草原陸橋，黃色的薩利阿卡大地，無數馬背民族穿梭其間的欽察草原，平坦如一的哈薩克草原，從遠古與現代，都凝注在草原清冷的大氣中。

回程時，我們又迷途在大草原上，沒有路標，沒有網路，沒有訊號，連導航器也失靈了，努爾夏和葉爾欽在努力尋找方向，車子在草原上繞了許久，不知不覺中我睡著了，醒來時已經接近村莊，我好像做了一場大夢，夢中被帶到北方大漠，目睹了大草原的傳奇英雄和他們的故事，還好醒來時我的記憶沒有被刪去，成為我永難忘懷的「歐亞之心」。

隔天，我們又踏上十個小時的路程返回阿斯塔納，我滿心歡喜完成這不可能、實為可能的旅程。途中經過牧場小鎮，一對姊弟拎著裝滿新鮮馬奶的保特瓶在路邊兜售，駕著他的「寶馬」載我們顛簸行路多日的葉爾欽停下車，看他和姊弟一番討價後也滿心歡喜的帶上馬奶回家，我忍不住偷笑，遊牧民至今還沒「斷奶」，馬奶依舊是他們最愛的聖品。🐏

東薩利阿卡　E. SARY ARKA

　　稱為「東薩利阿卡」(E. Sary Arka)的哈薩克東部地區，含蓋阿爾泰山西麓到巴爾喀什湖北岸一帶，這裡有適合放牧的低緩山丘和草原，主要河流為發源自阿爾泰山，流經中國、哈薩克東北部和俄羅斯的額爾濟斯河。18世紀沙俄開始向東擴展，欲開通與中國接觸的道路，這一帶成為最直接的通道；1715年彼得大帝派遣一支三千人的探勘隊向東方出發，沿著額爾濟斯河先後建了鄂木斯克(Omsk，俄羅斯境內)、塞梅伊(Semey)、鄂斯基棉(Oskemen)等堡壘，形成一道防堵準噶爾人的防線，也築起通往東方的道路。

　　我從阿斯塔納飛到東部大城鄂斯基棉，由這裡開始探訪陌生的東哈薩克州。飛機穿過濃濃的烏雲，在陰雨中飛抵鄂斯基棉機場，走出大廳，驕小的俄羅斯女孩弗拉達(Vlada)和一位高大的俄羅斯先生出現在眼前，我感覺來到一個不同的國度。

神聖的精神之都 塞梅伊
Semey

　　隔天我們由鄂斯基棉往西開 200 多公里，約三小時車程前往塞梅伊，一路上道路平順，黃綠相間的草原一路相隨，途中行經一段綠林大道，二側的向日葵花圍綿延近公里長，非常漂亮，但開車像衝鋒隊似的俄羅斯先生只顧著開車，無暇也無意停下車讓我欣賞。當車子通過一座高跨在額爾濟斯河上的白色吊橋，塞梅伊就到了，接待我們的是一位長得像台灣原住民部落媽媽的高中老師。

　　位在額爾濟斯河沿岸的塞梅伊，是早期草原絲路行經的一個驛站，稱為Dorzhinkit；1718 年俄國人在當地一座喇嘛寺院遺址上建堡，稱為 Semipalatinsk，意思是「七間房舍的城市」。1776 年為避水患另建新城，利用額爾濟斯河的水路

及後來開通的「突西鐵路」（突厥斯坦—西伯利亞）與俄羅斯地區通商，發展成一個富裕的商業城市，現在塞梅伊的市徽就是一隻代表貿易的駱駝。這裡出了很多位名人，包括哈薩克民族詩人阿拜、劇作家穆合塔爾、詩人哲學家沙卡林，及被流放至此的俄國文學家杜斯妥也夫斯基；這裡也是 1917 年哈薩克爭取獨立的阿拉什黨基地，卻淪為蘇聯進行核爆試驗的煉獄。哈薩克在 2007 年將城市名改為塞梅伊(Semey)，突厥語意為「神聖的精神之地」，代表哈薩克人文思想的精神之都。

東西方思潮的相遇

與托爾斯泰、屠格涅夫並稱俄羅斯文學「三巨頭」，世界名著《罪與罰》作者杜斯妥也夫斯基（Fyodor Dostoyevsky，1821~1881）在塞梅伊生活時的住所改成的紀念館，安靜的座落在市區林園中，訴說一個時代的故事。19世紀時沙皇為整肅異己，將許多異議的知識份子放逐到荒涼的西伯利亞，杜斯妥也夫斯基因為參與討論一本批評沙皇的書而被判死刑，在最後一刻改判為流放西伯利亞，被關在鄂木斯克四年，1854~1859年間改判到塞梅伊服義務兵役，在當地他結識了阿布賁汗的曾孫喬罕·瓦里漢諾夫（Shoqan Valikhanov，1835~1865），二人成為好友。身處傳統社會蛻變的時代，喬罕在鄂木斯克軍校接受俄式教育，開始使用俄名，他隨俄羅斯探勘隊完成突厥斯坦地圖的測繪任務，後退

居塞梅伊，專心於哈薩克和柯爾克孜人的歷史研究，29歲時因病去世，入葬在突厥斯坦的亞薩維陵墓。紀念館前立著二人相對而坐的雕像，象徵當時遊牧傳統社會與俄羅斯知識份子思想的相遇，帶動哈薩克現代改革思潮的發展。

曇花一現的阿拉什自治國

　　1917 年俄國爆發「十月革命」，由列寧領導的布爾什維克黨的紅軍欲奪取政權，與保皇派的白軍展開內戰。此時以塞梅伊為基地的哈薩克知識份子以象徵民族團結的阿拉什為名，成立「阿拉什黨」，籌建「阿拉什自治國」，並支持白軍對抗紅軍，但白軍一路敗北，1920 年紅軍攻佔塞梅伊，自治國被鏟除，哈薩克爭取獨立的努力功敗垂成。雖然如此，短暫的「阿拉什自治國」成為哈薩克人爭自由與民族自決的勇氣象徵。看，在重要的時刻，「阿拉什」就出現了。

　　由當時阿拉什黨員聚集總部改成的「阿拉什紀念館」陳列那個烽火年代的黑白照片和文件，阿拉什黨居首的阿勒罕（Alikhan Bukeikhanov，1866~1937）是位教師和作家，後來投入政治，鼓吹獨立思想，1930 年代「大整肅」時被拘捕，囚禁在莫斯科，最後被處死。我告訴他們，因為邀請哈薩克樂團去台灣演出，聽他們演奏的〈阿拉什〉樂曲才知道這段歷史，促使我想來塞梅伊看看；高中老師的雙眼頓時現出光采，臉上綻放出驕傲的笑容，有種相識恨晚的感覺，她想邀請我去她家坐坐，但時間不允許，只能感謝她的好意。跟著音樂嚮導，讓我看見不一樣的哈薩克風景和心情。

1917~1920 阿拉什內戰紀念碑

文人輩出的精神之都

塞梅伊出了多位重要人物，最為人所知的當推被譽為「哈薩克詩聖」的阿拜‧庫南巴耶夫（Abai Ibrahim Kunanbayev，1845~1904），在哈薩克許多城市都可看到他的塑像，還有以他為名的街道和機構，是塞梅伊人的驕傲。

走進大戶人家宅第改成的「阿拜紀念館」，首入眼簾的是阿拜家族的龐大家譜，他出身中玉茲一個部落望族，父親擁有治理當地的蘇丹頭銜，自幼接受良好教育，愛聽阿肯詩人的吟唱和賽詩。接觸西方教育和改革思想的阿拜看到當時人民的困苦生活，開始以「正義阿拜」之名針砭上層社會的腐敗和傳統習俗的弊病，用詩作打開牧民的心靈，啟發了新一代知識份子的思想。他的作品流傳在民間，蘇聯時期受到推崇，將他的作品整理成一部《阿拜箴言錄》（The Book of Words）廣為流傳，被尊為奠基哈薩克現代文學的思想家、詩人和音樂家。

世紀之慟 沙卡林

紀念館展示的一張泛黃照片特別引起我的注意，他是阿拜的姪子沙卡林（Shakarim Qudayberdyuly，1858~1931），一位傑出的詩人、歷史家和哲學家。他因反俄言行被捕入獄，被送進勞改營，最後死在卡拉干達集中營，是 1930 年代「大整肅」行動受迫害的代表性人物，哈薩克一個世代的社會菁英和知識份子在這場整肅行動中被鏟除。看著沙卡林的清瘦面容和憂鬱眼神，像在訴說那個撼人肺腑的時代故事，令人不禁為近代中亞一掬同情的眼淚。

在塞梅伊南方 180 公里的 Zhidebay 村，有為他們二人建的白色雙塔陵墓，那裡是一代文人出生的故地。

《阿拜之路》穆合塔爾

阿拜的同鄉，文學家穆合塔爾‧阿烏埃佐夫（Mukhtar Auezov，1897~1961）被尊為哈薩克現代戲劇的開創者，也是塞梅伊引以為傲的人物。穆合塔爾娶阿拜的孫女為妻，與阿拜家族的關係密切，從而瞭解阿拜的生活點滴；他花費 15 年時間，以阿拜的生平為軸所創作的歷史小說《阿拜之路》（Abai Zholy）長達 140 萬字，書中記述 19~20 世紀初期的哈薩克社會和人民，深刻描繪牧民的生活面貌，被譽為一部哈薩克民族文化的百科全書。

穆合塔爾一生完成二十多部劇作，最膾炙人口的一部《英莉克與柯別克》（Englik-Kebek）敘述二個敵對部落的青年男女柯別克和英莉克相愛的悲劇故事，因為受到族人的反對，二人決定逃離部落，隱居在山洞中生活，並生下一子；不幸柯別克在一次打獵時被族人發現行蹤，二人被帶回部落，因違背部落祖規，慘遭五馬分屍處死，幼子被拋下山谷。這個如同「羅密歐與茱麗葉」的哈薩克愛情故事結局更為悲慘，也反應出當時部落間的對立和紛爭，造成後來的時代悲劇。

在塞梅伊南方的 Zhidebay 村附近，村民為命運坎坷的英莉克和柯別克建了一座墓碑，遼闊的草原上立著二人相擁的雕像，無悔的走向前方的墓塚。

勝過死亡 原爆紀念碑

二次大戰結束後，美、蘇二強進入冷戰競武時期，1949 年蘇聯選擇這裡做為原子彈試爆的核煉場，就在塞梅伊以西 150 公里的草原上引爆戕害生命的核彈，造成當地人民無比的恐慌，雖然 1963 年後移作地下核爆，但至 1989 年間共有四百多顆核彈在這塊土地上燃爆，幾乎是每月一顆，據說當時要試爆前，居民就喝大量的伏特加來麻痺自己，說是能防止幅射。這種驚恐的日子直到哈薩克獨立才結束，但核爆已造成當地居民產生基因突變、癌症、免疫系統和精神方面疾病，約 130 多萬人的健康受到影響。蘇聯時期大量引用錫爾河和阿姆河水灌溉沙地，種植棉花，造成西部的鹹海乾涸，幾近消失的生態浩劫舉世皆知，殊不知哈薩克東部也承受著殖民者留下的巨大傷害。

我們來到塞梅伊的原爆紀念公園，一座名為「勝過死亡」(Stronger than Death) 的雕塑，上方籠罩的核爆蘑菇雲下，一位母親用自己的身體護住嬰兒，母愛的勇氣勝過於死亡的恐懼；終止核試的公約石座立於大道上，通往前方的和平紀念碑，在遙遠的歐亞草原一隅提醒世人核武對人類的傷害，他們所受的創傷與日本廣島人民的生命一樣，足以警世。

寂靜的午後，高中老師帶我們來到一處建造中的雕塑公園，立於一側的母親和妻子雕像哀傷無助的目送被強押上火車的男人，骷髏般的痛苦神情溢於言表，「衛國戰爭」妻離子散的悲痛在塞梅伊也留下深深的傷痕。近代歷史有如一把上膛的刺刀，狠狠的插進歐亞草原的心臟，流淌近一個世紀的中亞血淚史。🐏

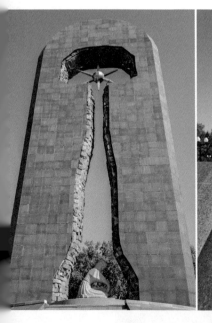

東北大城 鄂斯基棉
Oskemen

　　哈薩克東北部大城，也是東哈薩克州首府的鄂斯基棉 (Oskemen) 位在額爾濟斯河和烏爾巴河 (Ulba) 二大河交會處，戰略位置重要，1720 年俄羅斯人在此建碉堡，稱為 Ust-Kamenogorsk；準噶爾汗國被清朝消滅後，這裡就成為俄羅斯與中國和蒙古地區的通商中心。這一帶的礦產豐富，蘇聯時期引進數十萬工人來這裡開採，發展成一個重要的礦產工業城市。

　　早期俄羅斯人會選擇具有戰略位置的地方建堡，通常在河流交匯處的制高點，建堡後也會建一座小教堂，許多由堡壘據點發展起來的西伯利亞城市都是如此，鄂斯基棉也是。俄羅斯先生帶我們來到位在老城區高坡上的「三一教堂」，在氣派的金頂大教堂後面的老教堂在蘇聯時期被當做倉庫使用，經整修後現在恢復教堂的身分。推門入內參觀，正好遇到下午禮拜，

看到信徒筆直站立，不時彎腰九十度行禮，婦女都包著頭巾或穿罩覆全身的黑袍，極為莊嚴肅穆。對東正教不甚瞭解的我，站在那動也不敢動的觀看。

濕冷的陰雨天，我們來到當地稱為「箭簇」(Strelka) 的額爾濟斯河與烏巴爾河交匯處，最美的河岸邊又見斗大的1941數字，正中矗立著黑色的衛國戰爭紀念碑和永恆之火，如同其他地方的紀念碑一樣，二側刻有戰爭中犧牲的人名。這場歐陸戰爭波及的範圍，隨著我的旅行腳步，越走越遠，越擴越大，令人不禁唏噓感嘆。

位在市中心的扎斯塔爾公園 (Zhastar Park) 內有許多早期俄羅斯商人的花園宅邸，由老建築改成的地方博物館、民族博物館、美術館和戲劇院多在附近，可以想

見當年的富裕面貌。我沿著主要道路基洛甫大道走，看歐式雕花欄杆妝點的店家，開在牆角地面的地下室採光窗，叮噹作響的地軌電車，十足俄羅斯城市的樣貌。

隔天，俄羅斯先生載我們來到一處新開發的列沃別雷支尼公園 (Levoberezhny Park)，落落長的俄語總是讓我記不住。這是一座由河岸林地建設起來的文化園區，占地遼闊的園區內有阿克堡史前岩畫館、阿拜與文學館、植物園和動物園、民族文化村，還有從各地「除役」收集來的列寧雕像區和蘇聯軍事武器區等，規劃得井然有序，一如俄羅斯人一絲不苟的做事方式。精心建造的民族文化村內有十四個民族的傳統住家和庭院建築，曾經上百萬的人民因為戰爭、逃難、迫遷、流放、開墾或其他原因來到這裡，讓草原上的民族

更加錯綜複雜，入口牌坊上標示的有德意志、車臣、亞美尼亞、烏克蘭、維吾爾、波蘭、哈薩克、喬治亞、俄羅斯、亞塞拜然、猶太、韃靼、白俄羅斯和朝鮮人，他們都在這裡流下汗水。走進一棟棟裝修美麗的住家庭院，欣賞各民族不同的居家擺設、門窗雕花、編織地毯和生活工藝，我的心情沒有雀躍，空無一人的潔淨住家背後不知有多少不為人知的異域生活故事，發生在一個鋼鐵般的威權統治之下。

史前天文台 阿克堡

　　「去鄂斯基棉，可以去阿克堡看看，是個有趣的地方」，葉德這麼建議。原來位在鄂斯基棉南方 28 公里的阿克堡（Akbaur）是一個史前岩畫保存區，光禿禿的一座岩山因風蝕作用形成許多奇岩，其中有史前 3000 年銅器時代到鐵器時代的岩畫，刻有原始狩獵、馬、鹿和輪車的畫面。導覽的俄羅斯太太指著眼前一區殘缺不全的大石頭圍場，再指向遠方的山頭，她拿出紙筆，用畫的方式來說明。原來這裡是一座史前的天文台，遠古時薩滿巫師觀察天象和進行儀式的地方！山頭上的半圓形缺口如一座巨型的太陽日晷，在晝夜時間等長的春分和秋分時，太陽會運行到缺口位置，而我們站的位置就是薩滿巫師築火台、擊神鼓、振響鈴、舞動飛鳥衣，進入神靈世界的地方！ Akbaur 在哈薩克語中有「白色肝臟」的意思，又有「白色兄弟」的意思，可解釋為「肝膽兄弟」之意；突厥語簡短好記，還能衍生出多種意思。🐏

俄羅斯山村生活 里德
Ridder

　　鄂斯基棉東北方 110 公里處的里德 (Ridder)，是哈薩克東北角俄羅斯邊境的一座山城，舊稱列寧堡 (Leninogorsk)，2002 年改以 18 世紀沙俄探勘隊的德裔地質學家菲力普‧里德 (Philipp Ridder，1759~1835) 的姓氏為城市名，紀念他發現這裡的礦脈，因而帶動當地的發展。哈薩克將里德至俄羅斯邊界的地區設為「西阿爾泰山自然保留區」，出產上好的泰加森林木材和藥草；里德也是知名的滑雪訓練基地，培養出多位冬季奧運的金牌選手。

　　因為訂不到回程機票，讓我意外的來到里德附近的邊境山村帕貝雷契尼 (Poperechnoe)，體驗哈薩克的俄羅斯鄉村生活。依附在山腳溪谷地的村莊像遺世獨立的人家，不出百戶的人口多為舊教派信徒 (Old Believers) 的後代，得知這是 1666 年因反對宗教改革，從俄羅斯東正教分離出來的一個教派，為逃離宗教迫害，一部分信徒遷到波蘭生活，被沙皇禁止返國，直到一百年後凱薩琳大帝在位

時，才開放並鼓勵信徒返國，被安置在這一帶山區居住，當地人稱他們為「波蘭人」（Poles）。1905年沙皇發布宗教和解令，取消「分裂教徒」說法，承認舊教派或舊禮儀派的名稱，取得合法的宗教地位。

我的主人家以務農為生，他們養雞、養豬、種蕃茄、洋蔥、馬鈴薯，供自用也賣到城裡去；男主人將父母的舊房子改做民宿使用，自己則身兼農夫、獵人和登山導遊。女主人能做一手好料理，燉雞腿、燒鹿肉、烤蛋糕、釀果醬、做起司，樣樣都自己來；香純的阿爾泰山蜂蜜配上現烤麵包，再來一杯醒腦的自製花草茶，真是意外美味的俄羅斯家庭大餐。

午後和男主人及弗拉達散步到河邊，行經村內的小教堂和木造人家，這裡每戶人家都有塊農地或牧場，養牛或養馬，男主人說哈薩克人愛吃馬肉，所以養馬也是一個好生計。他一面聊，一面沿途採些花草，帶回家風乾後就是餐桌上的花草茶，好像整個山林溪水間都是他們採買的市場。村裡的婦人和小孩來河邊汲水，放牧的馬也來飲水，聽說馬只喝乾淨的水，馬會喝的水源，人就可以安心飲用。男主人是個有想法的人，家中安裝了引水管，還在庭院中蓋了間蒸氣浴房，讓我也傻傻的體驗了一回俄羅斯蒸氣浴（Banya），只是蒸氣房的高溫讓我難以久待，混著冷熱水

快速清洗,也顧不得有沒有樺樹枝可用了。聽說用樺樹葉拍打身體至發紅,讓樹脂與皮膚接觸可以促進血液循環,加速排除體內的廢棄物,讓精神放鬆。的確,洗完後我感到通體舒暢,覺得自己突然變得「炙手可熱」,渾身上下從頭熱到腳。

飽餐後我們聚在餐桌上聊天,主人有二個漂亮的金髮女兒,妹妹索妮亞(Sonia)很活潑,喜歡玩媽媽做好的肉餃,炫耀她從雞籠揀來的生雞蛋,還有捉弄家裡的二隻貓,害羞的姊姊塔莎(Tasha)則是想去有網路的爺爺家上網。電視播放著莫斯科的綜藝節目,他們說俄羅斯的節目比較有趣,他們很喜歡這裡的清幽環境,但哈薩克現在施行三語政策,要求所有的國民要學習哈薩克語、俄語和英語,一些不想學哈語的俄羅斯人打算遷到俄羅斯生活。

除此之外,繼烏茲別克和土庫曼之後,哈薩克也在 2016 年宣布要停止使用斯拉夫字母,改用拉丁字母拼寫,並展開各種名稱哈語化的動作,為文化自主和國際化邁出一大步,例如現在的 k 將被 q 取代,Kazakhstan 的拼法為 Qazaqstan 等,未來有明確的拉丁字母拼法,也不會再有由俄語名稱轉成英文時的模稜兩可拼法,對旅行的人也會更加方便。

晚餐後，我們摸黑穿過村子到要住宿的老屋，推開木栓門，看到門廊掛著、桌上擺的都是乾燥中的花草茶和野蕈菇，頂上木架堆著燒火用的木材，我將外套掛在樹枝做成的掛衣勾，想像自己走入上個世紀的俄羅斯小說畫面；九月天的夜晚已經很冷，男主人幫我們點上火爐暖室後離去，踩著嘎吱作響的木地板，沒有網路的世界，我也早早睡進凹陷的大木床。

冰冷的清晨醒來，我穿上外套哆嗦著走出屋外，穿過雜草步道，進入難以轉身的小木屋廁所，索性敞著門坐在木馬桶座上，一　前方的高山美景，一邊將昨天吃下肚的鹿肉、potato、tomato 全部歸還給大地。望向東邊的遠山，翻過那山頭應該就是俄羅斯阿爾泰共和國吧，我的阿爾泰

朋友告訴我，這一帶包括鄂斯基棉原本都是阿爾泰山的一部分，被近代俄國人劃過來劃過去，將一片遊牧民來去自如的高山河谷地弄得四分五裂。邊界就是你我之分的地方，我很好奇，這裡還有多少我們不知道的故事。

這天我才知道弗拉達還在鄂斯基棉的美國大學唸書，很驚訝在這偏遠的哈、俄邊境竟然有美國學校，美利堅的影響力已悄然來到歐亞草原的前線地帶。臨行前，男主人送我和弗拉達一人一只熊爪，這是他身為獵人的最好禮物，帶著它平安出發，結束一場意外的旅行。回到鄂斯基棉的飯店，電視節目傳來東不拉的音樂，將我重新拉回哈薩克，沒有這把東不拉，我還真以為自己正在俄羅斯旅行。🐏

閃耀的金山 阿爾泰

　　鄂斯基棉是前往哈薩克阿爾泰山區的主要起點，距離 500 多公里，開車要 12~16 小時，途中有齊桑湖 (Zaysan) 及被稱為「阿爾泰之珠」的瑪卡寇湖 (Markakol)，據說是哈薩克最美的湖泊，行至高處時還可以欣賞額爾濟斯河谷的美景。沿著 1915 年由奧地利戰俘完成的山路，人稱「奧地利公路」，可遠觀到阿爾泰山的最高峰，位在阿爾泰共和國的「白鯨」(Byelukha) 雙峰；就在這極美的哈、俄邊境山谷間，考古學家發現震驚世人的塞迦人古墓群「帝王谷」，就是在阿斯塔納博物館所見的華麗殉葬戰馬。哈薩克將位於哈、中、俄三國邊界的阿爾泰山設為「卡通‧卡拉蓋國家公園」(Katon-Karagay National Park) 加以保護，並著手發展阿爾泰山生態旅遊的未來。

　　位在俄羅斯、蒙古、中國和哈薩克四國邊界的阿爾泰山 (Altai，意為「金色山脈」)，大部分在俄羅斯境內，向東延伸至薩彥嶺；一部分在新疆北部，延伸到蒙古西北部；一小部分在哈薩克東部。這裡是眾多北方遊牧民族最早生長的地方，發現許多驚人的世紀前古墓，是突厥民族的發源地，仍保有薩滿信仰的北國靈山，也是召喚古老靈魂的下一章。🐏

位在阿爾泰共和國境內的「白鯨」雙峰

曼格斯拉克 MANGYSHLAK

哈薩克的西部有著非常不同於東部的地貌，它的西邊濱臨天然資源豐富的裏海（Caspian Sea），與俄羅斯、亞塞拜然、伊朗和土庫曼隔水為鄰；西北有歐亞大陸的分界烏拉河（Ural）；北部為圖蘭低地（Turan Lowland），整個區域都低於海平面；南部為伸入裏海的曼格斯拉克半島（Mangyshlak Peninsula）及荒涼的烏斯土爾特高原（Ustyurt Plateau），與土庫曼及烏茲別克的卡拉卡帕克自治共和國接壤。

來到西部，總不時會看到曼格斯拉克（Mangyshlak）這個字，字面的意思是「千個冬窩子」，因為裏海沿岸氣候溫和，冬季氣溫多在零度以上，成為早期北方烏拉河牧民南下避冬的牧地，因而得名。據載西元 5~14 世紀間，裏海的水位比較低，有天然的陸橋，商隊可以直接穿越裏海到達伏爾加河流域，形成一條裏海的貿易通道。令我驚訝的是半島上保有哈薩克境內為數一半以上的歷史遺址，是早期生活在這裡的人民留下的足跡，有大量的墓塚和傾頹的聚落，後來可能因為氣候變遷或河流改道，土地逐漸沙漠化，居民也逐漸遷離此地。近年裏海城市阿克套（Aktau）及阿特勞（Atyrau）因發現石油和天然氣而致富。

白色的西岸大城 阿克套
Aktau

哈薩克裏海岸的曼格斯套州首府阿克套，是一座建在白堊地質上的海港城市，坐擁一片天然資源豐富的裏海。早期因為發現石油和鈾礦，成為蘇聯研究核能反應的軍事基地，後來發展成城市，1964年以1850~1857年被流放至此的烏克蘭詩人雪夫申科（Shevchenko）為城市名，1991年獨立後改名為阿克套（Aktau），意思是「白色的山」。如今，阿克套是哈薩克石油和天然氣主要生產中心，一個快速發展的能源城市。

我從鄂斯基棉出發，經阿斯塔納轉機到阿克套，在等候行李時看見牆上的大型燈箱，一邊是金碧輝煌的石油大樓，一邊是古老的山羊石刻；像虯髯客蓄著大鬍鬚的男人也在等行李，心想這裡應該是個宗教氣息濃厚的地方。葉德說西部的人很不一樣，到底哈薩克的大西部有什麼驚人之處？來接我的是一位約六、七十歲身體硬朗的俄羅斯先生，心想這幾天該不會又要搭乘衝鋒車？我滿心期待，又有些擔心。

隔天一早醒來，我拉開陽台落地窗，探望第一眼的阿克套，不遠處的裏海向我眨眼睛，沒想到世界地圖上的一湖藍水現在就近在眼前，遠方一片探採石油的機具畫面是阿克套給我的見面禮，完全符合它的身分。從飯店步行到海邊，清早有人沿著岸邊慢跑，海面上好多好多海鳥，密密麻麻的一片，牠們不斷變換隊形，在空中表演飛行特技。裏海和黑海原本都是古地中海的一部分，因為地殼運動造成高加索山隆起，分割了水體，形成世界最大的內陸湖——裏海。

我跟著俄羅斯先生「約翰」，一步步走進陌生的裏海世界。不知為何來到一間大飯店，約翰和櫃台人員溝通後讓我們入內，進入地下室，居然是一間海底景觀大廳，如水族館的玻璃大窗外和玻璃地板下都可見魚兒悠游的海底世界，原來這裡是富豪們享受「裏海黑珍珠」魚子醬大餐的地方。望著湛藍的海底世界，神祕的裏海不僅蘊藏「黑金」石油，還生有多種珍貴的鱘魚，鱘魚卵可以製成營養價值高又美味的魚子醬，是老饕們桌上的珍饈，但近年因過度捕撈和環境惡化，造成鱘魚量減少，魚子醬產量也銳減，價格更為高昂。由俄羅斯提出的限捕政策，促使裏海沿岸國家簽定協議，約定各國的捕撈額度，希望能保護鱘魚的生長環境。高貴的鱘魚子醬，稱它為「裏海黑珍珠」實不為過。

約翰說阿克套是個沒有街名的城市，因為早期做為開墾工人居住的地方，如同工廠宿舍一般的蘇聯式建築是以編號來區分，地址就以「區號—棟號—室號」來定，形成阿克套沒有街名的市區。

　　阿克套的市政廳廣場（Akimat）有座
海船雕塑，代表阿克套倚海為生的城市形
象，由此展開的主要大道上有阿拜戲劇
院、衛國戰爭紀念碑、地方民族博物館等，
還有整齊劃一的蘇聯式住宅大樓，但新建
的濱海大道就完全不一樣了，都是漂亮的
別墅和玻璃帷幕大樓，到處可見建設中的
高樓機具。沿著裏海岸建造的海濱公園是
當地人休閒和運動的地方，沿著步道下到
岸邊，或是戲水的沙灘、或是耀眼的白堊
礁岩，看海鳥翱翔海天之間，任徐徐海風
拂面而來，真是幸福的裏海人民生活。約
翰說他過去在蘇聯核能電廠工作，現在已
經退休，他的孩子都在石油公司工作，阿
克套人口約 20 萬，幾乎每戶人家都有家
人在石油相關單位工作，本地人因石油致
富，可惜很少有人來這裡旅遊。🐏

裏海之濱 千個冬窩子

約翰開著他的四輪傳動車從阿克套往北行，開始我們的「千個冬窩子」探險。出了城界後沒多久行經一大片墓園，一座座用石灰岩修建的白色陵墓層疊在一起，綿延近公里之長，這景象真是美，像搭乘時光機快速穿越的白色「天堂」，陵墓的規模也顯露出當地人的富有。約翰在墓園盡頭停下車，帶我進入一區以蘇菲行者寇什卡阿塔（Koshkar-Ata）為名的老墓園，一對父子正站在入口處默禱。中世紀的大西部應該是烏古斯—欽察人的時代，墓園主人的墓石造型很特別，一隻羊身，上面刻有羊頭羊角、一把彎刀和戰斧、還有阿拉伯經文，稱為「山羊石」（Koshkar-tas）。這不是違反伊斯蘭教禁用動物形象的做法嗎？讓我不解。

半島上的萬年足跡

車子快速地往北行駛，一路上盡是遼闊的草原荒漠；離開大馬路後，盡是顛顛晃晃的泥地，連 Google 也標不出路線的地方。幾小時後抵達阿克套北方 120 多公里的曼格斯拉克海灣，下車後約翰一個勁兒往海邊走，穿越高高低低的黃土礫地，心想到底要來看什麼要這般辛苦？我們到達一個高坡又往下走，來到一片巨石陷落的海灣峽谷，停在一排石岩前，石岩上有十幾萬年前原始動物三趾馬、大山貓和大山羊留下的足印，我有點想哭，爬得我氣喘噓噓就為看這原始化石！好不容易爬回到高處，站在岩石上，哇！腳下的大海灣地塹 (Zhygylgan) 有如白堊世紀封存至今的一片蠻荒世界，塌陷的石灰岩像花生酥似的散落一地，哈薩克西部陷入海平線以下的低地和東部激突出地表的高山地形，真的是天與壤的分別。

一路上開車不苟顏笑的約翰像是一位受過特訓的幹員，冷靜專注，讓我閃過曾經看過的諜報電影，殺手為湮滅人證，用腐蝕藥水讓人屍骨無存；如果在這荒野中失蹤，我會不會也消失得無影無蹤？

尋找冬窩子的足跡

曼格斯拉克半島屬於荒涼的烏斯土爾特高原的一部分，地形介於荒原和半沙漠之間，人煙極為稀少，但荒原上卻留有數百處荒棄的墓園，當地人稱之為「往者之城」(Beit / Cities of the Dead)。曾聽說由一個地方的墓園大小和數量，就可推斷鄰近村落的大小，有這麼多的「往者之城」說明了這裡曾經是眾多聚落人民生活的地方，他們都去哪裡了？是什麼樣的災變讓人們捨棄這片家園，留下孤寂的「往者之城」駐守這片遼闊的荒原。

約翰載著我在杳無人煙的荒原中奔馳，尋找傳說的牧民「冬窩子」的足跡，不時看老鷹凌空翱翔，尋找獵物。一路上我們拜訪了三處「往者之城」，有知名的 Kenty Baba (10~16 C)、Yptam (14~19 C)、Akwopa (16~20 C)，從十世紀到近代，橫跨近一千年。「往者之城」都設有圍欄，立有哈薩克歷史遺產的標誌，走在散落雜草間的坍塌墓石之間，聽腳下雜草發出的聲音，心中默默祝禱，倒也不會害怕，或許體內真的住了一個古老靈魂，來到這裡與過往的時光相會。

許多墓石上刻有一把大彎刀或戰斧，有的刻有像水滴、花朵、剪刀、馬和山羊角的裝飾；走進有穹頂的陵墓，室內一角有石階可登上屋頂，穹頂有開向東方的小窗，讓陽光灑入墓室；墓室內立有一根木杆，約翰說這是讓亡者靈魂得以援木登天之用。細看陵墓石牆，石塊中有貝殼或珊瑚礁般的化石，不知是幾萬年前的地殼運動，將海底岩床推上地表，造就曼格斯拉克這方奇特的海生地質。

往者之城 Beit

專家研究將這些為數眾多的「往者之城」分為三個時期：最早為斯基泰—薩爾馬提亞和馬薩蓋達人時期（400 BC~400 AD），墓塚以石塊圍成一個圓形，再立一尊擬人石像，石人多著戰士服並手持武器，上面刻有動物或氏族圖騰，前方有獻祭動物的石台；其次為烏古斯—欽察人時期（1000~1200 AD），多為小型積石塚，外加一橢圓石柱，上面刻有幾何圖案和氏族圖騰，分布範圍極廣，從錫爾河到裏海都有；最後為小玉茲時期，以18世紀阿代人的墓塚最多，也最具藝術性。

墓塚的造型和裝飾從最簡單的用石頭圍成一個圓形圈地或是堆成一個積石塚，再立一個石碑（Kulpytas），到用3~5塊墓石疊起基座，上面再放置一塊有山羊頭造型、幾何形山羊角、再簡化為阿拉伯經文雕刻的「山羊石」（Koitas），可以看到墓石造型在伊斯蘭化前後時期的變化；用石板圍成的盒形石墓（Sandyktas）是為找不到屍身的戰士建的衣冠塚；建有方形無頂石牆的是富人的墓地（Saganatam），石牆有裝飾和窗口可以看到內部；再來是為受尊敬的人士建的穹頂陵墓（Mazar），陵墓

內外牆多有裝飾。

　　墓石上刻的裝飾有馬、騎馬的人和軍旗，武器如彎刀、戰斧、匕首和弓箭，工藝器具如鎚子和鉗子，女性用品如珠寶、帽子、梳子和靴子等，顯示出亡者的部落、身分和職業。由此可推知刻有大彎刀或戰斧的墓是一位英勇戰士，刻有鎚子和鉗子的是位巧手工匠，墓石就像往者城內的門牌。在「肯特巴巴」(Kenty Baba)陵墓牆角看到幾隻山羊石刻，就是出現在阿克套機場大廳的燈箱畫面，讓阿克套引以為傲的歷史遺產。

蘇菲行者之地

話說故事的源頭，一天蘇菲大師亞薩維召集他的門徒，他要每位門徒由氈房的天窗向外射一箭，箭落之處就是射箭門徒要去宣揚蘇菲信仰的地方。門徒 Shopan 的箭落在曼格斯拉克，因此率先來到這裡傳教，之後有 360 位追隨的弟子和子嗣接續他的任務；這些頭戴高頂帽、身披羊毛氈外袍，具有如薩滿巫師般通靈和治病能力的蘇菲行者，很快的就將伊斯蘭信仰傳入牧民的生活，因此曼格斯拉克又有「360 位行者之地」的稱呼。蘇菲行者傳教的據點最知名的有位於阿克套東北方 300 多公里的索潘阿塔 (Shopan-Ata) 和別克特阿塔 (Beket-Ata)、海灣區的蘇丹埃佩 (Sultan Epe)、沙帕克阿塔 (Shakpak-Ata) 及前文提到的寇什卡阿塔 (Koshkar-Ata) 及肯特巴巴 (Kenty Baba) 等。

這一路從突厥斯坦的「亞薩維霍加陵墓」開始，到阿斯塔納的「哈茲雷特蘇丹清真寺」，再到哈薩克西部的曼格斯拉克大地，我看到無所不在的亞薩維身影，將伊斯蘭蘇菲教派信仰廣披到哈薩克大草原的宗教影響力。

我們沒有足夠時間前往路途遙遠的索潘阿塔，但足以前往鄰近海灣地區的據點，在途中遇到一位騎馬的牧羊人趕著大批黑白混雜的羊群，他是我們離開「往者之城」後遇見的第一個人；牧羊人彎下身來，問我想不想騎馬，因為要趕路所以婉謝他的好意，約翰向他問路後繼續前進，只見一堆快跑的羊群散開一條路，讓我們的車子通過，羊群驚慌的咩咩聲和我驚喜的歡呼聲同車子一起，揚長而過。

許久之後，我才意會到這一群黑白羊和騎馬的牧羊人，是「牧羊人的守護者」派來指引我們前往「行者之地」的使者，冥冥中我竟然闖進古老的傳說故事。

(傳說) 索潘阿塔（Shopan-Ata）到達曼格斯拉克後與當地的地主見面，請求地主允許他在當地放牧，地主應允來年將付他這一年產下的白羊數量金額，結果這一年母羊生下的羊都是白色的；地主心有不甘，不願支付，推說來年再付給他這一年產下的黑羊數量金額，結果這一年母羊生下的全都是黑羊，地主瞭解這是一位不尋常的牧羊人，心甘情願的付了所有金額。後來索潘阿塔被視為「牧羊人的守護者」，他的名字 Shopan 就是「牧羊人」的意思。

地下清真寺

曼格斯拉克的白堊岩地質經長久風化水蝕作用，形成許多天然的洞穴，為來到此地傳教的蘇菲行者提供了天然的庇護地和聚會場所，形成獨特的「地下清真寺」或「洞穴清真寺」，吸引許多信徒前來朝聖，讓曼格斯拉克在遼闊的空寂感外，更蒙上一層神祕的宗教氣息。

我們來到一個地溝峽谷區，登上位在半山腰的蘇丹埃佩 (Sultan Epe)，三座用石板堆砌成的圓形小塔，像是通風的屋頂，石牆表面有明顯的海底礁石和貝殼成分；洞口外立了一株枯幹，供人繫祈福絲帶之用，還有一處燒黑的火壇，儼然是薩滿儀式的做法。看到洞口有幾雙鞋子，約翰要我等等再進去，有人在裡面祈禱，先不要打擾他們；一會一家人從洞口出來，我們接著進入洞穴，低矮的通道壓得我不得不彎著九十度腰走路，通道間有幾處只能容一人瑟縮的穴室，石縫中放著經書，清涼昏暗的穴室就靠三個圓形天窗灑入的光線照亮，又見一根綁著祈福絲帶的木杆靠著石壁，這裡就是蘇菲行者苦修，與神契合的殿堂。這座地下清真寺在 12 世紀間形成，是蘇菲行者蘇丹埃佩長眠的地方，因為這一帶靠近海灣，蘇丹埃佩也被視為「漁民的守護者」。

距離蘇丹埃佩 20 多公里，建在一片白色峽谷壁面上的沙帕克阿塔 (Shakpak-Ata) 是一處很精采的地下清真寺，受風化水蝕作用的一片白堊礁岩活像一座浮出海面的海底龍宮，根本就是被大地巨人推上地表的海底世界，令人讚嘆。相傳索潘阿塔的孫子沙帕克阿塔在戰亂時避居至此，在洞穴中為人治病和救濟窮人，深受牧民敬重，過世後即葬於此。

我們順著白堊石階而上，快接近洞口時突然抬頭看見珊瑚礁一般的石籩，一根穿透石籩的長桿直指天際，我頓時領悟，這不就是遊牧民的原始宇宙觀，連結上、中、下三界的「生命樹」嗎，它被融入蘇菲信仰，成為一柱讓靈魂得以援木而上、通達天庭的神梯，讓牧民廣為接受伊斯蘭信仰的巴干神柱！

清真寺的內部呈十字形，分成四個區間，可容納眾多信徒做禮拜；凝漿似的白色石牆、拱門和支柱，真有如龍王的海底世界；牆上有潦草的石刻塗鴉和阿拉伯經文，記錄中世紀烏古斯人和近代阿代人的戰爭。走出洞穴，我們爬上礁岩頂，沿著平台斜坡緩步而下，四下是一望無際的荒原，這裡是裏海濱遊蕩的「自由人」留下的「千個冬窩子」。

地下清真寺附近設有休息站，為朝聖者提供一桌麵包、熱茶和打鋪休息的地方，離開時可隨心意捐一些食物或金錢。約翰準備了黑麵包冷肉三明治，簡單的午餐因為再次遇到「蘇丹埃佩」那一家人而變得有趣，婦人主動為我這位遠到的訪客斟上奶茶，他們的茶是用煮的，茶水倒入杯中再對上奶水、加點糖，大熱天卻顯得特別香醇好喝。餐後走出戶外，我不禁再多看一眼這群當地人，傳聞中民風剽悍的阿代人，他們是歷史上奔馳在西部大草原的善戰民族，從斯基泰─薩爾馬提亞人到托米麗絲女王麾下的馬薩蓋達人、阿蘭人、可薩、烏古斯、欽察、蒙古、諾蓋，直到阿代人接棒。

看到一旁的約翰正在仔細檢查輪胎和水箱，確保我們的行路安全，我明白他不是我想像中的冷血特務，而是上天派來的特訓保鑣，一位 70 歲的識途老馬，載著我馳騁「千個冬窩子」。

凝固的海底世界

　　離開白色的「海底龍宮」，上路後我們又進入另一個白色世界，前方的道路像白雪似的一片雪白，行車間遠方閃過一條又一條白色的地平線，從未見過如此奇幻的景象，原來前方的每一條白色地平線就是一處陷落地表的地塹峽谷。約翰在一處停下車，待我往前走近一看，天啊，腳下是一條看不到盡頭的白色大地溝，白堊石灰岩形成的卡潘塞大峽谷（Kapamsay canyon）！這景象與哈薩克東南部的恰倫峽谷（Charyn Canyon），形成一紅一白、一高一低的強烈對比，但這裡顯得更加原始荒涼，杳無人煙。我們沿著海岸往南開，白色的堊岩也一路相隨，白花花的一片，好像被推上岸邊的白色浪花瞬間凝固的樣子，曼格斯拉克海灣盡是凝結的白色浪花。

以前聽過白堊紀，只記得是好幾百萬年前的地質生成年代，曼格斯拉克半島獨特的白堊岩地景讓我重新找出資料，得知白堊是石灰岩的一種，多在溫暖的海洋環境生成，由微小的碳酸鈣質海洋生物遺體和細粒的方解石混合而成，形成一種灰色或灰白色的沉積石，具有疏鬆多孔的特性，在生成的地區常會形成石林、溶洞的獨特景象。這剛好就是這裡的條件，溫暖的裏海，海洋的環境，古老的年代，地殼的運動，將凝固的海底世界推上地表，就是曼格斯拉克的大自然造景。

最後，我們來到阿克套西北方 100 多公里的 Shair 鎮附近，荒原上出現許多大圓石，隨著車子前進，大圓石的數量越來越多、也越來越密集，綿延 1.5 公里之遠。我們走進巨石林，好像進入迷宮似的沒了

方向，巨石有圓形、半圓形、蘑菇形、茶壺形，有的像隻烏龜、有的像縮頭烏龜、還有兩個抱在一起的大胖子，最大的石頭直徑有三公尺之寬，石頭中有明顯的海中生物化石和層層的礦物石。科學家說在幾百萬年前的白堊紀年代，這裡是一片海底岩床，後來海水退去，海床變成陸地，海底岩床生物逐漸凝結，形成大圓石。這裡稱為「海生巨石林」(Torysh)，有人形容它們像巨人的皮球，我覺得它們像浮出海面的蝦兵蟹將。

當地傳說，很久很久以前這裡遭外族入侵，黑壓壓一片的士兵如海水壓境而來，無助的百姓只能舉起雙手哀求上天的憐憫，誠心感動了天神，突然間天空雷雨交加，敵人士兵一個個都變成了石頭，像浮出海面的蝦兵蟹將，瞬間被凝固。

阿代人家
Adai

當天我們還要趕到當地的阿代人家做客，我在音樂中聽過無數次的〈阿代〉（Adai）。18世紀崛起的阿代人是哈薩克小玉茲的一支強悍部落，在擊退花剌子模汗國，趕走土庫曼人後入主裏海東岸的土地。據說阿代人沿襲同族婚姻制度，民風保守強悍，19世紀時曾強烈反抗沙俄勢力的擴張，發起多次抗爭行動，最後才被俄國壓制下來，因此阿代人成為哈薩克人不屈服的民族精神象徵，隨著東不拉音樂〈阿代〉而廣為流傳。

我們來到一個不知名的村落，黃昏的道路上有要回家的駱駝，沒有人驅趕，好像牠們都認得自家的路。哈薩克西部多駱駝，阿克套的駱駝奶（Shubat）很有名，葉德囑咐我一定要試試，據說駱駝奶不僅營養成分高，還具有醫療功能，被視為可去

百病的傳統飲料。我們稍事參觀鎮上的文化中心後，中心主任陪同我們來到一戶阿代人家，女主人和女孩正忙進忙出的準備晚餐。我們席地坐在厚實溫暖的花毯上，毯上擺著沙拉和一定要品嚐的駱駝奶，喝

起來像加水的馬奶酒，沒有我想像的駱駝重味。接著女主人端出哈薩克人的主食「五指麵」，大塊的羊肉讓人垂涎欲滴，女主人拿起小刀熟練的將羊肉塊削成小塊，她將一根羊腿骨送入約翰盤裡，表示對男主客的尊敬，之後將整根羊舌放入盤中，送到我這位女主客的面前。女主人用刀子割去羊舌的一塊肉，我以為她是割去一塊不乾淨的肉，約翰轉述女主人的話，說她剛剛割去了羊舌尖，意思是要女人家謹言慎行，少說話，少嚼舌根！育教於食，這天我從阿代人身上學了一課。

我告訴他們，因為在台灣聽了哈薩克樂團演奏的〈阿代〉，才知道阿代人的故事，促使我想來西岸看看，主任聽了很高興，隨手拿起東不拉彈唱了一曲，雖然聽不懂意思，但音樂已經傳達了所有美好的心意。跟著音樂嚮導，讓我再一次看見哈薩克不一樣的文化風景。

民族音樂 阿代

　　因為葉德的關係，讓我有機會拜訪阿克套著名的「曼格斯套音樂學院」，一早學校安排了車子來飯店接我，並請一位商業大學女學生來協助翻譯。來到已經坐滿學生的教室，音樂學院的院長也來簡短致詞歡迎遠道而來的客人，說著說著他的嘴角露出一抹微笑，「怎麼這位客人長得比我們的翻譯同學還要像哈薩克人？」引起學生哄堂大笑。

　　欣賞學生的演唱後，東不拉名家蘿莎（Roza Taymankyzy）親自示範東不拉的演奏，他用音樂講了一個故事，大意是男孩為追求女孩家，和女孩母親的一段鬥智對話，一來一往之間表現東不拉的各種演奏技巧。我留意到琴身上的一對天鵝裝飾，隨口說「好漂亮的 Akku」，聽到我略知哈薩克音樂，一位男學生大方的站起來，主動爭取表演東不拉名曲〈天鵝〉（Akku）。得知我是因為東不拉音樂〈阿代〉而來西部，蘿莎和二位男學生立刻擺出陣仗，坐上「座騎」，將右腳翹在左腿

上，這是哈薩克人彈奏東不拉時的豪邁動作，師生三人聯手彈奏了〈阿代〉！他們的手在東不拉琴弦上快速的飛舞，像三匹奔馳在大草原的駿馬，進擊合離如賽馬，一會又如衝鋒沙場的英雄戰士，合力廝殺抗敵。我聽得熱血沸騰，彷彿阿代人的世紀之戰歷歷在眼前，都說音樂是一個民族的靈魂，今天這一曲由阿代人演奏的〈阿代〉，讓我走過的「往者之城」頓時有了鮮活的生命和靈魂。🐏

庫爾曼加齊

這首膾炙人口的東不拉名曲〈阿代〉的創作者庫爾曼加齊（Kurmangazy Sagyrbaev，1818~1889），是哈薩克近代最重要的作曲家和演奏家，哈薩克人尊稱的偉大「曲家」（Kuishi）。他出生在裏海北岸布克伊汗國（Bukei Horde）的一個貧窮家庭，六歲時就被送去為地主放牧，十八歲時離開家鄉四處流浪，用東不拉音樂抒發人生，後來在音樂賽會中逐漸為人所知。

庫爾曼加齊一生用音樂表達對封建社會地主與平民間不平等待遇的不滿和正義之聲，即使受到打壓和牢獄之災也沒有動搖心志。他的音樂多是激昂、快節奏、跨越大音域的曲式，充滿英雄人物的豪情壯志和母親大地的溫暖情感，留下 60 多首激勵人心的作品，最膾炙人口的有〈薩利阿卡〉（Sary Arka）、〈阿拉套山〉（Alatau）、〈意氣飛揚〉（Balbyraun）、〈阿代〉（Adai）等，也為哈薩克西部的東不拉音樂樹立獨特的演奏風格。

庫爾曼加齊身後葬在裏海西岸，今俄羅斯境內的阿斯特拉罕附近，他被尊為哈薩克民族音樂的典範，現在許多重要的國家樂團和音樂學院都以他為名。如果說阿拜是哈薩克近代文學之父，庫爾曼加齊就是哈薩克近代民族音樂的教父，影響當代音樂創作的靈魂人物。

鹹海新生兒
Aral Sea

　　結束滿滿收穫的西部行程，我特別選擇白天的班機從阿克套飛往阿拉木圖，想從空中看看遼闊的哈薩克大草原。飛機起飛沒多久，又看到散布在曼格斯拉克半島上的眾多白色大地溝，一條又一條，一串又一串，像是大地女神散落一地的白色珠串；荒涼的烏斯土爾特高原依然神祕，看不清是荒漠、沙洲、還是令世人讚嘆的奇岩峽谷「獅子山」；一會下方有水體出現，應該就是鹹海。

　　在吉爾吉斯文學家欽吉斯的書中有一段關於鹹海的描述：傳說生活在藍色蒼穹的四十位眾神在嬉戲時，不小心讓一顆閃亮的藍色綠松石滑落到地面，綠松石變成一座美麗的湖泊，湖中生有很多魚和一隻可以讓人如願的金魚；敦厚善良的漁夫耶第格（Edige）每天守在湖邊等待金魚出現，一天金魚終於出現，耶第格將金魚帶回家，完成妻子想要懷孕的心願，之後將金魚放回湖中，幫助更多的人實現夢想。

　　鹹海曾經是世界第四大湖，因為蘇聯時期將沙漠地開墾成棉花田，大開運河渠道引阿姆河及錫爾河的河水灌溉，造成二

條河下游的鹹海逐漸乾涸枯竭，嚴重破壞當地的自然生態環境，其惡果一直延續至今，在《中亞之心‧烏茲別克》書中有詳述烏茲別克的鹹海岸面臨的種種問題。哈薩克為搶救境內的北鹹海，在 2005 年完成一座長 14 公里的水壩，橫跨在連接南北鹹海的狹窄水道，攔截往南流失的水量；同時改善錫爾河的水道，增加注入北鹹海的水量，已經讓水面升高，湖水鹹度降低，讓魚類得以重生，挽救了當地的漁業。但在烏茲別克的南鹹海只剩下西邊一長條水域，東邊已完全乾涸，二國也因鹹海水源問題而不睦，終究與烏國無法割捨阿姆河支撐的棉花經濟有關，造成南鹹海從乾涸到消失。

從空中俯瞰平躺在黃土大地上的鹹海，我好像看到一個母親子宮內的胎兒，手腳還沒有長出來，靠著二條河水臍帶，正在一點一點的長大。這景象實在太神奇了，上天讓我在空中看見鹹海的故事：因為北方的漁夫將金魚放回湖中，才有喜獲新生兒的今天，南方的漁夫不肯放回金魚，如今什麼機會也沒了。

邊境的歷史情懷 佳肯
Zharkent

位在阿拉木圖東北方 300 公里的佳肯 (Zharkent)，距離通往中國的霍爾果斯口岸 (Khorgas) 只有 30 公里，最近的中國城市為伊寧，這裡聚居了許多維吾爾人和東干人，占當地人口一半以上。來到這裡就要回溯一下滿清末年的歷史：1871 年（同治十年），沙俄趁浩罕汗國在天山南路叛亂之際，出兵佔領新疆伊犁地區，1877 年左宗棠平定回亂後，與沙俄幾次交涉仍無結果；1881 年清朝改派駐英法公使曾紀澤（曾國藩長子）赴俄談判，在聖彼得堡簽下《中俄修訂條約》，即《伊犁條約》或稱《聖彼得堡條約》。根據條約，沙俄歸還伊犁九城，俄軍退守到佳肯，但仍取得霍爾果斯河以西、齊桑湖以東七萬多平方公里土地，清朝還要賠償俄國兵費九百萬盧布。俄國在佳肯建堡後，許多維吾爾及東干人從新疆遷移至此，1942 年改城市名為潘菲洛夫 (Panfilov)，1991 年獨立後改回原名佳肯。

我們從阿拉木圖出發，通過一段沙漠地帶後到達佳肯。扎德拉帶我們來到一座鮮綠可愛的東正教小教堂，應該是俄國人建堡後最早的教堂位置。教堂對面有一所維族小學，一群小朋友騎著單車在午後閒逛，我的眼睛為之一亮，還想和這群臉龐

深黑的小孩聊聊時，扎德拉催促我不要逗留，好像他們是一群不安全的孩子似的。其實，吸引我來佳肯的原因就是想看看這裡的維族人和一座中國式的東干清真寺。

早期移居此地的東干人為維繫他們的信仰，共同集資聘請中國的建築師設計，在 1892 年完成一座飛簷寶塔式的東干清真寺，清真寺後來毀於地震，經重建後完成現在可容納 1000 人的清真寺和古蘭經學校。進入清真寺的中式庭院，簡單的清真寺前庭初看並沒有什麼特別之處，有配色獨特的斗拱和簷樑彩繪；進入大殿，左右二側有通往二樓迴廊的彩繪樓梯，樑柱繪有像水紋似的黑色圖紋；穿過大廳，前方一片融合中亞彩繪天花、灰泥浮雕牆和中式樓閣彩繪的裝飾，形成一種前所未見的繁複美感，特別是宣禮台前的門楣花窗和斗拱式的宣禮台寶蓋，正中的斜十字和宮燈吸納了所有的目光！我看得入神，渾然不覺上方屋樑上有很多蝙蝠窩，產生一股氣味，扎德拉受不了這股氣味急著要離開；或許是中國傳統認為蝙蝠是吉祥的動物，所以不會驅趕，才會讓蝙蝠在大殿屋樑上築巢。能欣賞到如此獨特的中亞與中國合璧的建築之美，也是人生難得的「福」份，讓我佇足許久細細觀賞。

　　清真寺內不允許拍照，隨行監督的婦人眼神中充滿對外人的不信任感，我對她說台灣有數萬穆斯林，我希望能讓他們也看到這座美麗的清真寺，婦人輕輕點頭，讓我按下快門。

　　一路旅行的觀察聽聞，我感覺到哈薩克人似乎不是很喜歡維族人，扎德拉說維族人總是自成一個團體，只說他們自己的語言，不太與其他族群交往；想到過去維吾爾人被遊牧民族稱為「務農人」（Taranchi），就帶有粗鄙的輕視意味，好像這種被輕視的民族情節還沒有消散。無意間發現維吾爾（Uyghur）在古突厥語中有「團結」、「緊密結合」的意思，或許這正是維族人與生俱來的民族性格，他們被迫離鄉背景，在異地又飽受歧視，讓維族人更加緊密的結合在一起，這是他們的基因，也是他們的命運，就像清真寺庭院內那棵蓊鬱的盤根老樹，彼此緊密的靠攏著，努力在異鄉找到立身之地。

　　遊牧的哈薩克人似乎也不是很喜歡烏茲別克人，認為他們多是拐彎抹角的生意人，早期烏茲別克人被稱為「薩爾特人」（Sart），也帶有輕蔑的意味。再來，有些哈薩克人對獨立之後遷回哈薩克的「返鄉人」（Oralman）也有微詞，認為這些人在國家最苦難的時候離開，現在回來又享有特別的安頓待遇，有失公平。錯綜複雜的近代歷史，讓這塊土地上緊密相連的民族更加糾結不清，好像從突厥民族登上歷史舞台的那一刻開始，彼此間的針鋒相對就沒有停歇過。

尊貴的馬背民族

話說回來，自視頗高的哈薩克人的確是個值得驕傲的民族，他們承襲了世紀前歐亞草原的主人——塞迦貴族統治者、馬背民族的始祖、尊貴的金武士、黃金聖物守護者的血脈，西突厥汗國的盛世，蒙古汗國的遼闊土地，還有「貴種」民族高傲不屈的性格。「我們的祖先教會人類穿上褲子」，我的音樂家朋友這麼告訴我。

看歷史上突厥汗國的統治者自稱為「藍突厥」（Kok Turk），是突厥人的貴種，稱被征服的部落為「黑突厥」或「黑民」（Kara Turk），黑民地位低，必須為統治者服勞役和出兵作戰；再看蒙古汗國的統治者必須出自「黃金家族」，即成吉思汗的子嗣，才能登上可汗之位；後來的哈薩克汗國統治者也必須出自朮赤世系，他們自稱為「白骨人」（Ak-Ayek），稱一般平民、牧工和奴隸為「黑骨人」（Kara-Ayek），都是由一個人的出身、氏族和血統決定其地位高下的傳統。含著金湯匙出生的哈薩克民族，天生帶有一息貴族之氣。

我發現過去中國傳統社會講究的「士、農、工、商」各業，萬般皆下品、唯有讀書高的士大夫階級觀念也存在哈薩克人的傳統社會，不過他們所尊崇的「士」不是讀書人，而是孔武有力、驍勇善戰的武士和戰士；過去平民階級的人可能因作戰勇猛，受到眾人和統治者的賞識，成為英雄人物「巴特爾」，而獲得較高的社會地位。想想，能蹬上馬背自由奔馳在草原上、衝鋒沙場與敵人搏鬥的勇士，自然是比低頭勞動的農人或是哈腰迎人的商人要高尚得多，昂首挺背的騎馬民族自然是驕傲得理所當然。他們不會主動向你訴說草原的故事，只有你走進他們的世界——歐亞之心，才能看見金武士的輝煌身影，聽到草原英雄的故事；你還得有本事和膽識，才能與他們並駕齊驅，馳騁大草原。🐏

Part *4*

遊牧運動會
的遊牧世界

WORLD NOMAD
GAMES

傳說「阿拉」用風創造了馬，
做為男人的一雙翅膀，馳騁草
原。千百年來無數戰死沙場的
巴特爾，他們高貴的靈魂化作
白鷹展翅，翱翔天際，依然在
天地之間捍衛故土。

由吉爾吉斯在 2014 年發起的「世界遊牧運動會」（World Nomad Games），號稱遊牧民族的奧林匹亞，邀請歐亞大草原地帶具遊牧背景的國家共襄盛舉，發揚遊牧民族的文化和運動精神，是中亞國家的又一創舉，不讓蒙古的「那達慕運動會」專美於前。每二年舉辦一次的運動會從首屆 19 個國家擴增到 80 多國，連美國西部牛仔也組隊來湊熱鬧。2018 年 9 月我也隨著大批選手、國際媒體和旅客來到吉爾吉斯，參與這場難得的遊牧盛會。我從阿拉木圖飛抵比什凱克機場，等待主辦單位的接機人員，我主動向穿著制服的青年志工揮揮手，女孩走過來確認我是來參加活動的外賓，她笑說：「我剛剛看到妳，還以為妳是吉爾吉斯人，沒想到妳是客人！」現在我從一位像哈薩克人的台客又變成一位像吉爾吉斯人的台客了。

隔天，大隊人車在「老廣場」國會大樓前集合，好不容易找到我們的團體，混亂中大家陸續上車，三、四十輛嶄新的白色箱型車在警車開道下，浩浩蕩蕩的開往伊塞克湖的喬朋那塔，沿途行經的城鎮也出動警力管制交通，護送車隊快速通過。國內經濟和財政不算寬裕的吉爾吉斯傾國力要辦好這場遊牧盛會，就是要讓全世界看見吉爾吉斯，喚起吉爾吉斯人對自身文化傳統的自覺。運動會在可容納上萬人的新建競技場和競技館進行，一長排的競技場立面有 40 根立柱，代表 40 位追隨馬納斯的勇士精神；主入口的玻璃帷幕映著天山和藍天白雲，正中是一個氈房天窗，正是吉爾吉斯人賴以為生的天地；象徵天山雪峰的拱門上有雪豹和遊牧運動會的標誌，一匹載著像是人、又像太陽的馬。

開幕晚會因為有多國總統政要將出席，我們早早在四個小時前就到達會場，入場時所有人員都要「卸甲」，將背包和攝影器材放在地上讓狼犬嗅檢，好遊牧的安檢方式。入坐後，驕小的我夾在數百位穿著 PRESS 夾克的各國媒體人員和大砲攝影器材間，努力的尋找一線視野。開幕晚會出動了上千位演出人員和馬匹，以吉爾吉斯英雄史詩《馬納斯》和大文豪欽吉斯的文學串起九大幕舞台表演，隨著一幕幕表演的推進，我們也一步步的走入遊牧民族的互古世界，將我對遊牧文化的鱗光片羽印象都串連了起來，形成一幅幅磅礡的草原風景畫。

第一幕 開天闢地
全場暗黑寂靜中響起空靈的樂音
回到宇宙大地最初的混沌

創世紀神話

關於宇宙的創始，前面已有吉爾吉斯的天山傳說，哈薩克有個〈迦薩甘創世〉(Jasaghan) 神話。傳說迦薩甘在混沌中創造了天地，天地間一片黑暗，極為寒冷，迦薩甘用自身的光熱創造了日月，照亮並溫暖了天地；為了撐起大地，祂找來一頭青牛，讓牠用角頂起大地，但這頭青牛的脾氣不好，只肯用一隻角頂住大地，當牠換角時就會有地震，迦薩甘打造了一些高山做為釘子，將大地固定在青牛身上。固定好大地後，迦薩甘在大地中央種了一棵胡楊神樹，神樹高聳入雲，將天空撐了起來，迦薩甘將日月安置在天空。迦薩甘再用泥土捏了二個小人，然後將靈氣吹入小人嘴巴，泥人便有了生命；泥人男的叫阿丹阿塔 (Adam Ata)，女的叫哈娃阿娜 (Hawa Ana)，二人是人類的始祖：阿丹與哈娃，父親 (Ata) 與母親 (Ana)。這棵立於天地之間肉眼看不到的神樹，擔起支撐天空、連通天地的作用，上面布滿生命的種子，還有一隻神鳥居於其上，當牠拍動羽翼時，也將生命的種子散播至四方。

垂直的宇宙觀

原始人類崇拜太陽，在吉爾吉斯和哈薩克發現的史前岩畫中都有出現太陽和祭天儀式的畫面。來自東方的遊牧民匈奴稱天為「撐犁」或「騰格里」(Tengri)，他們認為宇宙分為三界，上方是至高無上的天神和日月星辰諸神居住的天界，中間為人類居住的地界，下方為魔神掌控的下界，這種垂直的宇宙觀形成一棵「生命樹」，其中生有各種生物。他們為與神靈溝通創造了一個靈媒人物，就是「薩滿」巫師 (Shaman)，意思為「知者」，一位能代表部落主持獻祭儀式、占卜問卦的祭司，也能為人治病和驅魔的醫師；當薩滿巫師進入出神狀態時，他的靈魂能穿梭「生命樹」枝幹間的洞口，進入不同的世界與神靈溝通，帶回宇宙神靈的所知和力量，來維持人世間的和諧秩序。

歐亞草原的遊牧民也接受這樣的宇宙觀，稱薩滿巫師為「巴可」(Buck)，「使者」之意。中世紀草原民族皈依伊斯蘭教後，薩滿巫師和儀式被驅離，但沒有從此消失，「巴可」悄悄流入民間，隱身在音樂中，帶著那把與神靈溝通的樂器「庫布孜」(Kobyz)，變身為民間吟遊詩人「巴喝什」(Bahkshy/Baksy)，「大師」或「老師」之意，繼續神遊人世間。他們說「詩歌是人的靈魂之舞，也是人與神的對話語錄」，「巴喝什」吟遊詩人透過詩歌與神對話，訴說歷史上的重大事件、英雄人物的事蹟、部族的起源和神話故事，時至今日在西伯利亞、中亞、西亞和高加索地區的音樂中仍可看到他們的身影。

哈薩克毛氈藝術「生命樹」，Alibay Bapanov 作

生命樹與神鳥

　　最早出現在古波斯瑣羅亞斯德教（祆教）經典《阿維斯陀》記載，象徵幸福與正義的神鳥「西穆」(Semurg)，在烏茲別克稱為「呼麼」(Humo)，在哈薩克稱為「薩母勒克」(Samuryq)。傳說牠棲息在宇宙中心的「生命樹」之上，樹上布滿各種生命的種子和具有療效的樹葉，當牠展翅飛翔時也將生命的種子撒向人間；牠被視為天地之間的使者，能淨化土地、帶來富饒，牠也是一隻捍衛正義的先知鳥，能預知並賦予王者統治的力量。

　　這個原始的宇宙觀和神鳥喻意依然存在哈薩克的現代生活和藝術創作中，現在再看阿斯塔納市區廣場的「哈薩克民族紀念碑」上的金色神鳥和「生命樹之塔」上的神鳥金蛋，我看到一隻從南方飛來的神鳥，在北方的宇宙神樹上停歇下來，築了巢、下了蛋，從此以此地為家。生命樹與神鳥有如薩滿與祆教二大原始信仰在歐亞大草原的相遇，為草原人民誕下永不休止的神話傳說。🐏

第二幕 生命之輪

日日高昇的太陽，周而復始的生命之輪

生養著草原上的子民

周而復始的轉場

競技場上的大舞台移入眾多的氈房，牧民以高山草原為家，養殖牛、羊、馬、駱駝和犛牛牲畜，過著逐水草而居的遊牧生活。度過寒冷的冬天，春天是牧民接生羊羔子的時候，要照顧小羊羔、也要擠奶做奶製品，是一年中非常忙碌的季節。夏季時，牧民收起家當，將牲畜趕往地勢較高、氣候涼爽的山谷地放牧，他們稱為「夏日牧場」（吉語 jailoo／哈語 zhailau）的地方，這是一年中最享受的季節，動物吃得好、長得好，牧民在山谷草原上舉行各種娛樂活動，如摔跤、賽馬、叼羊競賽、姑娘追等，也是青年男女物色對象的快樂時光。入秋後草木逐漸變黃，就要停止擠奶，開始剪羊毛和準備冬天的食物，再將牲畜趕往背風向陽的山谷地過冬，他們稱為「冬窩子」（吉語 kyshtoo／哈語 qystau），讓動物交配，等待春天的來臨，這種季節性的遷徙稱為「轉場」。一年到頭，周而復始，牧民都要為他們最重要的財產—牲畜—不斷的移動，尋找水草和牧場，幾乎所有的生活節奏都與動物的生長有關。

吉爾吉斯和哈薩克都是遊牧民族，二國在歷史、文化、語言和人民關係上緊密相連，素有「兄弟之邦」之稱，他們自己也說「吉爾吉斯與哈薩克人是一起出生的」；俄羅斯人剛開始也分不清楚，將哈薩克人視為吉爾吉斯人，稱吉爾吉斯人為黑吉爾吉斯人。依照吉爾吉斯的說法，他們最大的不同在於放牧的方式，因為所處的地形不同，吉爾吉斯採高山垂直式放牧，哈薩克則是草原平行式的放牧。

讓羊舔食鹽磚可以補充礦物質及增加食慾

狩獵是遊牧民早期維生的一種方式，他們以動物名來稱月份，依照動物的生長時序來打獵，後來狩獵行動變成一種娛樂和鍛鍊體魄的運動，足以展現汗王權力和富人財力的活動。他們將鷹隼訓練成可以捕捉獵物的獵鷹（salbuurun），據說一隻好的獵鷹身價可抵 5~6 隻駱駝，非凡的身分更讓牠們成為一種精神象徵，人們相信偉大的戰士靈魂會隨著鷹隼高飛，翱翔在天際，哈薩克的國旗上就是一隻展翅的老鷹和金色太陽。他們捕捉幼狼加以馴養，再與家犬交配出來的狼犬很凶猛，可以訓練成獵犬（taigan），據說一隻好的獵犬身價可抵 40 匹馬，可做為聘禮之用。由此亦可見遊牧民以動物數量計財富多寡的生活，手捔著獵鷹和滿載獵物而歸的獵人也成為會場上最威風的畫面。

都說環境會孕育出不同的民族性格，再來看這一對一起出生的兄弟，我覺得吉爾吉斯人閒適自在，帶點慵懶，哈薩克人高貴自主，帶點傲氣；一個來自高山草原，一個來自曠野草原。他們像一個母親、不同父親的兄弟，曾經一起並肩作戰抗敵，也曾一言不合而對打起來，兄弟之邦也難免有歷史情結。聚會時聽吉爾吉斯和哈薩克朋友的對話，他們說著說著就鬥起嘴來，

在一旁聽得也覺得好笑，這對兄弟有時哥哥會讓著弟弟，有時也會教訓一下弟弟，弟弟有時會聽哥哥的話，有時也會狠狠地回踹哥哥一腳，我想草原上的兄弟如果不滾地扭打一番，怎麼能稱作「兄弟」。🐏

天馬之父—康巴阿塔

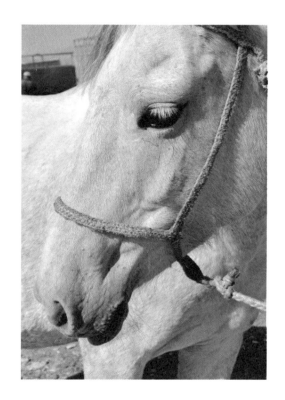

黑暗中一聲馬鳴，萬馬奔騰在山形大螢幕，一只金馬蹬由天而降。一陣閃電雷鳴，太陽中心出現一個跑馬人，從遙遠的天際奔馳而來，他越跑越近，後面尾隨的跑馬人也越來越多。原來這就是神話中來自太陽的天馬神人「康巴阿塔」（Kambar Ata），馬的守護神，遊牧運動會的標誌。

早自塞迦人時期馬就被視為很神聖的動物，是太陽神的象徵。牧民相信太陽是騎著一匹白馬在天空行走，「白馬駒」象徵最高的主宰「騰格里」，最為尊貴，但牧民不稱牠們為白馬，而是「藍馬」或「赤馬」，因為藍代表天空，紅代表太陽；當天空閃電打雷時，牧民會說是馬在鳴叫。他們相信惡靈怕馬的味道，當有人久病不起或孕婦遇到難產時，會將馬牽入氈房，讓馬去嗅一下病人，好趕走惡靈；馬毛也有驅邪作用，因此會將馬毛縫在給小孩的幸運符裡，或將馬尾毛掛在長杆上立在亡者的墓前，可以嚇阻惡靈靠近。他們相信馬肉和馬奶具有神奇療效，認為馬奶可治「四十病」，可治「百病」之意，馬油還可用來治療骨傷。

牧民重視馬，當母馬生了小馬，他們也會像生了孩子似的宰羊慶賀，用點燃的雪松煙霧掃過小馬的身體，在小馬的頸上掛一個幸運符或是一撮貓頭鷹羽毛，保護小馬不受惡靈侵入（這裡又看到二種可以驅邪的神物：雪松和貓頭鷹羽毛）。牧民忌諱生人從母馬和小馬之間穿過，可能會

讓母馬不願哺乳小馬；不要對馬吼叫或是拍打馬頭，不要坐在空的馬鞍上，都來自牧民對馬的特殊情感。因此，有錢人對馬的用具和裝飾非常重視，馬具可以顯示馬主人的身分和財富，一個人的財富也以擁有的馬匹數量而定，是過去娶親時必備的聘禮。

吉爾吉斯民間有個傳說，說「阿拉」用石頭創造了山羊，用鹽巴創造了駱駝，用風創造了馬。吉爾吉斯人說「馬是青年男子的一雙翅膀」，哈薩克人也說「歌和馬是哈薩克人的一雙翅膀」，一旦蹬上馬背就能像風一樣無邊無際的飛馳在大草原上；又說「飛鳥靠翅膀、英雄靠駿馬」，英雄沒有馬就難以成為戰士，人沒有馬就

像沒有腳一樣。他們稱年輕的小伙子為Jighit，我稱他們是「傑騎」男孩。♈

大地母親—烏瑪伊女神

千人的舞台上出現一位頭戴白色高頂帽的婦人，她仰天祈禱，感謝上天賜予柯爾克孜人民豐美的草場、健壯的牲畜、美麗的家園和幸福的生活。一看就知道這是一位母親的祈禱，也是一位在冥冥大自然中守護遊牧眾生的大地母親，吉爾吉斯人稱她為「烏瑪伊母親」(Umai Ene / 哈語 Umai Ana)，專門保護兒童、婦女、火爐和家庭的女神。

像一隻飛鳥的烏瑪伊圖騰

早期因為生活條件不好，遊牧民的嬰兒死亡率很高，因此牧民家庭希望能保有很多孩子。他們對大自然神靈充滿敬畏，因而想出很多藉由神靈的力量獲得平安的做法，這些傳統習俗有些可能已不存在，但傳統的魅力就在於它來自人民的集體想像和創造，非常有趣，藉此也可以瞭解遊牧民的異想世界。

早期婦人要生產時，家人會在氈房中立一根象徵「生命樹」的木樁，希望生產過程可以很順利。產婦蹲抱著木樁分娩，嬰兒落地後由接生婆剪斷臍帶，稱為肚臍媽媽(Kindik-ene)；嬰兒順利產下後，男

性長輩會唸一段古蘭經文，為新生兒祝禱，同時請一位年長婦人在氈房外繞行，一直問「孩子生了嗎？孩子生了嗎？」（Tushtubu ？），用來引開惡靈的注意。他們認為剛出生的嬰兒還不完全是人類，只能由肚臍媽媽碰觸嬰兒，由她為嬰兒穿上用一位多子婦人的白衣布料縫製的「狗衣」（it keynek），因為狗是一種吉祥的保護動物。婦女生產時「烏瑪伊女神」就會出現，保護產婦和新生兒到三歲，而肚臍媽媽就是「烏瑪伊女神」的一個化身。

牧民認為胎盤是嬰兒身體的一部分，具有動物性，因此要將胎盤埋在一個隱密地方，或是餵狗，特別是家中曾經有嬰兒夭折，希望孩子可以像狗一樣生很多。他們認為臍帶內仍有嬰兒的一部分靈魂，要留下來收好，有的會將臍帶縫在母親的衣服內，希望可以再懷胎；有的會將女嬰的臍帶埋在火爐旁，希望女孩將來成為一個會持家的婦女。肚臍媽媽要照顧產婦和嬰兒 2~3 天，保護他們不讓惡靈靠近，或是放一隻貓頭鷹在帳內，因為貓頭鷹的叫聲也能嚇阻惡靈和怪獸。有趣的是他們的怪獸「阿爾巴斯特」（Al Basty）也是以老婦人的模樣偽裝出現，就像我們的「虎姑婆」一樣，所以也要留意壞心的惡婆婆出現。無所不在的「烏瑪伊女神」像一隻看不見的飛鳥存在宇宙間，也化身無數偉大的母親保護著兒童和家庭，因此他們從小教導孩子不能隨便拿石頭擊鳥。

傳說 貓頭鷹原本是一位助人消災祈福的智者，擁有一套完整又靈驗的祈禱詞，後來因為觸犯了天神而被貶為一隻鷹，智者將自己的祈禱詞一行一行的排列在自己的身體上，因此貓頭鷹成為一隻能嚇阻惡靈的動物。經常看到未婚少女和新娘的帽頂上、新人的氈房內和嬰兒的搖籃旁、或是音樂家的樂器上掛著貓頭鷹的羽毛，它不僅是裝飾，更具有護身的功能。

為保護傳宗接代的男嬰平安長大，不受惡靈侵害，牧民有很多奇特的做法，像是將男嬰寄養在大戶人家 3 天、7 天或 40 天，甚至一年之久，之後再將孩子「買」回來；領回孩子時由寄養家庭宴客，生父母要準備九樣禮物送給寄養家庭。為男嬰取名時會以過世的長壽親人名字來命名，或是取名定生 (Toktogul)、保生 (Toktosun)、長生 (Omurbek)、石生 (Tashtanbek)、鐵生 (Bektemir) 等，希望藉由大自然的力量保護男嬰長大，或是取個不雅的名字像是奴家、大便、狗人等，好不引起惡靈的注意；或是將男孩當女孩來養，讓男童穿女孩的衣服和留髮辮，直到 10 歲左右再舉行剪辮儀式，恢復男孩裝扮。

牧民還會準備各種護身符來保護新生兒，如將一撮小馬或氂牛尾毛縫在嬰兒的衣服內，或將一卷古蘭經文放在護身符內掛在嬰兒身上；求子許久或家中曾有孩子夭折的，會給嬰兒戴上一個金屬腳環，或是戴上一個耳環，這個金屬環要用從七位生有子女的婦人家索取來的首飾打造而成，給嬰兒戴上直到平安長大。英雄史詩《馬納斯》中也有記述，男人戴耳環有護身的作用。我恍然大悟，原來在電影中看到只戴一支耳環的蒙古和中亞男人，那不是為了耍酷，而是源自遊牧民與大自然神靈的一場角力戰！如今已成為一種裝飾和時尚的表現。

從動物世界到人類世界

在牧民的異想世界裡認為新生兒仍帶有動物性，為讓嬰兒從動物世界進入人類世界還要經過幾個儀式才算完成，比我們的嬰兒「滿月」和「週歲」更費周章。首先，嬰兒出生5~7天時要舉行「搖籃宴」（吉語 Beshik-toi / 哈語 Besik-toi），先由一位年長婦人將新搖籃的尿盆放在洞口下方，將糖果從洞口撒下，接起糖果後分送給在場的兒童，意思是希望嬰兒的大小便通暢，身體健康；接著由一位男性長輩或是毛拉教長在嬰兒耳邊呼喚三次他的名字，為嬰兒命名；再由年長婦人將嬰兒放入搖籃，婦人做勢騎上搖籃、揮舞鞭子，好像搖籃是一匹馬，因為惡靈懼怕所有像馬的東西。然後在搖籃旁掛一只狼爪或一撮貓頭鷹羽毛，讓惡靈不敢靠近；女嬰則放一把鏡子和梳子，希望女嬰長大容貌姣好，最後要灑一些羊油到火爐中奉獻給「烏瑪伊女神」。

嬰兒滿 40 天後要舉行「清洗禮」（Kyrkynan Shygharu，「40 天後禮」的意思），由年長婦人幫嬰兒脫下「狗衣」，水盆中放幾枚銀幣，用 40 勺銀水幫嬰兒清洗身體，因為銀可以淨化靈魂，再幫嬰兒穿上「四十彩衣」（kyrk keynek）；「彩衣」是由親朋好友處收集來的

40 塊花布縫製而成，相信集結各家祝福的「彩衣」可以趨吉避凶，類似我們的「百衲衣」。接著由男性長輩幫嬰兒剪去胎髮和指甲，並將毛髮埋在一個隱密的地方，惡靈就無法再傷害到嬰兒，「清洗禮」之後嬰兒才算進入人類世界。受邀的親朋好友送來用衣服包裹的嬰兒用品和禮物，主人宰羊宴客，贈送袷袢大衣給幫忙的男性長者。

嬰兒滿一歲時要舉行「開腳鎖」儀式（Tushoo kesuu / Tusau kesu），老人家說嬰兒學步時會跌倒，是因為被一條看不見的繩子綁住腳，因此要「開腳鎖」；他們先將嬰兒的雙腳繫上一條毛線或草繩，由長輩剪斷腳繩，大人扶著嬰兒邁出步伐，表示很快就會走路。男孩在 3、5 或 7 歲時要舉行「割禮」（Sunnot / Sundet），也

將導尿套管夾在嬰兒大腿間，直接排泄到尿盆的中亞搖籃。

是很重要的儀式，父母親要宴請親友，有財力的人還會舉辦賽馬會，祝福男孩平安長大，為人正直、勇敢又強壯。最後，很有意思的「上馬禮」（Balany atka mingizu）是由男性長輩領著剛學會騎馬的兒童拜訪牧民的氈房，並送上肉禮，親友送上給兒童使用的馬鞍或馬鞭禮物，如此繞行一周後就收集齊全小孩騎馬所需的用品，像是草原上的「嬰孩送禮派對」（Baby Shower）。女孩子在 9~10 歲時要將頭髮梳成二十條小辮子，代表女孩已經長大成姑娘了。

從一連串的生命禮俗儀式中，也看到草原人民以奇數為吉祥，7 代表多數，9 代表高貴，40 依然是那個具有神祕力量的神奇數字。🐏

開腳鎖儀式

人生的儀式大典—婚禮

「烏瑪伊女神」讓我想到台灣的「十二婆姐」，也是保護產婦和兒童的女神，但獨撐大樑的「烏瑪伊」還要保護整個家庭和氏族，可能是天底下最忙碌的「母親」。

他們也有「指腹為婚」和「搖籃婚」的傳統，就是在孩子還沒出生或還在襁褓時，雙方父母就互允婚事，可免去許多選親和訂親的繁文縟節。他們也講究門當戶對、家世清白，擇偶時男方會先打聽女方家庭的名聲，再請媒人去提親；如果女方父母同意婚事，就會宴請來提親的客人，男方要送女方父親一匹好馬，女方要回送男方父親一件袷袢大衣（Chapan）為禮，馬和大衣是雙方許下承諾和表達善意的象徵。傳統觀念認為女人有生育和生產能力，家族嫁出女兒就少了一員，男方應該要補償女方家族的損失，因此要準備豐厚的聘禮（kalym）給女方家族，視男方財力分成大、中、小禮等級，皆以牲畜數量來計；女方也要準備不菲的嫁妝（sep）陪嫁，包含生活所需的所有用品。想像大戶人家趕著上百隻的馬、牛和駱駝及一千隻羊的「大禮」，一般人家也要二十五隻牲畜及五十隻羊的「小禮」去迎親的畫面，婚禮的盛重和耗費可想而知。

出嫁時，家族中的婦女要為女孩唱歌祝福，一面為女孩戴上首飾和新娘禮帽。敬畏神靈的牧民相信，每個家族氈房內都住著保護他們的「烏瑪伊女神」，當新娘離開自家氈房後就脫離了家族神靈的保護，在前往夫家的路途中還未能受到男方家族神靈的保護，因此要為新娘戴上大量具有儀式性的金銀珠寶，保護新娘在途中不會受到惡靈的傷害。新娘到達夫家後，進氈房時要低頭，以示對夫家的尊敬；婚禮依照伊斯蘭傳統要有毛拉教長的祝禱和見證，之後新郎取下新娘的蓋頭，即代表兩人成為夫妻；新郎的母親將一塊羊油交給新娘，讓新娘將羊油投入火爐中奉獻給「烏瑪伊女神」，從此刻起新娘就會受到男方家族的神靈保護。成婚後的女人要將髮辮改梳成二條，包上頭巾，不再露出頭髮。

現代婚禮宴

在阿拉木圖的最後一晚，正好遇上「圖蘭樂團」音樂家馬克（Maksat）的婚禮，讓我及時趕上一場哈薩克現代婚禮；馬克的婚禮如戲劇一般，將哈薩克傳統婚禮一一呈現，讓我幸運的親臨一場他們的人生儀式大典。

寬敞的宴會廳席開約五十桌，桌上已擺滿食物，不用等開席上菜，找到位置坐下來就可開動；客人一批一批到來，不疾不徐，聽說正式婚禮晚個一到二小時開始是很正常的事。婚宴中一定有一位口若懸河的主持人全程熱場，一陣音樂響起，歡迎親友團到場，他們一一握手和擁抱，幾位婦人送上肉盤，親友將禮金直接放入盤中，再取一塊肉吃。新娘穿著現代白紗禮服，在女性朋友簇擁下進到場中，她們唱起祝福歌，一面幫新娘戴上傳統的高頂禮帽；新郎馬克前來迎親，婦人送上一大盤肉，馬克用力吃了幾塊，再將禮金放入盤中，這裡沒有「椪柑」，只有大塊的「肉」。新娘起身向父母及親人告別，老人家誦唸祈禱文，新娘帶著家人的祝福和新郎一起邁出家門。

新人再入場時表示來到男方家，男女朋友列隊唱歌迎接，喜娘一面引路、一面撒喜糖；大家坐定後，「阿肯」詩人開始唱誦男女雙方的家世背景，草原民族從不含蓄展現自己的高貴出身。毛拉教長為新人唱誦祝禱經文和證婚，二人正式結為夫妻，這時新娘的高頂禮帽被換成頭巾，表示成為人婦。接著重頭戲登場，雙方家長互贈禮物，在主持人的吆喝助興下，婆婆

和岳母大人高高舉起珠寶禮物，向親友展示後再送給對方家人，禮物被投影在現場大螢幕上，大方秀給賓客看，草原民族從不含蓄展現自己的財富；公公和岳父大人一如往常，互贈袷袢大衣和帽子。

完成婚禮儀式後，新娘換上現代的公主頭飾，和新郎坐上白花裝飾的主桌，白色是這裡最吉祥尊貴的顏色。現場響起氣勢恢宏的音樂，一整列的服務人員入場，送給每位男賓客一頂傳統圓帽，每位女賓客一件披肩；一會服務人員再次列隊入場，

他們捧著大盤的羊肉繞場一周，再分送到各桌，如此豪邁的上菜，我們也要豪邁的大塊吃肉。接著親友們一團一團站到場中央，向新人送上祝福的話，一位老奶奶說完接著要唱歌，唱得上氣不接下氣，賓客報以熱烈的掌聲，草原民族從不含蓄展現自己的才能。聽說這樣的吃喝宴席、親友祝福和歌舞表演可以一直進行到深夜，甚至可以不眠不休到天亮，用盡所有的精力和財力就為這一場人生大典，即使負債也要辦場風光的喜宴，現代的婚禮仍不脫傳統的盛重與耗費。🐏

為生存而戰的巴特爾

競技場上的大舞台迎來陣容浩大的騎馬隊伍，展開一場又一場的戰爭，人馬奔馳在沙場上廝殺搏鬥，令人目不暇給，直到帶領部落戰勝敵人、走出「黑暗勢力」的勇士出現，成為可歌可泣的英雄，他們高貴的靈魂化作「白鷹展翅」，翱翔天際，在天地之間捍衛故土。

在運動會喀爾沁草原會場上演了一場「巴特爾」誕生的故事，部落在婦女哀歌聲中送走戰死的首領，部落長老商討繼任首領之選，在薩滿巫師占卜和老鷹展翅認可下選出繼任的「巴特爾」（baatyr，英雄、勇士之意），在大地母親見證下，巴特爾歃血為盟，誓言為保家衛族而戰，至死不渝；坐上白氈的巴特爾被眾人舉起，接受族人的擁戴，在巴特爾帶領下準備迎向下一場的戰爭。

得自大自然的天性

　　從表演中領悟，草原上的巴特爾（英雄）誕生在戰場上，他們為戰爭而生，也為戰爭而死，但又是為何而戰？曾經讀過一篇文章，作者穆塔里甫從吉爾吉斯和哈薩克的英雄史詩中所呈現的當時生活，來看遊牧民族的傳統生活模式和民族性格，文中舉《馬納斯》及《阿勒波密西》（Alpamys）等為例，指出史詩中自始至終都是部落之間的掠奪和征服情節，充滿殘酷與野蠻，無休無止的戰爭中土地和牲畜的爭端是經常描述的主題，因為土地和牲畜是遊牧民生存的首要，因此形成部落間相互爭奪、征服和奴役的生活模式，目的就是為了生存。巴特爾就是為了族人生存而戰的勇士。

　　文中又說到遊牧民在嚴峻的大自然中與鷹隼、雪豹、猛虎、野狼和公牛等凶猛動物一起生存，他們觀察野生動物的生活習性，瞭解到弱肉強食的生存法則，從野獸和狼群圍攻獵物的過程中學會攻擊，自然在原始狩獵生活中養成如猛禽野獸殘酷掠殺的野蠻性格。他們崇拜猛獸，希望能像牠們一樣勇猛迅捷、凶狠善鬥，因此常會拿動物來比喻和稱讚一個人的勇敢，養成英雄崇拜的尚武精神。他們在大自然生活中養成不畏艱難的頑強性格，也習得大自然世界的殘酷天性。

我想起「圖蘭樂團」在台灣大學彩排演出的那一天，他們希望演出搭配投影，表現一首突厥民族崛起的音樂「圖蘭英雄」(Er Turan)，螢幕上出現電影「蒙古王」的戰爭場面，穿戴鐵甲面具的戰士拔出彎刀橫架在二肋，奮勇衝進敵陣，彎刀橫掃之處鮮血四濺。音樂會播這畫面好嗎？看到我面有疑色，容貌俊秀的瑟瑞克一本正經的對我說：It's in our blood（這是我們血液中的天性）！讓我印象深刻，原來戰鬥是他們得自大自然的天性，突厥諺語「不吃羊的狼必定餓死，不殺人的刀必定生銹」，讓殺戮成為必然。當面對威脅時，他們會化作狼一般凶狠，將敵人撕裂；只有在面對大地母親時，他們的心才又變得柔軟，化為動人的詩歌樂音。🐏

遊牧運動的力與美

　　開幕晚會進入尾聲，在「遊牧之歌」樂聲中各國運動員列隊進場，他們穿著皮草或皮革傳統服裝，手舉著獵鷹或牽著獵犬，從亞洲到歐洲的遊牧民族在運動賽會中開啟我們對歐亞大草原的新視野。

　　運動和遊戲是遊牧民族用來鍛鍊自己在大自然生存能力的一種方式，在新年迎春、夏日節慶、重要的慶祝日子都要來場運動競賽和娛樂活動，許多運動都與馬有關。遊牧運動會的競賽活動大致分為騎術、箭術、角力、棋藝和娛樂表演，看到競技場上奮力奔蹄的馬兒和飛散在空中的馬鬃長髮，馬背民族的矯健身手和勇猛精神，讓我們這些非「馬幫」的都市人熱血也跟著奔騰起來。

力拔山河的力士

　　摔跤 (Kurosh / Kuresi) 是遊牧民族非常古老的運動，過去總以為源自蒙古人，其實早在二千多年前斯基泰人的出土文物中就出現摔跤的場景，可能源自軍隊士兵的體能和勇氣訓練。現在吉爾吉斯、哈薩克、烏茲別克、亞塞拜然、土庫曼、伊朗都有摔跤競賽，但名稱和比賽規則略有不同，其他還有蒙古摔跤博克 (Bokh)、日本摔跤香撲 (Sumo)、韓式摔跤 (Ssireum) 等，看到運動員厚實的背膀、健壯的大腿和激突的肌腱，讓我見識到何謂力拔山河的「力士」。角力競賽還有互握對手的腰帶，靠舉力將對方過肩摔的腰帶摔跤 (Alysh)；在馬背上較力，將對手拉下馬的馬背摔跤 (Er Enish 或 Oodarysh)；源自雅庫特的傳統運動，將面對而坐的對手拉過隔板的拉桿角力 (Mas-Wrestling)；常見的大隊拔河和腕力等。

(Source：WNG – KG)

必看的「叼羊馬賽」

遊牧運動會的重頭戲「叼羊馬賽」（Kok-boru / Kokpar）是中亞及高加索地區廣為流行的傳統運動，村民騎著馬爭奪一個去頭去蹄的羊（ulak），稱為叼羊競賽（ulak tartysh）；據說經過眾人拉扯爭奪的羊肉特別好吃，被稱為「幸福肉」，最後搶到的人就可得到那隻羊。遊牧民族好像特別喜歡憑力氣搶來的東西，搶來的羊肉、搶來的新娘、搶來的牧地，我又忍不住笑了。

回到運動會現場，現在「叼羊」活動已發展成一項正式比賽，有一定的比賽規則和裁判，每場賽二隊對決，每隊十人，一次上場四人，其餘隊員就在場邊等待換人時上場。每回合「開球」後二隊人馬衝向前方，下腰去搶圈地內的「羊球」，搶到就衝向對方的球洞。騎士有時一馬當先，輕而易舉就將羊投入球洞，全場喝采聲四起；有時遭對手奮力直追，阻擋騎士靠近球洞，隊友協助防衛或接應搶到的羊，騎士將羊跨壓在大腿間，一手控馬、一手抓羊、一口啣著馬鞭，衝向球洞，奮身一縱，連人帶羊投入球洞，博得滿場喝采。從馬背下腰去搶羊可不是件容易的事，需要控制馬的速度，加上30多公斤的羊重量，沒有好身手和足夠力量可能就

「撈」不到羊；有時人馬衝撞、馬失前蹄，騎士摔下馬，又快速起身跳上馬背，突厥民族的善騎和勇猛在此表露無遺；有時羊被扔進洞，又調皮的彈跳出來，觀眾嘆息和笑聲貫滿全場。叼羊馬賽不僅考驗運動員的體能、勇氣、機靈和騎術，也考驗馬的反應，要挑選勇敢不易受驚嚇的馬匹，才不會失控衝向場外的人群。

觀眾台上方的大型螢幕放映著場上的精采畫面，激烈的馬賽帶起高昂的情緒，全場散發一股萬眾齊心的和諧感，興奮的觀眾準備為再次奪冠的地主隊搖旗歡呼，我決定放下相機，好好觀賞精采刺激的叼羊馬賽，盡情融入馬背民族的歡樂世界。

(Source：WNG – KG)

草原神射手

　　射箭源自原始狩獵生活的求生技能，
後來成為戰場上的武器，在二千多年前斯
基泰人的墓葬中就發現大量的箭鏃，其分
布範圍極為廣泛，如今成為一項運動。在
喀爾沁草原的會場一隅，穿著傳統服裝的
各國選手一字排開，眾箭齊發，射向遠方
的標靶，他們持弓的英氣和專注的眼神，
像即將撲向獵物的鷹隼，倏然擊發。接著
擅騎的選手要進行騎射（jamby-atmai），
他們騎上馬背，在馬奔馳同時拉弓射向箭
靶，一個個神風般帥氣的騎士從眼前呼嘯
而過，擄走我們所有的目光和崇拜。吉爾
吉斯的一項特技表演，女孩倒立反身，用
雙腳拉弓射向箭靶，令人讚嘆！

(Source：WNG-KG / Richard Travel)

　　我像一匹遊走在歐亞大草原的馬兒，
穿梭在各國選手之間，從西伯利亞東邊的
雅庫特、布里雅特走看到蒙古高原和哈薩
克草原，從天山的吉爾吉斯到高加索山的
亞塞拜然，從黑海—裏海草原的巴什基
爾、韃靼共和國到東歐的匈牙利、保加利
亞，再從土庫曼到達伊朗、土耳其，好像
歷史中的草原傳奇人物都相約在此聚會，
我如獲至寶般歡喜！

播棋與擊骨遊戲

吉爾吉斯和哈薩克都有的「九槽棋」（Toguz-korgool，「九顆小石」的意思），是一種二人對弈的「播棋」。在博物館可看到古老的石頭棋盤，棋盤二邊各有九個棋洞，每個洞放入九顆棋子，全盤共 162 顆，早期用羊踝骨、石頭或豆子，現代則使用珠子作為棋子；棋手輪流將棋洞內的棋子以逆時鐘方向播種似的放到每個洞內，視最後一顆棋子的落點可取走對方洞內的棋子，當一方獲得超過 81 顆棋子時得勝。

年輕小伙子沒耐性下棋，在戶外玩起擊骨遊戲(Ordo)，用小石頭將圈地內的羊踝骨打出圈外，像我們小時候玩的「尪仔標」似的。這個還不夠刺激，喀爾沁草原上的小販玩起擊石贏錢的遊戲，他們將索姆紙鈔壓在小石頭下，距離越遠的面額越大，吸引一群男人圍觀，拿出兒時玩擊骨遊戲的本領，擊中石頭就能得到鈔票。

愛上姑娘追

　　很早以前就聽說過草原上的娛樂活動「姑娘追」(Kyz kuumai / Kyz-kuu)，像是男追女、女追男的騎馬遊戲，但都只能在畫作中想像，終於在遊牧運動會的表演場上看到真實的「姑娘追」。

　　騎馬的女孩放馬先跑，男孩騎馬緊追在後，如果男孩追上女孩並親到女孩臉頰，就能贏得女孩的青睞，否則就換女孩反過來追逐男孩，並用馬鞭抽打他。看男孩落荒而逃，閃躲抽鞭的滑稽模樣，逗得全場觀眾哈哈大笑。不讓鬚眉的女孩無論顏值，騎上馬後都散發一股迷人的英氣，就看你敢不敢「追」。

接著上場的「拾銀元」(Tiyin enish / Tenge alu)，騎士在快馬奔馳中下腰去拾起沙地上綁著紅巾的銀元，這比下腰去抓起羊球更是不易，需要快又準的身手，騎士毫不含糊的拾起銀元，贏得熱烈掌聲。突然，跑馬道上揚起一陣黃沙，一群脫韁的跑馬飛奔而過，如神風一般，全場觀眾報以歡呼聲；接著一匹匹跑馬快速通過，騎士在馬背上又是轉身背騎，又是挺身倒立，又是左右下馬又上馬的跳躍，再來一個三人二馬的疊羅漢！騎士身上像裝了彈簧似的在馬背上彈跳，速度間展現好身手，讓我們讚嘆不已，即使被黃沙塵土撲滿臉也甘願。真希望也能像他們一樣，如風一般擺浪前進，奔馳高山草原之際，恣意快活，這裡是天馬神人的國度──吉爾吉斯。🐏

喀爾沁草原上的窩魯朵

喀爾沁草原上的窩魯朵

　　在喬朋那塔東方 40 公里處的喀爾沁 (Kyrchyn) 山谷是一片開闊的高山草原，遊牧運動會的「民族文化村」會場就設在那，活動開幕當天正值吉爾吉斯國慶假日，許多當地人都湧向山谷，我們在市區攔到一部車，擠進已經坐滿一家近十人的車子前往山谷。得知我們是從台灣來的，他們一路上開心說笑，遞水果給我們吃，我也將隨身攜帶的糖果送給小朋友；因為車輛太多，我們在進入山谷的路上緩慢前

進，當地人打開車窗相互交談說笑，車主逢人就說「從台灣來的」，開車人向我們打招呼，不管認識與否，大家開心的像過年趕集似的。通過山谷後，眼前豁然開朗，環山間展開一片開闊的草原，就是他們說的「高山牧場」(jailoo)。行經停滿車輛的外圍草地，因為我們是外賓，交警就讓這家人開進會場的停車場，他們高興的直呼「從台灣來的」，因為在路邊載到我們而感到幸運。

　　放眼望去整個山谷都是會場，一座座木棧高台上飄著彩色旌旗，上千頂的白色氈房從這一頭綿延到盡頭，簇擁著稱為「窩魯朵」(Ordo)的主舞台，壯闊的景象令人士氣高昂，我想望許久的汗王宮帳和部落領袖召開「忽里勒臺大會」時的上千頂營帳應該就是這番榮光景象。在山谷拉開的一片表演場，史詩吟唱聲中緩緩步入各色人民，歷經千山萬水由葉尼塞河遷徙到天山的柯爾克孜人，在這裡建立起家園。氈房炊煙裊裊，平靜的生活被侵略者打斷，大隊人馬展開廝殺，揚起的滾滾黃沙把我

們也捲入了戰場；戰勝的部落建立起強大的汗國，一片水草豐美、牲畜繁榮、近悅遠來的富庶景象。「報，來自呼似密的使者到」，騎著馬的探子奔馳到汗庭大聲的通報；「報，來自波斯的使者到」，又一位探子來報；一會探子又來通報來自中國、印度、拜占庭的使者到，使節團帶來各國的厚禮和歌舞表演。在奔騰的馬蹄聲和黃沙捲土之間，我們彷彿已穿越時空，來到西元六、七世紀楚河流域的西突厥汗王宮帳，參與了一場四方來朝的盛會。

草原上散布著吉爾吉斯各州的文化村，他們各自搭起自己的「窩魯朵」，各地來的大批人員就在草原上搭起氈房，生起爐火煮食，根本不需要訂旅館，這裡就是他們下榻的飯店；我們像劉姥姥似的遊走其間，一如走入吉爾吉斯各地的天山村落，體驗遊牧民族的部落生活。以氈房為生活中心的聚落裡，穿著皮草獵裝的男人扛著獵物回來，一長串生肉正在氈房外做日光浴；婦女用石磨將麥子一撮一撮磨成麵粉，用石臼將穀物擣碎，不斷攪動皮囊裡的馬奶，大鍋裡正煮著大塊羊肉和抓飯。不遠處傳來金屬的敲打聲，一位綁著頭巾的壯漢一手拉動「鼓風」的鐵環，一手用火鉗翻動鐵盤中的紅炭，他用火鉗將燒熱的鐵環夾放在鎚台上，用鐵鎚將它敲打成馬蹄鐵，提醒我們這是突厥民族最早的出身，鍛工。

　　草地上擺放著各種織機，有的織地毯，有的織花帶，遊牧民的織機隨著他們的移動生活都變得非常簡便輕巧，用幾根樹枝固定在地上就可架起織機，走到哪織到哪，藍天綠地就是她們的工坊。婦人彎著腰蹲坐在織機前，費勁地一織一梭的完成圖案，另一頭草地上擺滿婦女完成的針線工，刺繡花毯散一地，就像草原上盛開的花朵。婦人也盛裝打扮，戴上她們的白色高頂帽（elechek），散發「天山女王」般的尊貴氣息；同樣戴著白氈高頂帽（Ak kalpak）的男人相互寒暄話家常，展現地

方士紳的「別克」(bek)的風範。他們是最喜歡給自己「戴高帽」的人民，因為高高在上的天山雪峰是他們最嚮往的天堂。

在這裡「馬路」真的是給馬走的路，不時還有駱駝和南部山區來的犛牛擦身而過，我們都得閃一邊，讓路給牠們，還要接受牠們揚起的一陣沙土。南部的巴特肯州將費爾干納谷的土牆泥屋和驢子帶到會場，呈現吉爾吉斯南部與北部的不同生活文化。奧什州將帕米爾─阿賴山脈的豔陽和絢麗彩服帶到會場，令人驚豔，越是深山區的人民用色越是濃烈，好讓你無法忽

視她們；我仔細的觀賞婦人身上的刺繡裝飾，脫口說出「烏瑪伊」？婦人微笑點頭，我竟然可以和她們溝通，找到進入遊牧民世界的通關密語！

　　山谷間瀰漫著夏日節慶的歡樂氣息，一如「喀爾沁」的青春活力本意，少男少女的歡笑聲隨著鞦韆的擺盪擴散在風中，來自各地「窩魯朵」的樂音此起彼落，歌頌這一片來自造物主的天堂之地。我在美麗的喀爾沁草原上看見突厥人的盛世榮光，馬背民族的矯健身手，融入大自然的多彩遊牧文化，最後遇到一群相貌神似的姊妹花，仔細看看，她們還真的長得有些像我！幾天下來我已滿臉通紅，吃下不少沙土，卻帶回滿滿的回憶，讓我不時想念喀爾沁的豔陽天、大草原、還有馬蹄揚起的泥土味。

來自四面八方的遊牧飲食

在吉爾吉斯和哈薩克做客，主人家一定會準備一張擺滿食物的桌子，他們稱為「擺桌」(dastarkhan)，我愛稱它為「澎湃桌」，展現遊牧民族好客和重視家庭的飲食文化。沙拉、乳酪、冷肉、饢餅、麵包、果醬、乾果、水果、餅乾和糖果是擺桌上常見的副食，沙拉是這裡主要的蔬食，有多種可口的調味做法；冷盤中最受歡迎的應該就是馬肉腸(kazy 或 chuchuk)，做法是將馬肋肉搭配一些馬頸肉、馬油和佐料後灌入腸內，再用果樹或松木燻烤完成，馬肉的顏色較暗，有獨特的味道。中亞男人喜歡吃馬肉，哈薩克人更是毫不掩飾對馬肉的喜愛，有專門養食用馬的牧場，他們說春天的小牛肉最好，夏天的羊肉最佳，冬天吃馬肉最給力。早先遊牧民是不吃馬肉的，據說是先知穆罕默德一次受困在沙漠中沒有食物，此時一隻馬出現，願意成為他們的食物，被視為神的禮物，因此穆斯林開始吃馬肉。

　　如果說「抓飯」是烏茲別克的招牌食物，吉爾吉斯和哈薩克最具代表性的食物應該就是「五指麵」（besh-barmak，「五根手指」的意思），傳統上也是用手抓食，所以稱為「五指麵」，是每個家庭接待客人時的必備食物，每位媽媽都有自家的獨門好味。他們將自家擀的麵皮切成方塊，或是超市買來的乾燥麵皮下水煮熟後放入大盤，上面放上煮好的大塊羊肉、馬鈴薯和紅蘿蔔，再淋上羊肉和洋蔥香料一起熬煮的鮮湯，吃起來麵皮滑溜順口，羊肉入味，再配上一碗羊骨清湯，真是讓人吮指的好吃。

　　在馬肉和羊肉之外，牛肉、氂牛肉、山羊肉、獐鹿肉也可是肉食的來源。烤肉串（shashlik）是最普遍的美味肉食，他們也吃動物的內臟雜碎（djerghem/jorgem），用肝、血、肥肉、洋蔥和胡椒粉調味做成的肝腸（buiy/bujy），將羊肺充入牛奶和奶油的羊肺包（kuighan opkoo 或 olovo）還是一道高級菜色。熱騰騰的肉湯（shorpo/sorpa）最為滋補養身，可用不同的肉類煮成；麵湯（kesme）是肉湯加入麵條或麵皮的濃湯，可以是湯品，也可做為主食；拉麵（lagman）則比較像乾的炒麵。

五指麵　烤肉串　麵湯　拉麵

抓飯

那仁麵

草原是遊牧民族長期移動和混居的地帶，自然飲食也會融入其他地區的食物，例如烏茲別克人的抓飯（plov）、那仁麵（naryn，一種馬肉乾麵或湯麵，五指麵的前身）、三角酥餅（samsa）；來自維吾爾和東干人的羊肉蒸餃（manty）、拉麵（lagman）、涼粉湯（ashlyan-fu）；俄羅斯人帶來的燕麥甜粥（kasha）、油炸的馬鈴薯泥餅（piroshki）等，都已成為本地飲食的一部分。饢餅（nan）是餐桌上不可缺少的主食，也是旅行時最好的乾糧食物；用羊油炸香小麵團的餐前點心油香（boorsok/baursak），麵香油香卻不油膩，好吃得讓人一口接一口。

三角酥餅

饢餅和油香

羊肉蒸餃

馬鈴薯泥餅

乳品是遊牧民生活中最重要的食物，在以肉食為主的飲食中，乳品有幫助消化和清理腸胃的作用。馬奶酒（kymyz）或稱馬奶子、忽迷思，是伴隨馬背民族一起生長的古老飲料，西元前五世紀希臘人就曾記載斯基泰人如何製作馬奶，中國文史中稱為馬酪、馬湩或酪漿，馬可波羅稱之為遊牧民的「白酒」。傳說很久以前，牧民將裝馬奶的皮囊掛在馬背上，行進時因長時間的搖晃和摩擦，溫度升高至馬奶發酵變酸，散發出一股香氣，後來牧民學會用木棒使勁攪動皮袋內的馬奶，至馬奶發酵變成馬奶酒，經發酵的馬奶含有微量的酒精成分，稱為「忽迷思」頗為傳神。據說日本人發明的乳酸飲料「可爾必思」，也是得自喝了馬奶酒後的靈感。其他乳製品如優酪酸奶（ayran）是牛、羊或山羊奶加入隔夜的酸奶，經發酵而成的飲料；乾奶酪（kurut/kurt）分手抓形和圓球形，可直接當點心吃或是泡入水中飲用，因含有豐富鈣質，有益於兒童牙齒和骨骼的生長；酸奶油（kaymak）可用來沾麵包或加入麵湯食物中提味。

茶（chai/shai）是每日生活中不可或缺的飲食，他們喜歡喝紅茶（kyzyl chai），習慣加奶水和糖，變成像奶茶的白茶（ak chai）；哈薩克西部還有加入炒米的喝法，當地稱為 tary 的炒香小米極為香酥可口。這裡的茶不是用泡的，而是用煮的，早期使用銅壺煮茶，後來受到俄羅斯人的影響，開始使用俄式茶炊。

炒米奶茶

俄式茶炊(samovar)是 1778 年一對俄羅斯兄弟發明的煮茶器具，後來成為俄羅斯飲茶文化的象徵，並流傳到中亞地區。茶炊基本上是一個燒水器，包括基座、壺身、煙囪、上蓋、蒸氣孔和一個熱水出口的水龍頭。看他們將水加入壺身內，再將煤炭或木炭放入壺身中央的金屬管內，點燃後開始煮水，加上煙囪管可以幫助排氣；將茶葉加入小茶壺，開水龍頭加入熱水泡出濃茶，喝的時候先倒半杯濃茶到杯內，再開水龍頭加熱水稀釋，就是一杯濃淡可自理的熱茶。閒談時，小茶壺可以放在蒸氣孔上保溫，是一壺多用的煮茶神器。現代茶炊已改良成插電式，喝茶更為方便，漂亮的壺身也成為家中的擺飾。

經常可以在餐廳和路邊看到的國民飲料，有用大麥、小米和玉米穀物發酵製成的麥酒(bozo)，是好喝又解渴的「草原啤酒」；用大麥經過輕發酵製成的麥茶(maksym)和汽泡麥茶(jarma)，因為生產這種飲料的公司品牌很出名，也被直接稱為 Shoro；還有一種乳酸汽泡飲(chalap 或 tan)，都是當地人愛喝的飲料。最後，甘甜美味的中亞瓜果也是不可錯過的解暑食物。

「七喜粥」與「七喜桌」

吉爾吉斯和哈薩克最歡樂的節日就是傳統新年「諾魯茲」(Nooruz / Nauryz)，這個源自西元前五、六世紀古波斯瑣羅亞斯德教的新年，以 3 月 21 日太陽日照與黑夜時間等長的「春分」為新年的第一天，波斯語 Nowruz 的意思就是「新的一天」。隨著波斯帝國勢力的擴張和文化的傳播，「諾魯茲節」也流傳到伊朗高原以外的西亞、中亞、南亞、中國西北、高加索、黑海、甚至巴爾幹半島地區，在新疆稱為「納吾肉孜節」，是一個跨越國界、民族和宗教的傳統節日，「聯合國教科文組織」登錄的一項人類重要非物質文化。

隨著時間演變，「諾魯茲節」在不同地區也衍生出不同的慶祝方式，如在伊朗、亞賽拜然的家庭會擺放象徵宇宙七大元素的七樣物品祈福，稱為「七喜桌」(Haft-Seen)；烏茲別克、塔吉克的鄰里街坊會輪流做東，準備大家一起分享的新年食物「抓飯」和「麥芽糊」(Sumalak)。

烏茲別克朋友說他們不太會擺設「七喜桌」，但一定要吃「麥芽糊」；我問我的小老師葉光明(Yernur)在哈薩克是否有「七喜桌」，他回說「有啊，七喜粥很好吃」，我愣了一下，有能吃的「七喜桌」！原來在哈薩克也不會擺設「七喜桌」，過年時他們要吃用七種穀物（米、小米、小麥、大麥、燕麥、蕎麥、玉米）加入鹽、奶油和乾肉一起熬煮成的「七喜粥」(koje)！看到數字「七」，就想到幸運、很多、富足的意思，就像是我們的「八寶粥」，吃了平安，也會帶來豐收富足的一年。

「七喜粥」與「七喜桌」

Part *5*

遊牧民的
技與藝

SKILLS & ARTS
OF NOMADS

氈房是遊牧民的家，也是遊牧
民的移動城堡，融入大自然動
植物的美麗世界，充滿圖騰力
量的精神堡壘，讓靈魂與萬物
一起飛舞的小宇宙。

遊牧民的靈魂之家—氈房

　　遊牧民族的傳統住居稱為「氈帳」或「穹廬」（Yurt 或 Yurta，吉語 boz-uy / 哈語 kiyiz-uy），分布在整個歐亞大草原地區，因為材料簡單、便於攜帶、即拆即裝、保暖禦寒，適合草原氣候和遊牧生活，成為牧民安身於大自然的居所。大家習慣稱它為「蒙古包」，這個名稱來自於清朝時滿人稱蒙古人的住居為 Mongo Boo，Boo 有家或屋的意思，漢譯成「蒙古包」，但蒙古以外的人不這樣稱呼，他們會說這是「布里雅特包」或「雅庫特包」，所以到中亞也不宜叫它「蒙古包」，稱它為「氈帳」或「氈房」更為合適。

　　在運動會喀爾沁草原會場有一項搭氈房的比賽，五人一組就可報名參賽，看手腳俐落的男孩們先立起門框，圍起圓形的格牆，用布帶捆綁固定；一人用叉杆頂起圓形天窗，其他人從外圍將房杆一根根插入天窗卡榫，再將房杆另一端固定在格牆上。完成骨架後再將大片的毛氈合力鋪蓋在氈房上，再用布帶和織花帶固定和裝飾，就完成一座牧民的移動城堡——氈房。

氈房的結構

　　氈房的結構主要由上方的圓頂「天窗」（吉語 tunduk / 哈語 shangyrak）、如傘骨般向外放射的「房杆」（uuk）、四周可伸縮折疊的「格狀圍牆」（kerege）及「門框」（bosogo）所組成，與蒙古包不同之處

是沒有支撐天窗的「巴干柱」(baagan)；氈房外面覆以毛氈禦寒，夏天則換成用芨草編成的帷幕，較為通風涼爽。「天窗」是氈房內採光和透氣的來源，牧民由陽光照射的位置可判斷時間，被視為神聖的太陽，也成為家和國家的象徵，吉爾吉斯的國旗就是一張開向太陽的氈房天窗。

氈房地面鋪上皮革和毛氈硬毯，房杆上有織花帶裝飾，蒙古包內沒有這種織花帶裝飾。火爐 (kolomto) 是氈房和家的中心，傳統上火爐右邊是女眷的位置 (epchi-jak)，是放置食物和碗盤用具的地方，左邊是男人的位置 (er-jak)，是放置武器、馬具和獵具的地方；入口的正前方是放置家中重要物品的地方，如畫像、衣櫃、被毯和毛氈用品，前方是最尊貴的位置 (ter)，是給長者和貴賓坐的地方，這點和蒙古包無異。

氈房的靈魂

氈房是牧民在大自然環境中安身立命的家，他們將氈房看成是一個有生命和靈魂的人，搭建氈房時就像在造一個人，好比火爐是人的肚臍，圍牆是大腿，屋頂的房杆是肩膀，木框是骨架，天窗是眼睛，圍牆的格眼是子宮，外披的毛氈就是衣服；在完成氈房後，宰羊祭祀的第一杓湯要灑入火爐中，奉獻給氈房和家庭的保護神「烏瑪伊女神」，因此氈房也是一個神靈棲息的靈魂之家，客人在進入氈房時要低頭，就是表達對氈房主人和神靈的尊敬。

過去牧人在進入沒有人的氈房時會口唸一句：Kudayi konak，意思是「我們不認識，是神派我來的」，然後就可在氈房內休息取暖，甚至吃喝氈房內的食物，因為牧民隨時都在路途上遷徙移動，在黑夜和天候惡劣時相互給予幫忙，提供歇腳處和熱食是必要的，讓出外的人不至在路途中陷入絕境。這種對氈房神靈的尊敬，視遠來的客人為神派來的使者，應該給予友善接待的遊牧傳統，是草原上的人情，也與穆斯林的互助精神相契合。🐏

牧民路途中使用的庇護帳篷

來自大自然的生活工藝

　　吉爾吉斯和哈薩克沒有「河中流域」烏茲別克所見的耀眼歷史建築，少數可見的多在南部喀喇汗國和帖木兒王朝勢力所及的地區，因為遊牧民傳統上不建城池，只建移動的城堡「窩魯朵」，維持可進可退的快閃戰鬥生活，只留下為數眾多的石人和神祕墓塚。遊牧民沒有宏偉的建築，並不表示沒有任何建樹，他們創造了無數美麗的小宇宙在每日的生活之中，就是他們的靈魂之家──氈房。

　　吉爾吉斯和哈薩克的氈房特別好看，不僅氈房外要用織花帶裝飾，夏天時還要換上色彩鮮麗的芨草帷簾，氈房內更是豪放美麗，從地上鋪的毛氈地毯，牆上掛的刺繡和鑲嵌花氈，到房頂的織花帶和彩穗，都是婦女在針線和織機穿梭中，將大自然的形象加入自己的想像和祈願縫製在生活用品中，每個裝飾圖案都有意涵，具有美化空間和護身的功能，為家人創造一個美麗又安全的生活環境。

女人家的手藝

毛氈

　　毛氈是牧民生活中最重要的物品，可用羊毛、山羊毛或駱駝毛製作，以駱駝氈最為昂貴，過去是富有人家才得使用。牧民一年剪羊毛二次，春秋季各一次，以秋天的毛質較好。牧民將剪下的羊毛清洗乾淨，乾燥後要用長柳枝不斷的拍打至蓬鬆；將打好的羊毛平放在芨草編成的大蓆子上，灑上熱水讓羊毛緊縮，再將蓆子捲成一捆用繩子綁好，再用手推揉或用腳推滾壓實；打開蓆子，再鋪一層羊毛，灑熱水後捆起再壓，反覆幾次到需要的毛氈厚度為止，再讓驢或馬拉著捲蓆在地上滾動，將毛氈壓至緊實，稱為「擀氈」。完成的毛氈具有很好的防水性和保暖效果，粗氈可用來做氈房、地毯、馬鞍墊和袋子，細氈用來做門巾和掛飾。

　　用同樣的滾壓方式將經過染色的羊毛壓入毛氈，形成各種圖案的彩氈 (ala kiyiz) 是牧民氈房中的粉彩畫，經熱水收縮和搓揉的羊毛色塊像有機生物般融入底氈，自然的結合在一起，渲染的線條散發出如史前岩畫般的粗獷感，在許多現代藝術創作和服裝設計中，仍可看到它的原始動感。

芨草簾

芨草 (chi / shi) 是草原上常見的一種耐旱植物，莖幹十分結實耐用，牧民在每年九月芨草生長茂盛時，將它們採回家曬乾，剝去外皮後按需要裁成不同長度，再將經染色的羊毛一縷一縷的捲在細桿上，將纏好顏色的細桿排列組成圖案後用毛線編織在一起，就可做成掛飾、屏風、門簾和氈房帷牆，既美觀又通風；單純原色的可用做滾氈的蓆子，或是放在地毯下隔離溼氣的墊子。

編織芨草的方法很特別，在二根木叉似的立桿上放一根平桿，將編織的毛線一頭繫上一顆石頭，當成是梭子和重錘；將纏好顏色的芨草以圖案順序排列，利用石頭前後交叉的移動，用毛線將一根根笈草編織在一起，就形成一幅美麗的彩屏。

捻線

　　喀爾沁草原上最美麗的畫面是一群群坐在草地花毯上「捻線」的婦女，婦人右手持一支紡錘，左手托著一團羊毛，她們用手指輕輕捻出一縷毛絮，繞在紡錘上擺，再將紡錘下擺靠在右大腿側搓滾幾圈，再高高提起並放鬆紡錘，快速旋轉的紡錘就將毛絮纖維神奇的拉捲成一線，纏繞在紡輪下的毛球上，做成了毛線！動作優雅、神情自若的婦人頂著白色高頂帽，宛如仙人下凡，此景只在天山化外之地有。

織花帶與織毯

　　織花帶（boo／bau）是生活中實用又美觀的綁帶，細的可當作綁繩使用，寬面的可用來固定和裝飾氈房的框架；將寬面的織花帶縫在一起，就是一張堅固耐用的織花布。婦女們通常在戶外草地上進行編織，只要將幾根樹枝或鐵架固定在地上做為支撐的腳弓，再架上簡單的織機，將梳理好的染色毛線穿過織機的線箱，二頭固定在地上，就可以開始工作。婦人蜷曲著身體蹲坐在織帶上，在一束束毛線間重複分撥、穿梭和打刀壓實的動作，是相當費力的女紅。吉爾吉斯從烏茲別克人處學習到地毯編織的方法，並發展出自己的特色，圖案以幾何形的圖騰組合為多，表現遊牧民族簡樸粗獷的風格。

織花帶

地毯編織

鑲嵌花毯與刺繡

　　鑲嵌花毯 (shyrdak) 與刺繡 (tush kiyiz) 掛飾是氈房中最為耀眼的裝飾，也是吉爾吉斯最具代表性的傳統工藝，並列為人類重要非物質文化。鑲嵌花毯（或稱補花氈）是將二種或多種對比顏色的圖案和底氈疊在一起，再用不同顏色的雙編線沿著圖案縫線，產生一種多層次的立體浮雕感，最常見的畫面就如「群山間的山羊角」（如圖）。因為做工紮實，經久耐用，是早期牧民納貢或送禮的上選之物，也是女孩家出嫁前一定要為自己準備的嫁妝，在針線中傾注女孩對幸福生活的美麗憧憬。這裡的刺繡用的是羊毛線或棉線，採用鏈式繡法，一針一線像鏈子似的串在一起形成畫面，可繡在毛氈、皮革、絨布或棉布上，大自然圖騰和花草動植物都能入畫。

鑲嵌花毯

鏈式繡

男人家的玩藝

木作

　　氈房中不甚起眼的木作物，在過去卻是牧民生活中很重要的物品，從氈房的木框、裝衣物的木箱、製奶品的用具和碗盤、兒童的馬鞍到樂器的製作都要用到木作和木雕技藝。木作多使用樺樹或榆樹等質地較堅硬的木材，砍下的樹幹要先放在河中浸泡，取出經過初步處理後再放入濃鹽水中煮，取出晾乾後再刨光，抹上羊尾油，使其充分的滲透浸潤木材，之後就可用於木作和雕刻；完成的木作經打磨後，再用植物油塗抹表面，風乾後天然的木紋清晰可見。原來簡樸的木作也是這般耗力完成，現在也只能在博物館中欣賞這些古老木作的身影。

皮革

　　動物的毛皮深入牧民生活中的每個環節：經過乾燥處理的毛皮可以做成衣裘和毛帽，穿戴起來保暖又氣派；皮革可以做成皮衣、皮帶和皮靴，還有騎馬必備的馬鞍用具，生活用品如馬奶壺、碗具袋、儲物皮箱等，雖然看似貌不驚人，卻是遊牧民生活中的寶物。用燒熱的金屬模具壓印在濕皮革上所產生的裝飾，常見於氈房門楣、皮箱、馬鞍、馬鞭等皮製品，是氈房和馬主人身分和財富的表現。如今能擁有

一頂高貴的貂毛、水獺毛或狐狸毛帽依然是最拉風的遊牧時尚，一尊精雕細琢、帶有動物角造型的馬奶壺還是家中最尊貴的草原工藝擺飾。

金工

　　當突厥人登上人類歷史舞台的那一刻就是以柔然的「鍛工」奴隸身分出場，遊牧運動會開幕的大舞台上出現一位高舉鐵鎚的壯碩男子，當他重擊下的那一刻，即打開突厥人統領歐亞草原的歷史大幕。實際走過哈薩克和吉爾吉斯後，看到這片蘊藏豐富礦產資源的土地，從阿爾泰山的淺層金、銀、鐵礦到哈薩克草原的「銅路」和煤礦分布，都賦予突厥民族成為傑出「鍛工」的先天條件，進而發展出高度的金工技術。因應生活的需要，他們製作大量的銅盤、銅壺、馬具、武器，還有繁複的珠寶首飾，在金銀銅鐵的世界中展開一場人與神靈的千古之役。🐏

金銀珠寶世界的神靈之役

中亞民族的珠寶工藝向以繁複華麗著稱，讓人看得目不轉睛，像有一股神奇的力量吸引著靈魂之窗。遊牧民生活在充滿大自然神靈的世界中，他們相信貴金屬及寶石具有神祕的力量，可以嚇阻惡靈的侵襲，因此要配戴很多的珠寶。他們相信金銀可以穩定心性，寶石和鷹羽可以避邪，在打造珠寶時必須使用火，更賦予珠寶一種神祕的力量。在早期鍛工和銀匠被視如薩滿巫師一般，具有將神靈的力量鑄入珠寶的能力；在完成一座新熔爐或匠鋪時要宰羊獻祭，將羊血灑在工具上敬神，過程中女人不能靠近或碰觸工具。

因此在新娘出嫁時，當她脫離自家神靈的保護，還未能受到男方家族神靈保護的途中，必須穿戴大量的金銀珠寶，保護新娘在過程中不會受到惡靈的侵害。新娘穿戴的珠寶從頭飾、髮飾、耳飾、頸飾、胸飾、腰飾、手飾到腳飾，有時可重達八公斤，叮叮噹噹的珠寶每一件都帶有儀式性的意涵，保護新娘一路平安。

(Source : Rarity - KG)

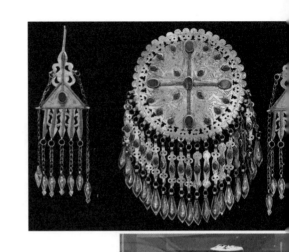

新娘的華麗盔甲

在吉爾吉斯南部，新娘要先戴上二側
有護翼的軟帽 (kep takiya)，包覆雙耳和
臉夾的護翼上綴滿刺繡和珠貝，軟帽後方
有一條長及膝的後蓋垂布，上面也綴滿刺
繡、珠貝、銀幣和穗子；兩條掛在軟帽緣
的金屬串鍊垂在胸前，之間連有串鍊和
掛飾。最重要的三角形、菱形或圓形胸
飾「圖瑪」(Tumar)，上面鑲有珠寶、珊
瑚、金屬片綴飾，或是裝有古蘭經文的圓
筒形胸飾是全身上下的焦點，因為胸部是
接收靈魂的重要部位，需要很大的胸飾來
保護；之後再戴上源自軍人頭盔的新娘禮
帽 (shokulo / saukele) 和披紗，還有耳環、
手鐲和戒指等。繁複的珠寶不僅妝點新娘
的美麗，更是保護新娘的華麗盔甲。

瞻前顧後的步搖之美

在喀爾沁草原上擦身而過的婦女，她們的背影吸引了我的注意，讓我一直尾隨她們想看個清楚。她們的傳統軟帽或高頂帽後方的垂布上，綴滿花草刺繡、圓形的銀幣或珠貝，下方綴有銀片或黑色穗子，穗子上又繫有銀柱、銀幣或銀鈴綴飾，走路時隨著身體自然擺動，發出淺淺的金屬聲，如同古時候東方女子的髮飾「步搖」一般，真是好看。敬畏神靈的遊牧民認為身體前方有胸飾和其他珠寶保護，身體後方也需要保護，因而有後蓋垂布和辮子的裝飾；圓形的珠貝和銀幣象徵太陽，銀片可以避邪，銀鈴的金屬聲可以嚇阻惡靈，黑色毛線穗子都有護身的功能，瞻前顧後的神靈保護也成為天山草原上美麗的風景畫面。

男人的權力象徵

　　珠寶用在男人身上最
醒目的就是一條寬大氣派
的腰帶和跨在腰間的大盤
扣飾，他們相信用祭祀祝
禱過的動物皮製成的腰帶
具有神奇的力量，再鑲上
銀牌蝕刻的圓形太陽、半
月形、螺紋玫瑰或S形大
腰扣裝飾，最能表現一個
男人的氣慨與力量，即使沒錢的人也會以
銅牌或鐵牌打造一條稱頭的腰帶。鈕扣也
是男人身上的裝飾重點，常用的銀扣有扁
平和球形二種，球形鈕扣內放入小石或金
屬顆粒，走動時發出的金屬聲可以嚇阻惡
靈，兼具裝飾和護身的功能；戒指是權力
的象徵，過去汗王統治者常用來作為印璽
之用；馬鞍和刀柄的珠寶裝飾也是男人身
分與財富的表現。

大自然的原始符碼

　　原來珠寶不僅增添女人的美麗，彰顯男人的氣慨，在這個金銀銅鐵打造的珠寶世界裡還蘊藏著一場遊牧民與大自然神靈間的無形戰役。走進他們的珠寶世界，也讓我意外發現經常在中亞看到的三角形護身符「圖瑪」(Tumar)，原來是來自非常古老的遊牧民思想，朝上的三角形代表指向天空的火燄力量，朝下的三角形代表向下的水和黑色力量，帶有大自然原始力量的三角形就成為遊牧民最早使用的護身符，在珠寶中被大量使用。吉爾吉斯人說猶太人的「大衛星」並不是猶太人的發明，而是借用了遊牧民的古老圖騰，將上、下二個三角形結合在一起所形成，象徵大自然各種力量的結合。

　　還有在中亞清真寺建築裝飾中所見，象徵宇宙四方力量的「宇宙輪」（卐 或卍），專家研究認為最早出現在新石器時代的歐亞大陸，在許多地區的古老文化中都有發現，後來成為一個古老的信仰符號，在印度教、佛教和耆那教中廣為使用，被視為神聖與吉祥的標誌。我在西元前 3000 年的塞伊馬魯岩畫中得到證實，這個我們熟悉的佛教「萬」字，梵語稱為「swastika」的符碼，藏語解為「永恆不變」的符號，近代被納粹獨裁者修改使用的標記，其源頭都來自這個歐亞大陸最原始的大自然圖騰！🐏

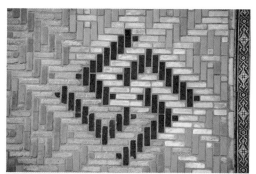

看懂遊牧民的抽象畫—圖騰

　　走在喀爾沁草原上的「窩魯朵」之間，進入遊牧民的「靈魂之家」氈房，觸目所及盡是充滿遊牧風情的美麗裝飾，它們看似簡單，不比「河中流域」烏茲別克的恢宏歷史建築般華麗，卻有「歐亞草原」自由奔放的華麗氣息。順著飛舞的動物角和老鷹翅膀弧線看進去，似乎有股神奇的引力把我拉進曠野之中，看見萬馬奔騰，千百年的馬背民族呼嘯而過，留下無數美麗的遊牧民抽象畫——圖騰。

與大自然和動物生活在一起的遊牧民相信宇宙間充滿神靈，對身處的環境和所經驗的事心生敬畏，開始用象徵的圖樣和想像的神話去解釋這些現象，進而創造出許多具有意象的圖騰、護身符和儀式性物品。他們認為狩獵所得的食物為主宰野獸的神靈所賜，應該予以尊敬和祭拜，甚至相信自己的部落源自某種動物，視動物為部族的保護神；動物的身體如羽毛、爪子和牙齒被視為具有神祕力量的護身符，動物的角和爪也被轉化成裝飾性的圖騰，放在居家環境中和服飾上，相信可以帶來動物神靈的力量，保護人不受惡靈和疾病的侵入。在早期圖騰還具有敘事性，用來記載重要的事件和格言等。

這些具有護身和美化空間功能的圖騰隨著時間的演進，不斷加入不同時期產生的文化特色，形成豐富的圖騰世界，從銅器時代岩畫中的太陽和山羊，出現三角形、弧形、鋸齒形和四片花瓣圖案；斯基泰人的扭曲形體臥獸，出現星形、波浪形和放射花朵圖案；經過突厥人的發展產生許多重要圖騰，如氈房圍牆的菱形格眼

「鑽石」、展翼的「烏瑪伊女神」、三角形護身符「圖瑪」和麋鹿角等，同時期的粟特人帶來神鳥「西穆」；信奉伊斯蘭教的薩桑王朝傳入的圓環串飾，喀喇汗國的螺旋玫瑰及動物足印，直到蒙古汗國的永恆繁榮圖飾等，過程中受到伊斯蘭信仰的影響，具體的圖像逐漸被轉化成抽象的幾何圖形，許多古老的圖像因而消失，或是變身隱藏在新的圖騰中做為裝飾之用。

據吉爾吉斯的統計，他們有三千多種圖騰裝飾，常用的有一百多種，可分為動物、生活用品、植物及自然景觀四大類，其中以動物類最多。常見的有山羊角、鹿角、動物爪、狗尾巴、天鵝、老鷹、九山（群山之意）、樹木和樹葉，生活用品如氈牆格眼、口簧、鍋柄、彩珠等，幾何圖

自然景觀：

太陽

月亮

高山

河流

火

形如三角形、菱形、八角形、十字形、鋸齒形等。圖騰的美感來自於它的重複性所形成的一種節奏感，流露出大自然和諧的生命律動。

暸解圖騰暗藏的身世和意涵後，現在再來看遊牧民的氈房和服裝的裝飾，感覺畫面完全不一樣了，我彷彿看到陽光下的花鳥在飛舞，雄偉的山在沉思，聽到飛禽野獸的鳴叫聲，潺潺的河水和裊裊的炊煙人家，還有無所不在的「烏瑪伊女神」，我欣喜若狂。圖騰將大自然的景象和生氣帶進牧民賴以為生的氈房中，營造歡愉和諧的氣氛，祈求水草豐美，人畜興旺。走入遊牧民的圖騰世界，有如走進抽象的大自然世界。

動物：

山羊　　盤羊　　馬可波羅大角羊　　鹿角與足印

老鷹與鷹爪　　天鵝　　雪豹　　狼

狗尾巴與足印　　駱駝　　蠍子

獵物

植物：

樹　　樹葉　　芒草　　烏瑪伊女神

生活用品：

氈房　　氈牆格眼　　巴干柱　　馬奶壺

天山時尚

天山草原的美麗移動風景，婦女的頭飾是裝飾，也是身分和氏族的象徵。未婚女孩頭戴貂毛或水獺毛圓帽 (tebetei)，或是圓錐形高筒帽 (takhia)；出嫁時戴的護頰軟帽 (kep takiya) 婚後一年內都要戴，一年後換戴頭巾。生了孩子的婦女要戴遮住臉頰和胸頸的白巾「克依莫謝克」(kimeshek)，再戴上用白色長巾纏繞成的高頂帽 (elechek)，南部婦女會再披上綴滿刺繡和穗子的頭巾，是節慶時的盛裝打扮。婦女穿白色長裙和褲子，上身穿背心，便於行動，腰下套前開襟的繡花圍裙 (beldemchi)，需要時再加上一件祫祥大衣 (chapan)，傳統服飾在現代時尚中持續散發天山的魅力。

跟著音樂去旅行

　　多年前因為文化交流工作，讓我一腳踏上中亞的土地，方才發現過去所輕忽的亞洲邊陲地帶實為歐亞大陸的中心，豐富的民族文化寶藏讓我流連忘返，持續遊走在這塊土地上。這些年有幸可以邀請中亞的藝術家來台灣交流，雖然每一次成功的演出活動都伴隨著繁重的行政工作，卻每每有令我欣喜的發現和學習，也讓我有機會近距離的和他們的傑出藝術家接觸，感受他們的人格特質和音樂內涵，進而成為像親人般的朋友，他們也像我的音樂嚮導，帶我看見吉爾吉斯和哈薩克自然景觀之外的美麗文化風景。

馬納斯奇 Manaschy

　　如果問吉爾吉斯最重要的文化資產，那一定是傳唱千年的英雄史詩《馬納斯》（Manas），因為這部透過口耳相傳方式流傳下來的龐大史詩，承載了柯爾克孜人的民族歷史與文化傳統。

　　《馬納斯》以單人說唱的方式呈現，沒有任何樂器伴奏，能說唱《馬納斯》的樂人被稱為「馬納斯奇」（Manaschy），在傳統節日和慶典活動中邀請「馬納斯奇」演唱已成為一種傳統，經過一代又一代說唱家的演繹和創作，也讓《馬納斯》的故事內容和表演技巧變得更加豐富。他們說要成為一位傑出的「馬納斯奇」要有很好的記憶力，才能熟記數十萬句的史詩，也要有極佳的口才和演唱能力，才能牽動聽眾的情緒；「馬納斯奇」宣稱他們的能力來自於夢境，在夢中得到馬納斯賦予他們說唱史詩的能力，當他們說到激昂之處時會進入夢境，呈現一種出神的狀態。史詩中運用許多象徵和比喻，說唱時要高聲朗誦，因為語言本身的抑揚頓挫音韻就是一種音樂。

「阿肯」吟唱詩人 Akyn

　　吉爾吉斯和哈薩克的傳統文學以詩歌、歌曲和故事為表現形式，它們的作者是遊走民間的吟唱詩人，就是「阿肯」（Akyn）。在缺少文字記載的時代，詩歌成為遊牧民記述歷史事件和傳統知識的載體，經過世世代代的「阿肯」傳唱，形成豐富的民間口述文學，其中有神話傳說、民間故事、敘事詩、詩歌、諺語和謎語等，哈薩克稱它為「哈薩克文學的金搖籃」。

　　「阿肯」是他們對能夠自彈自唱敘事長詩和民歌的民間藝人稱呼，能被稱為「阿肯」的一定是歌手中的佼佼者，能當眾即興賦詩吟唱的好手，即興能力是「阿肯」與一般歌手的最大差別之處，要具備很好的語言天賦和機智文采。過去在各種聚會場合中，無論是嬰兒誕生、婚嫁喜慶或節日慶典都有他們的身影，在遊牧民長途的遷徙路途中，他們為眾人帶來歡聲笑語，藉由彈唱抒發民心，傳遞訊息，也擔起教化民心的導師角色。伴隨「阿肯」吟唱的樂器在吉爾吉斯為「火不思」，在哈薩克為「東不拉」。

　　遊牧民族天生有不向權威低頭的性格，凡事都要較量一下才甘心服人，競技場上要摔跤比力氣，馬場上要賽馬比速度，表演場上也要來一場賽歌會「阿

依特斯」比機智。「阿依特斯」（aytysh / aitys）的原意為仲裁訴訟，後來延伸成為詩歌比賽，比賽分二人對唱或是二隊多人對唱，二方你一段、我一段的即興唱作，要以機智折服對手，以詼諧逗趣的內容取悅聽眾，是草原上精采的「脫口秀」。

　　吉爾吉斯的「阿肯」吟唱及二國共有的「阿依特斯」都已登上人類重要非物質文化遺產名錄。

乘著歌聲的翅膀

常聽說新疆是個充滿歌與樂的地方，有「音樂海洋」之稱，生活在歐亞草原的人民也是酷愛歌唱和音樂的民族；哈薩克人常說「歌和馬是哈薩克人的一雙翅膀」，乘著歌和馬就可以盡情的四處「遊蕩」，多麼瀟灑自在的「自由人」心靈。

哈薩克詩人阿拜曾說，「當人出生時，詩歌為你打開人生的大門；死亡時，詩歌也為你關起人生的大門」，表示哈薩克人一生都在歌樂中度過，每個生命禮俗場合都離不開歌。在早期，剛出生的嬰兒要在歌聲中迎接三天的晨曦，親人要輪流為嬰兒唱祝福歌，他們會祝福男嬰長大後能成為令人尊敬的「阿肯」，女孩能像「百靈鳥」般會唱歌；男孩追求女孩時，會用音樂和歌唱來表達他的情感；出嫁時，女孩的嫁妝中也要有一首自己的歌；走到人生盡頭，家人要為死者唱四十天的輓歌，追憶死者的生前事蹟和美好品德，生活中無處沒有歌。

哈薩克擁有非常豐富的器樂，他們稱為「魁」（kui），就是「樂曲」的意思，發音近似河洛語的「曲」，不知二者是否有關連。樂曲描繪草原上的明媚風光，萬馬奔騰的氣勢，還有沙場上的英雄豪情，音樂節奏輕快、曲調優美，令人喜愛，一般樂曲長度多不長，每每聽得入神時樂曲就結束了，一如馬背民族講求的輕裝快捷。樂曲也用於舞蹈表演，但他們的舞蹈形式不多，最常見的就是動肩、雙腳交叉跳躍的馬步，或以模彷動物和生活場景的舞蹈居多，不像「河中流域」烏茲別克舞蹈的繁複細膩，遊牧民的靈魂盡在詩歌與樂曲之中。🐏

吉爾吉斯的傳統樂器

最能代表吉爾吉斯的傳統樂器「火不思」(Komuz)，據考證是由古突厥語 kopuz 一字而來，是北方遊牧民族使用的一種古老彈撥樂器，早自西元前一世紀或更早即已存在，在漢籍中的譯名有「渾不似」、「胡撥四」、「虎撥思」、「和必斯」等，「火不思」一名出自元朝時對它的稱呼，Komuz 在吉爾吉斯語中就是「琴」的意思。

「火不思」是用一塊木頭挖槽，蒙上薄木面製成，多使用杏樹、梨樹、榆樹或雲杉木；琴身狀似西洋梨，琴桿無品，有三弦，早期使用羊腸弦，後改用絲弦，現在多用尼龍或鋼弦以增加音量；琴身長約 90 公分，非常輕便易於攜帶。「火不思」是極富表現性的樂器，看音樂家的手快速的在弦上飛舞，像無影手似的移動，奏出「金戈鐵馬」般的鏗鏘節奏；樂師瞬間翻轉琴身，快速變換琴身位置，忽而頭上、忽而腳下、忽而胸前或肩上彈奏，動作千變萬化，有如蹬上馬背的「傑騎」男孩的炫技表演，不時用手指敲打琴身，伴隨著踢踏馬蹄聲奔馳在草原上。

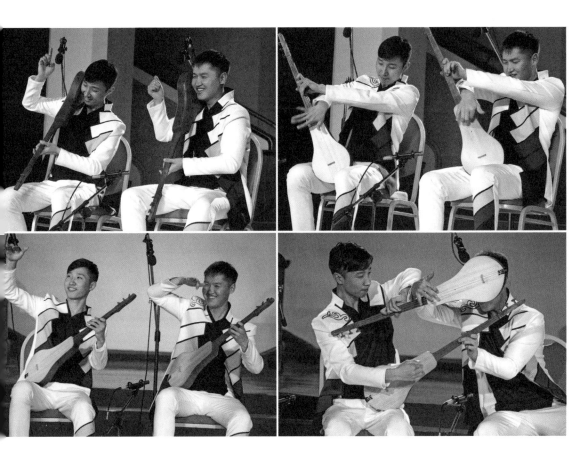

　　2017 年臨危受命代替「康巴罕樂團」來台的音樂家耶勒曼（Eleman），才二十歲出頭的他看起來像位稚氣未脱的小男孩，但一上台彈奏起吉爾吉斯的吉他「火不思」，我忍不住要説「薑是嫩的辣」！即使演奏高難度曲目，他仍是一抹淺淺微笑在嘴角，輕鬆自在，最終贏得滿場喝采。2019 年我再次邀請耶勒曼來台灣參加「諾魯茲新年音樂會」演出，這次他帶來看起來像哥哥的弟弟阿依別克（Aibek），靦腆又帥氣的二兄弟表演默契絕佳，輪奏合奏就像在「剪刀、石頭、布」玩耍似的高潮迭起，最後還來個四手聯彈，讓觀眾看得目不轉睛。一首〈白鳥與青鳥〉（Ak Tamak Kok Tamak）描述二隻喉頭分別生有白點和藍點的鳥爭相表現歌喉的樣子，就像一場阿肯的賽歌會「阿依特斯」，想到二隻愛唱歌的鳥互不相讓的畫面，就讓人笑了；傳統名曲〈黑馬〉（Kara Ozgoy）和〈賽駱駝〉（Mash Bot）在二兄弟神乎其技的創新表演下，有了新世代的動感。

喀爾齊雅 (Kyl-kyiak)

是吉爾吉斯非常古老的樂器，使用杏木做琴身，蒙駱駝皮，琴桿無品，用馬毛做二弦，一條為旋律，一條為共鳴，用馬尾弓拉奏，音色低沉渾厚，應該是蒙古馬頭琴的前身，Kyl 即為馬毛的意思。古時候漢人將北方傳入的民族樂器統稱為「胡琴」，關於胡琴的記載最早見於《元史・禮樂志》：「胡琴制如火不思，卷頸龍首，二弦，以馬尾弓之」，吉爾吉斯這把古老的樂器耐人尋味。現在使用的喀爾齊雅是蘇聯時期為適應大型樂團的演奏，經改良的四弦樂器，近年有音樂家致力於重建古老樂器的形制和演奏，要找回古老的原音。

口簧琴 (Temir komuz)

或稱口弦，是草原上非常普遍的一種個人樂器，將口簧含在唇齒之間，用手撥彈簧片，利用口腔做為共鳴的體鳴樂器，靠改變嘴唇和口腔的形狀可以發出不同音色，分成金屬簧 (Temir ooz komuz) 及木簧 (Jygach ooz komuz) 二種。吉爾吉斯音樂家經常以口簧音樂做為音樂表演的開場，好像蒙古音樂家會以一首長歌做為開場的傳統，因為口簧在早期是薩滿巫師與大自然神靈溝通的一種媒介，流傳至今，在音樂中他們依然保有尊敬大自然神靈的傳統。

吉爾吉斯的吹管樂器有橫吹的色布孜格 (Sybyzgy)，
直吹的潮爾笛 (Choor)；由兒童玩具演變而來的陶
笛 (Chopo Choor)，中國稱為塤的樂器；來自烏茲
別克的節慶樂器嗩吶 (Surnai)、號角 (Kernei) 等。
節奏樂器鼓 (Dobulbas)、早期薩滿儀式時使用的
法器振鈴 (Asa-tayak)、少
有的繩鈴 (Zuuldak) 等。
在不斷的戰亂、遷徙和
時代演變下，吉爾吉斯
流失不少傳統樂器，正
待新生代音樂家逐步找
回失落的寶物，賦予傳
統新的生命。

火不思與王昭君

傳說 王昭君出塞和親，嫁給呼韓邪單于，每當思鄉時就抱琴彈奏，日子久了琴也壞
了，單于為解昭君之愁，命人在三日內做好一把琴給昭君，三日後昭君看到完成的
琴，連說「渾不似、渾不似」，不一樣的意思，匈奴人聽不懂，就渾然稱這把琴為「渾
不似」！穿鑿附會之說，只為博君一笑。

聽吉爾吉斯人的傳說，「火不思」是由獵人康巴罕 (Kambarkan) 所創，傳說
他是一位聽得懂各種鳥類和動物聲音的獵人，一天他在森林中被一種從沒聽過的奇
特聲音吸引住，他順著聲音源頭爬上大樹，發現一隻死松鼠，原來是掛在樹枝間的
腸子被風吹出的美妙聲音，獵人用樹幹和風乾的腸子做成一把「琴」，就是「火不
思」、「渾不似」。獵人康巴罕被視為旋律和音樂之祖，吉爾吉斯國家樂團也以「康
巴罕」為名。

哈薩克的傳統樂器

最能代表哈薩克的傳統樂器「東不拉」(Dombyra 或 Dombra),是過去每個氈房人家的牆上必有的一把彈撥樂器,就像蒙古人氈房中要有一把馬頭琴一般。東不拉的前身是外形較方扁的謝爾特琴(Sherter),最早為蒙山羊皮,使用馬尾毛作弦的樂器,受限於馬尾長度,因而體形較小,琴桿無品,故又稱「無品東不拉」;據說當牧人在草原上彈奏時,羊群都會靠攏過來,鳥兒也會飛來棲息在琴頭上,聆聽動人的琴音。後來使用羊腸弦,琴身開始變長也變大,改以木板蒙面,加入品,形成了東不拉。

東不拉約在 18~19 世紀出現,多以松木或桑木製作,狀似瓢形,琴桿細長,張二弦,過去使用羊腸弦,現多為鋼絲尼龍弦,可用於自彈自唱、獨奏和樂團合奏。哈薩克東、西部使用的東不拉略為不同,東部的琴身橢圓較扁平,琴頸較短且寬,有 5~9 品;西部的東不拉琴身較大,琴頸較長且細,有 12~14 品,彈奏時有很多掃彈和花式的大動作。小東不拉(Shinkildek)是給小孩使用或外出時便於攜帶的樂器,都屬於東不拉樂器家族。

傳說 很早以前，草原上有位非常美麗的姑娘，許多愛慕者從遠方騎著馬、趕著羊群來追求，但都無法打動姑娘的心；女孩提出誰能讓她氈房前那棵松樹開口求婚，才肯答應嫁人的條件。許多有錢人和年輕小伙子來到大樹下，百思不解如何能讓大樹開口向姑娘求婚？結果都是宰隻羊，吃完後百般無奈的離去，只見大樹上掛滿求婚者留下的羊腸子。這天，一位四處流浪為人放牧的青年木匠來到這，他躺在樹下休息，聽到風中傳來美妙的聲音，原來是樹上風乾的羊腸子在樹幹洞口間發出的聲音；青年靈機一動，拿起斧頭砍下一塊松木，在松木面挖一個洞，繫上二根羊腸，做成了一把樂器。傍晚，青年在氈房外彈唱起自己的孤苦身世和對女孩的傾慕，琴聲輕柔如羊毛，活潑如溪流，一會又如高山瀑布般奔騰而下，女孩不禁打開氈門，傾聽青年透過「松樹」訴說的情感，琴音打動她的心，答應與青年共組幸福的家庭。

因此，東不拉是哈薩克人表達情感的一種樂器，成為哈薩克人最看重的身分代表，有詩人這麼描寫：身為一個哈薩克人，重點不在於你這個人，而在於你的一把東不拉！可見東不拉在哈薩克人心中的重要地位。

薩滿巫師的神樂器

「庫布孜」(Kobyz 或 Kyl-kobyz)是哈薩克傳統樂器中一個帶有神祕色彩的古老樂器，是口簧琴之外另一個薩滿巫師用來與神靈溝通的樂器。最早是用一塊木頭挖空而成，琴身成彎勺狀，琴頸短，無指板也無品，張二弦馬尾毛，用馬尾弓拉奏，琴音低沉渾厚。挖空的琴身內鑲有鏡子和鈴鐺，用於嚇阻惡靈；三角形的琴頭指向天空，上面刻有鳥紋或動物紋。演奏時，薩滿巫師在琴音中進入出神狀態，感應常人看不到的神靈世界，進而帶回神靈的力量為人治病、驅離惡靈和死亡；庫布孜的琴音可以安撫馬的情緒，被視為具有神祕力量的樂器。蘇聯時期為適應大型樂團的演出，庫布孜被改良成四根鋼弦，以提高音色和音量，並發展出高中低音不同的形制，可用於演奏西方的古典音樂。

傳說 很久很久以前，有位村婦產下一個沒有嬰兒形狀的皮囊，嚇壞了所有幫忙接生的婦人，母親弄破皮囊，從中取出小男嬰，村民為他取名為 Korkyt，意思是「驚人的」！男孩長大後非常聰穎，但在 20 歲時做了一個夢，夢中人告訴他只有 20 年的生命。為了尋找「生命」，他騎上心愛的駱駝四處流浪，但路途中遇到的人都預告他的「死亡」；最後他將駱駝獻祭給神，再用駱駝皮做成一把琴，他日夜拉著琴，當「死亡」來臨時，因為被琴音所控而無法靠近他，但他終究因疲倦而睡著，當琴聲停止時「死亡」化作一條青蛇，將他吞噬。因此，人們相信「庫布孜」的琴音可以驅逐惡靈和死亡；Kor-kyt 也意謂人在「生命」和「死亡」之間的探索與追逐。

色布孜格 (Sybyzghy)

哈薩克最主要的吹管樂器色布孜格是一種直吹的木笛，sybyzghy 就是「吹」的意思，笛長約 50~70 公分，管身上粗下細，開 3~5 孔；吹奏時要用舌頭堵住大部分的管口，只留小部分為吹孔，吹奏同時喉嚨也發出持續的低音，和笛音形成雙聲複音。色布孜格的音量小，音色柔和，適合表現抒情和悲傷的樂曲，好像可以吹出人心中的話語，哈薩克人稱它為「心笛」。類似的雙聲笛從阿爾泰山到蒙古、哈薩克、黑海和土耳其都可發現，顯示一條民族遷徙和文化傳播的脈絡。

杰特根 (Zhetigen)

哈薩克箏稱為「杰特根」，是少數由中國傳入草原的樂器，相傳秦朝時發明的箏樂器，隨著蒙恬將軍的軍隊流傳到北方，現在蒙古、阿爾泰及哈薩克地區都有箏樂器。為了適應草原上移動的遊牧生活，哈薩克箏的體積較小，長一公尺左右，只有七根弦（zhetigen 即為「七弦琴」之意），用七枚羊踝骨當琴碼，沒有琴軸，只靠左右移動琴碼來調整琴音高低，演奏時就放在大腿上彈奏。由樂器也可看到不同生活型態的影響和遊牧民族從簡的性格，譬如東傳到中國的二弦彈撥樂器變成複雜的琵琶，而西傳到草原的箏樂器被簡化成輕便的杰特根。

　　哈薩克還有許多源自早期狩獵生活傳訊用的樂器，後來也用於軍事行動的傳訊工具，如用一塊木頭剖半挖空，再用駱駝食道纖維製成的線綁在一起的「管子」（Kern）；用鹿角或木頭做成的吹管樂器「鹿鳴」（Bugyshak），是獵人用來模仿鹿鳴聲，誘捕獵物的工具；源自兒童玩具的「陶笛」（Uskirik），可以模仿風聲、鳥或動物的叫聲，以及婦女使用的「口簧」（Shankobyz）。薩滿巫師進行儀式時使用的「振鈴」（Asa-tayak）和「響鈴」（Konyraw），具有驅靈的功能；「達卜勒鼓」（Dabyl）最早用於戰爭時傳訊和鼓舞軍心士氣之用，後來也被安置在清真寺喚拜塔上用來召喚群眾；二個「馬蹄石」（Tuyak-tas）可擊出像馬或駱駝奔跑時的節奏；還有已消失的突厥人葬禮樂器「風笛」（Zhelbuaz / Messyrnai）等。

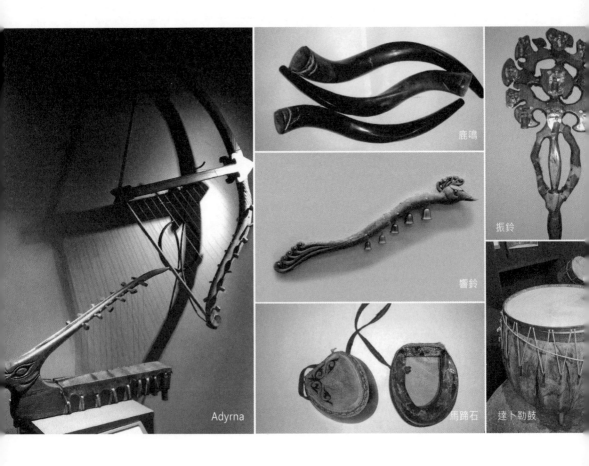

Adyrna

鹿鳴

響鈴

振鈴

馬蹄石　　達卜勒鼓

蘇聯時期禁止人民使用任何具有儀式性的樂器，許多傳統樂器因而消失，或是被改良成適應西方音樂演奏的形制，古老樂器的身影只能在博物館看到。隨著哈薩克新生代音樂家的養成和崛起，許多消失的古老樂器重新出現在音樂表演創作中，首開其風的「圖蘭樂團」（Turan，「突厥人的土地」之意），繼起的「哈薩克樂團」（HasSak，「真正的塞迦人」之意）、

「草原之子」（Steppe Sons）等團體，已經打開當代民族音樂創生的時代，令人激賞。在庫爾曼加齊振奮人心的音樂風範引領下，尊貴的馬背民族要在音樂中喚醒歐亞草原史詩英雄的魂魄，記起哈薩克人歷經大生大死的歷史傷痛，重振哈薩克民族為自由而戰的阿拉什精神。🐏

Courtesy of Turan Ensemble

草原音・遊牧情

　　來到遊牧運動會的尾聲，大螢幕出現欽吉斯的文學作品《和平輪》，載著兒童航向未來的夢想世界；場上千人大隊齊奏口弦之音，振臂合吟英雄史詩《馬納斯》的雄壯威武。

　　遊牧運動會的終點又回到原點，英雄史詩的開場。我看到《馬納斯》像一條千年的民族臍帶，維繫著突厥民族的先民──柯爾克孜人的命脈，從阿爾泰山的葉尼塞河畔一直到天山的楚河流域，你看，多少遊牧民族都已淡出歷史舞台，但柯爾克孜人（吉爾吉斯人）依然存在，雖然他們鮮少以強大王朝帝國的姿態出現，但他們以縱向的時間軸證明了柯爾克孜人的強韌。看他們從小培養孩子朗誦《馬納斯》，將勇敢大度的馬納斯植入每一個吉爾吉斯人的身體記憶中，未來無論他們身處在世

界的任何一個角落，只要心中有《馬納斯》，吉爾吉斯人就不會忘記自己的出身。

　　十五世紀嶄露頭角的哈薩克人，佔有富庶的七河流域和遼闊的欽察草原，位居歐亞大草原中心地帶的哈薩克草原，千百年來眾多北方民族活動和遷徙的地方；他們廣納了這塊土地上接連登場的遊牧民族血脈，從斯基泰─塞迦人、匈奴、烏孫、康居、薩爾馬提亞、突厥、葛邏祿、烏古斯、基馬克、欽察、可薩、回紇、契丹、乃蠻、克烈到蒙古人等，形成融合歐亞人民的哈薩克民族，而連結他們的筋骨韌帶就是遊牧民族的傳統。他們的白鬍老人（Aksakal）留下一句告誡：「上天賜予哈薩克人如此豐富的大地，就是要我們有足夠的力量去克服眼前的各種困難。」我想就是這廣大的土地和豐富的大自然磨練出

他們不畏艱難的身骨。

　　還有一句吉爾吉斯老人家的告誡，他們説「傳統是遊牧民族在嚴酷世界中生存的唯一之道」，顯示他們是一個非常重視傳統的社會，我想也是他們堅守這「唯一之道」的傳統，創造了廣袤迷人的遊牧文化，讓我們欽慕嚮往，卻又難以全然參透理解的唯一。他們在大自然中學會謙卑，也在大自然中養成不畏艱難的冒險精神，從生活中獲得與大自然和動物和諧共生的知識和智慧，建立與大自然親近的生活方式，啟發人類生存不是征服自然，而是回歸大自然的懷抱，因為高山是他們的父親，大地是他們的母親，尊敬大自然、順服大自然，生命才能生生不息。

　　關於顏色，我發現吉爾吉斯人很喜歡使用白色（Ak）這個字，因為白色是這裡的一切生命之源，白色的雪峰、白色的瀑布、白色的河流、白色的奶水和乳酪、白色的毛氈高頂帽和白鬍老人的智慧，一切以白為尊。而哈薩克人則是很喜歡用金色（Altyn）這個字，因為「金人」是他們引以為傲的先人，金色的阿爾泰山、成吉思汗的金馬鞍、草原統治者的金色大帳、孕育詩歌靈魂的金搖籃等，一切都以金為尊。我喜歡吉爾吉斯人的質樸和大白心（善良之意），欣賞哈薩克人的高矜、自主和獨立。

　　吉爾吉斯和哈薩克至今還保有每個人都要記住自己七代祖先名字的傳統，老人家訓誡「背不出七代祖先名字的人是孤

兒」！這是多麼嚴厲的指責，就是要告誡人不能忘祖、更不能忘本。雖然不少年輕人認為這種要求已經過時，但尊敬祖先、敬重長者仍是他們不變的生活準則。身為遊牧民族也是他們引以為傲的血統，他們常會將「我們就是遊牧民族」（We are Nomads）這句話掛在嘴邊，不論是講到光榮的事，還是被嘲弄或被催促動作慢時，他們就會輕鬆的用這句話回應，好像這一句話就說明了一切，不用再多作解釋。我常笑說和遊牧民族工作要有一顆強壯的心臟，因為他們不愛事先做計畫，習慣「到時候再說」，但當他們面對事情和困難時，卻有立刻「上馬」解決問題的能力；他們大而化之，不喜繁瑣的細節和限制，因為草原早已生給他們一顆遼闊和自由的心。和他們相處久了，我似乎也喜歡上這種保持開放和彈性的自在生活。

遊走在喀爾沁草原上的「窩魯朵」，恍若回到古早的遊牧聚落，滿足所有我對草原的想像，穿著傳統服騎馬漫步看手機的騎士擦身而過，將我拉回二十一世紀的吉爾吉斯；帥氣的情侶抽鞭揚長而過，現代草原兒女正奔向他們的新好未來。舞台上的現代舞者奮力揮舞著身體，化身四處奔走尋找生命答案的 Korkyt，在庫布孜的琴音中用生命與死亡對抗，直到最後一刻；我看到哈薩克新生代藝術家在古老傳說中找到源源不絕的創作力，乘著音樂的翅膀馳騁大草原，舞向他們的金色未來。

跨文化之旅二的尾聲，將我帶到另一個國度，期待三部曲「亞洲之心」的故事登場。🐏

「風之聲」- Courtesy of
Kazakh Nat'l Academy of Choreography

衷心感謝每一位在旅途中曾經給予協助的朋友
為我的諸多疑問解惑的哈薩克和吉爾吉斯朋友
耐心參與繁瑣編輯製作的伙伴
還有默默陪伴支持的家人
讓我終能完成跨文化之旅系列二部曲
《馳騁草原絲路：歐亞之心—哈薩克‧吉爾吉斯》

———— **Special thanks to** ————

吉爾吉斯
Salamatkhan Sadykova

Kunduz Avashova ｜ Mahabat Avashova ｜ Kubanych Sataev

Saltanat Toksumakova ｜ Koshoibek Moidunov

Azim Timur ｜ Benazir Musaeva

哈薩克
Yedil Khussainov ｜ Serik Nurmoldayev

Baglan Babizhan ｜ Altynay Dzhumagalieva ｜ Korlan Kartenbaeva

Gulnara Kanatova ｜ Zhadra Musrepova ｜ Akbota Zhigitekova

Nurlan Kenzheakhmet ｜ Almaz Abdykulov

Yernur Nurbauliyev ｜ Tlessova Kuralay

外貿協會阿拉木圖台灣貿易中心孫經權主任

《馳騁草原絲路：歐亞之心—哈薩克·吉爾吉斯》

作　　　者	郭麗敏	
攝　　　影	郭麗敏、蘇明修、李竹旺	
舞 台 攝 影	李東陽、許媛淇、吳健華	

創 意 統 籌	郭麗敏
美 術 設 計	Chun-Yen
封 面 設 計	倪旻鋒
影 像 校 正	葉益均、Zen Hsiao
文 字 校 對	尹文琦、郭麗敏
哈 文 校 對	葉光明 Yernur Nurbauliyev
吉 文 校 對	柯秀一 Koshoibek Moidunov

出　　　版	國際民間藝術組織台灣分會｜台北絲路文化中心
電　　　話	(02) 2500-0080
發　　　行	木果文創有限公司
發 行 人 兼	林慧美
總 編 輯	
地　　　址	苗栗縣竹南鎮福德路 124-1 號 1 樓
電話 / 傳真	(037) 476-621
客 服 信 箱	movego.service@gmail.com
官　　　網	www.move-go-tw.com
法 律 顧 問	葉宏基律師事務所
製 版 印 刷	禾耕彩色印刷事業股份有限公司
總 經 銷	聯合發行股份有限公司
電　　　話	(02) 2917-8022

初　　　版	2020 年 9 月
書　　　碼	978-986-82088-4-1
定　　　價	新台幣 580 元

國家圖書館出版品預行編目 (CIP) 資料

馳騁草原絲路；歐亞之心—哈薩克·吉爾吉斯 /
郭麗敏著 -- 初版 -- 臺北市：國際民間藝術組織
臺灣分會，台北絲路文化中心出版；苗栗縣竹南
鎮：木果文創發行，2020.09

352 面；17 x 23 公分

ISBN 978-986-82088-4-1（平裝）

1. 旅遊 2. 人文地理 3. 哈薩克 4. 吉爾吉斯

734.49　　　　　　　　　109001842